“十二五”国家重点图书出版规划项目

发展方式转变丛书

非价值量的价值化

经济、社会、环境综合评估模型

李　钢等/著

社会科学文献出版社
SOCIAL SCIENCES ACADEMIC PRESS (CHINA)

发展方式转变丛书
学术指导委员会

序

2003年10月召开的中共十六届三中全会提出了科学发展观，并把它的基本内涵概括为“坚持以人为本，树立全面、协调、可持续的发展观，促进经济社会和人的全面发展”，坚持“统筹城乡发展、统筹区域发展、统筹经济社会发展、统筹人与自然和谐发展、统筹国内发展和对外开放的要求”。在党的十七大上，胡锦涛总书记在《高举中国特色社会主义伟大旗帜为夺取全面建设小康社会新胜利而奋斗》的报告中提出，在新的发展阶段继续全面建设小康社会、发展中国特色社会主义，必须坚持以邓小平理论和“三个代表”重要思想为指导，深入贯彻落实科学发展观。

实现发展方式转变就是要用科学发展观统领我国的经济社会建设，是我国实现经济社会可持续发展、实现现代化宏伟目标的必然要求。2010年2月3日，胡锦涛总书记在中央党校举行的省部级主要领导干部“深入贯彻落实科学发展观　加快经济发展方式转变”专题研讨班开班式讲话中强调，加快经济发展方式转变是适应全球需求结构重大变化、增强我国经济抵御国际市场风险能力的必然要求，是提高可持续发展能力的必然要求，是在后国际金融危机时期国际竞争中抢占制高点、争创新优势的必然要求，是实现国民收入分配合理化、促进社会和谐稳定的必然要求，是适应实现全面建设小康社会奋斗目标的新要求、满足人民群众过上更好生活新期待的必然要求。

发展方式转变是一个长期而且艰巨的探索过程。改革开放以来，我国政府一直非常重视转变传统的经济增长方式。1981 年五届人大四次会议通过的政府工作报告提出了以提高经济效益为中心的发展国民经济十条方针，可以说是重视和尝试转变经济增长方式的开端。此后在整个 80 年代，中央又多次提出要转变经济增长方式和提高经济效益。20 世纪 90 年代我国提出了两个“根本转变”，如 1996 年 3 月 5 日通过的《“九五”计划和 2010 年远景目标纲要》指出：“从计划经济体制向社会主义市场经济体制转变，经济增长方式从粗放型向集约型转变，这是实现今后十五年奋斗目标的关键所在。”进入 21 世纪，中央又提出走“新型工业化”道路，这是我国转变经济增长方式的又一次重要飞跃。2002 年 9 月，党的十六大将“新型工业化”道路正式概括为：“坚持以信息化带动工业化，以工业化促进信息化，走出一条科技含量高、经济效益好、资源消耗低、环境污染少、人力资源优势得到充分发挥的新型工业化路子。”2003 年之后，我国开始由过去强调经济增长方式转变转向强调实现发展方式的转变。从我国不断强调经济增长方式转变和发展方式转变的过程，既可以看出我国对经济增长方式转变和发展方式转变的高度重视，也可以看出实现这种转变的艰巨性和复杂性。经过较长期的努力，我国在发展方式转变上虽然取得了令人瞩目的进展，但发展过程中面临的不可持续、不平衡、不协调的问题仍未从根本上解决，仍需付出艰苦的努力，进行不懈的探索。

组织编写“发展方式转变丛书”的目的，是为了推进发展方式转变的理论研究工作，为我国推进发展方式转变尽绵薄之力。丛书内容涵盖发展方式转变的理论基础、国际经验和我国发展方式转变的路径、政策选择和重大成就等，作为丛书编撰者，衷心期望丛书的出版能对我国发展方式转变实践起到启示或借鉴作用。

经过社会科学文献出版社的努力，“发展方式转变丛书”已列入“十二五”国家重点图书出版规划。为了出版好这套丛书，社会科学文献出版社还邀请了中国社会科学院常务副院长王伟光等知名学者组成丛书学术指导专家委员会。在此，编委会衷心地感谢王伟光常务副院长等知名学者的无私支持和对中青年学者的热心提携，感谢新闻出版总署的大力支持，感谢社会科学文献出版社，特别是谢寿光社长的大力支持和为此付出的辛勤劳动，感谢各位责任编辑为编辑本丛书付出的艰辛劳动。

发展方式转变是一场伟大的经济社会建设实践，限于编者水平，本丛书难免有所不足，敬请各位同行、尊敬的读者批评指正！

丛书编委会

2012 年 9 月

前　　言

在人类文明的形成过程中，不同的社会形成了不同的风俗与文化；不同国家的人有不同的行为方式，这些不同的行为方式可以用文化的不同来解释。例如，东方人吃饭由一个人来付钱，而西方更多的是实行 AA 制；这可以用风俗文化的不同来解释。但学者要追问的是形成不同风俗的原因是什么？作为一名经济学家，我认为很多风俗形成的最终原因是社会及个体追求福利最大化的结果；很多看似与经济无关的因素都可以通过一定的方式用经济量来衡量，从而将不同变量统一为一个量纲；进而直接进行比较，进行决策。

本书就是对上述“形而上”思考作的学术研究。随着中国和谐社会建设的推进，中国社会正在实现科学发展观指导下的“高质量增长”。高质量增长更加关注人与自然的和谐，更加关注社会公平，更加关注当代与后代的可持续发展，更加关注物质文明与精神文明的协调，更加关注个体的幸福感。在这种背景下，是否促进经济增长已经不是一项政策是否应推出的唯一考虑维度；一项政策对环境的影响、对物价的影响、对就业的影响、对社会公平的影响，甚至对一国产业国际影响力的影响都成为一项政策“好坏”需要考虑的维度。若一项政策在促进经济增长、促进就业的同时，也有利于环境保护、社会公平，维持物价基本稳定，甚至提升一国的产业国际竞争力，当然是再好不过的了。但一项有利于经济增长的政策可能不利于就业，也可能不利于环境保护；而一项有利于降低高通货膨胀率的政策，却往往可能不利于经济增长，也不利于提高就业。决策者需要对这些变量进行综合利弊分析，从而作出是否应推出一项政策的决定；但决策的难度在于一项政策效果不易量化，更在于上述不同维度的量纲是不同的，很难进行直接加减计算。在市场经济条件下，市场成为整个社会配置资源的基本机制与手段；价值量（宏观层面就是 GDP，微观层面就是个人收入、企业收入）成为整个社会运行、沟通的核心变量。GDP 本身也是为了计量多量纲产品的产物；著名经济学家、诺贝尔奖得主保罗 A. 萨缪尔森认为 GDP 核算“确实属于 20 世纪最伟大的发明之一”；美国经济协会前会长罗伯特·艾依斯纳（Robert Eisner）也认为 GDP 核算是“本世纪对经济知识的重要贡献之一”。

基于以上的思考，本书试图将一项政策对环境的影响、对物价的影响、对就业的影响、对社会公平的影响统一转换为价值量（通俗讲为 GDP 的维度），从而可以最终用一个量来衡量一项政策的“好坏”，进而可以较为方便地进行政策决策。本书分为四篇，前三篇分别研究环境成本价值比（第一篇）、通货膨胀率的价值化（第二篇）、失业量的价值化与社会不平等价值化（第三篇），最后一篇在前三篇“非价值量价值化”研究的基础上将经济量、环境成本、通货膨胀率、失业与不平等统一纳入了成本收益模型进行分析；从而不仅可以定量计量一项政策对上述维度的影响，更可以将上述维度统一用一个量纲来衡量，从而便于决策。

李　钢

2012 年 7 月

目　　录

第一篇　环境污染成本

第二篇　通货膨胀收益与成本

第三篇　劳动力失业与收入不平等成本分析

第四篇　基于成本收益模型的价值化

第一篇

环境污染成本

第1章

环境成本计算方法

伴随着经济的发展，在20世纪中后期，人们逐渐认识到环境问题已经成为一个必须面对的重要问题。一方面，环境为人类的活动提供条件和资源，人类活动要在一定的环境条件下进行，以环境为基础；另一方面，人类的活动也越来越严重地影响着人类赖以生存的环境资源，造成资源的耗竭、环境的恶化。

面对不断出现的环境问题，为了负责任地对环境资源加以利用，出现了可持续发展的理念，认为人类有能力实现可持续发展，即在保证满足当代人需求的基础上不损害后代人满足其需求的能力（世界环境与发展委员会，1987）。为实现可持续发展，需要保持环境不受破坏或者说保证环境的可持续性，在此基础上就发生了环境成本。从可持续性的角度出发，环境成本应该包括环境资源的耗减、环境退化和防御支出三个方面。其中，防御支出是指用于防止和恢复环境损害的货币价值，环境退化是指那些既没有被防止也没有被恢复的环境损害，耗减是指存量资源的减少。

具体来说，国内外的学者对于环境成本有不同的界定，联合国统计署（UNSO）在1993年发布的“环境与经济综合核算体系”（The System of Integrated Environmental and Economic Accounting）中，把环境成本界定为：①因自然资源数量消耗和质量减退而造成的经济损失；②环保方面的实际支出，即为了防止环境污染而发生的各种费用和为了改善环境、恢复自然资源的数量或质量而发生的各种支出。美国环境管理委员会把环境成本界定为：①环境损耗成本，指环境污染本身导致的成本或支出，如烟雾受害者的支气管炎等疾病的治疗费，或者因有害废水排入河流所造成的渔业损失等。②环境保护成本，指为了将自己和污染隔离开来而发生的费用，如为了防止噪声污染而发生的建设隔音装置设备的费用。环境损耗成本和环境保护成本均属于外部成本（external cost）。③环境事务成本，指为了对环境进行管理而发生的收集环境污染情报、测算污染程度、执行污染防止政策而发生的各种费用。④环境污染消除费用，指为了消除现有的环境污染而发生的费用，如为了制止废水排放而建设废水处理厂的费用等。上述环境事务成本和环境污染消除费用都属于企业的内部成本（internal cost）。日本环境部于2002年3月发布了《环境会计指南2002年版》，给出了环境保全成本的定义：指用于防止、控制或者避免环境负荷的产生，消除环境影响，对引起的环境危害进行补救或是有助于以上工作得以进行的投资和费用。以货币单位计量环境保全成本，按照环境成本发生的领域分为：经营区域内成本、上下游成本、管理活动成本、研究开发成本、社会活动成本、环境损伤应对成本和其他成本。加拿大特许会计师协会（CI）于1993年对环境损失成本作了两大基本分类，即环境决策成本与环境损失成本。前者是指与企业进行环境保护决策相关的成本，后者是指因企业造成的环境污染而被受害者或第三方要求予以赔偿、恢复等所支付的成本费用。德国于1995年开始执行欧共体颁布的“环境管理与审计体系（EMAS）”，引入环境成本核算，环境成本在其流转过程中按照投入产出关系被分为四种类型：事后的环境保全成本、事前的环境保全预防成本、残余物发生成本和不含环境费用的产出成本。由上可见，目前关于环境成本的认识尚未统一，不过一些权威机构的看法日益成为学界的主流思想。

在国内，郭道扬教授将环境成本界定为：①由于环境恶化而追加的治理生态环境的投入；②因重大责任事故导致生态环境恶化所造成的损失，以及由此而引起的环境治理费用和罚款；③未经环保部门批准，擅自投资项目所造成的罚款；④环境治理无效状况下的投资损失和浪费。罗国民教授则认为，"环境成本是企业生产经营活动中所耗费的生态要素的价值，以及为了恢复生态环境质量而产生的各种支出"。其内容由如下项目组成：①维护环境支出，指在环境受到污染之前，为了维护环境质量，防患于未然而进行的支出；②预防污染的支出；③治理环境的支出；④人为破坏生态环境造成的损失。吴丽稚则把环境成本的内容概括为：①环境污染赔偿成本；②环境损失成本；③环境治理成本；④环境保护维护成本；⑤环境保护发展成本（李连华、丁庭选，2000）。

综合国内外对于环境成本的界定，可以得到如下信息：①根据环境成本核算主体的不同对环境成本的界定会有不同，从企业的角度和从国家地区的角度界定的内容是有很大区别的；②不同机构对环境成本界定的粗略程度有所不同，相比之下，联合国统计署对环境成本的界定比较具有概括性，而美国和国内的一些学者对环境成本的界定则相对比较具体；③中美两国对环境成本的界定有较大差别，具体表现在美国更注重外部环境成本的估计，而国内则集中在能够准确确认和计量的内部成本。

对于环境成本的评估方法，由于不同地区、不同行业环境成本界定的不同，相应地也有不同的技术和方法。依据如何对环境变动造成的影响进行估价，归纳起来，大体上可以分成三类：一是直接市场法，二是替代市场法，三是条件价值法（或意愿调查评估法）。其中直接市场法应用得最为广泛，原则上应尽可能地采用直接市场法对环境成本进行核算；如果不具备采用直接市场法的条件，则可以用替代市场法；只有在上述两类方法都无法应用时，才不得不采用条件价值法（或意愿调查评估法）。

一 直接市场法

直接市场法的基本思路是：环境质量的变化会直接导致生产成本和生产率的变化，进而导致投入和产出水平的变化；而投入和产出水平的变化不仅是可以直接观察和度量的，而且是可以用市场价格或影子价格来加以测算的（李智勇，2001）。假设环境因素的变化可以造成A产品变动 Q_1，B产品变动 Q_2，C产品变动 Q_3，A产品的价格为 p_1，B产品的价格为 p_2，C产品的价格为 p_3，则环境的成本可以通过下式计算：

$$Q_1 \times p_1 + Q_2 \times p_2 + Q_3 \times p_3$$

该方法可以用于当环境破坏导致作物产量下降或造成不良的健康因素的评估，也可以用于对水土流失引起的土壤结构破坏、森林退化、空气和水污染等的环境成本评估。直接市场法的应用难点在于如何确定环境变动所造成的结果及其度量，围绕着如何对环境变动造成的影响进行度量，直接市场法在解决不同的具体问题时可以延伸出以下几种计算方法。

1. 剂量反应法

该方法用于计算环境变化对受影响者的实际影响，如空气污染对材料的腐蚀、水质污染对游泳者健康的影响等。该方法主要用于度量环境变化的影响量（以 Q 表示），而其单位成本则可以通过调查市场价格来获取（以 p 来表示），则两者之乘积即为环境成本（$Q \times p$）。

2. 市场价值法或生产率法

该方法首先计算因环境质量的变化而导致的产出水平的变化，例如酸雨对农作物产量的影响；然后用产出水平的变动量乘以市场价格，用该结果来估计环境变化的经济成本。

3. 生产函数法

这一常用的经济分析方法是找出产出与不同投入（即所谓的生产要素：土地、劳动力、资本和原材料）水平的函数关系，从而用以判断产出的变化，然后乘以相应的单位成本。

4. 人力资本法

人力资本法被用来计算因环境质量的变化而导致的医疗费开支的增加，以及因为劳动者过早生病或死亡而导致的个人收入损失。

5. 恢复费用法或重置成本法

恢复费用或重置成本是指将受到损害的自然资源或各类资产恢复到环境受到污染以前的状况所需要的费用。人们和企业可以通过支付一定的费用来弥补环境造成的破坏或者对环境破坏可能造成的结果进行补偿。尽管一些环境退化造成的影响不能够计量，但是支付的费用可以提供一个环境破坏的估计。

6. 影子项目法

影子项目法是恢复费用法的一种特殊形式。当原有环境恶化，而且在技术上无法恢复或恢复费用太高时，人们可以同时设计另一个作为原有环境质量替代品的补充项目，则可以用该补充项目的重置成本作为环境成本的度量。例如，当供水系统被污染的时候，工厂可以投资一个私有的井泵，居民可以从小贩那里买水；土壤流失造成的肥力减弱可以近似地通过购买肥料补充肥力的成本替代。

7. 防护费用法

这种方法用治理环境污染所需要的费用额来计算环境成本，例如工厂为了降低污水排放而进行的技术改造费用、设备更新费用以及配置的人员工资费用等都属于防护费用的范围。

直接市场法由于能够用市场价格对环境成本进行估计，具有较强的说服力，在进行环境成本评估时可以优先使用，但是该方法的应用也是有局限性的，具体表现在：

（1）环境变化与结果之间的因果关系不容易准确计量。虽然在很多行业都有学者进行了相关的研究，但是从发达国家的例子来看，即便是在同一地区，对于因果关系的研究其结论也是非常难于证明和推测的。伴随着地区经济、文化的差异，这种因果关系变得更加难以确定，从而降低了不同地区研究成果的借鉴意义。比如：世界银行2000年的报告中提到，在北京用300美元处理污染就可以挽救一个人的生命，而在发达国家的标准则是100万美元，因此此方法在某些行业的应用是有很大偏差的。

（2）影响因素的主次及权重不易确定。已发生的环境变化可能是源于一个或多个原因，而且很难把其中一种原因同其他原因区别开来。对于多种来源造成的污染，这种情况尤其明显。区别人为原因还是自然退化也非常困难（例如：土壤流失和酸雨对庄稼、树木造成的损失）。例如肺癌发病率的提高可能是由于吸烟、自身原因，也可能是由于大气污染的原因，难以准确计量。

（3）市场变化难以限定。当环境变化对市场有显著影响时，需要采取更复杂的方法，观察了解市场结构。弹性系数和供求反应。消费者行为也需要纳入到分析中来，因为这也是影响市场价格的重要因素。这个时候，对于市场价格的应用就要提出更高的要求。

二　替代市场法

很多环境造成的影响是没有市场可以买卖的，因此也就没有市场价格进行参考，不能使用市场价格对环境成本进行准确的估算和计量。在这种情况下，可以通过考察人们的市场行为来考察人们的偏好，从而对环境成本进行估值，这就是替代市场法。比如，有一些商品是对环境质量的补偿，有一些则是其代用物或替代品，通过考察人们对不同价格产品的购买意愿可以推测人们的环境偏好。替代市场法的基本思路是：某些商品和劳务的价格中，间接包含着厂商和消费者对相应的环境的评价，因而其价格可以间接反映人们对环境的支付意愿。在实际应用中具有代表性的替代市场法有如下三种。

1. 旅行费用法（TCM）

这种方法认为，旅游者的旅行费用既反映了旅游者对这类舒适性资源的支付意愿，又在一定程度上间接地反映了旅游者对其工作和居住地环境质量的不满，通过估算人们为了去风景点、野外等所支付的旅行费用（包括直接旅行费用、门票、时间费用等）来估计其为某景点所带来的收益。

TCM 法的适用范围主要包括：①娱乐场所；②自然保护区、国家公园、用于娱乐的森林和湿地；③大坝、水库、森林等有娱乐性副产品的场所；④薪柴供应；⑤饮用水收集。TCM 法的主要步骤包括：①将区域划分为几个小区；②游客取样；③调查每个小区游览率；④估算旅行费用；⑤进行统计回归；⑥画出需求曲线。

2. 规避行为法（AB）

以人们针对现存的或潜在的环境质量的下降而采取的防护措施的费用为线索。可以认为其他投入或支出的变动额就反映了人们对环境的一定程度变化的支付意愿，因而可以用这种变动额来衡量环境变动的成本。

该方法应用的前提是假设人们知道他们正受到环境质量的威胁，并且他们采取行动来保护自己，而这些行动能用价格体现，这个价格即可为其成本。其适用范围包括：①大气、水或噪声污染；②土壤侵蚀、土地滑坡或洪水；③土壤肥力降低，土地退化；④海域和海岸带的污染和侵蚀，等等。使用 AB 法的主要步骤是：①识别有害的环境因素；②确定受其影响的人群；③获得人们反应措施的数据。

3. 享乐定价法（HPM）

享乐定价法认为商品的市场价值取决于它的一系列可以分别确认的特性，而其中的关系可以通过分析得到，通过把影响价格的环境因素从其他众多因素中分离出来，可以实现对其单独计量。

具有代表性的是土地和房屋，它们的价值可以反映多种属性：一类是环境特性，如房间的大小、工作地点的大小、基础设施的情况等；另一类是环境特性，如公路的噪声、空气的质量、周围的风景等。在掌握足够数据的基础上，可以确定各个特性的价格，也包括环境的价格。

HPM 法的适用范围包括：①当地空气和水质的变化；②噪声骚扰，特别是飞机和公路交通噪声；③对社区福利舒适程度的影响；④选择对环境有不良影响的设施（污水工程、电站等）的地区，公路和高速公路的路线规划；⑤在城市贫穷街区改进计划的影响评估。HPM 法的主要步骤包括：①定义和度量环境属性；②确定享乐价格函数；③采集跨部门或时间序列数据；④使用多元回归法评价环境属性；⑤获得改善环境的需求曲线。

替代市场法能够利用直接市场法所无法利用的信息，这些信息本身是可靠的，衡量时涉及的因果关系也是客观存在的。但这种方法涉及的信息往往反映了多种因素产生的综合性后果，而环境因素只是因素之一，因而排除其他方面因素对数据的干扰，就成为采用替代市场法时不得不面对的主要困难。所以，与直接市场法相比，用替代市场法得出的结果的可信度要低得多。

三　条件价值法（或意愿调查评估法）

条件价值法主要适用在空气和水质、娱乐、自然保护区及存在价值的评价等实证分析方面。该方法的适用范围具体表现在以下一些方面：空气和水的质量；娱乐（包括垂钓、打猎、公园和野生动物）；无市场价格的自然资源（如森林和野生区域）的保护；生物多样性的选择及其存在的价值；生命和健康风险；交通条件改善；污水和排污。

条件价值法（或意愿调查评估法）的基本思路是指通过对调查对象的直接调查，来评估他们的支付意愿或受偿意愿。所谓受偿意愿，是指消费者或厂商接受一定数量的货币赔偿以交换一定程度的环境质量恶化的意愿；而支付意愿，是指为了实现环境保护消费者或厂商所愿意支付的货币量。

条件价值法（或意愿调查评估法）的具体评估方法可以分成两类：一类方法是直接询问调查对象的支付意愿或受偿意愿，包括通过调查者的反复叫价来确定调查对象意愿的叫价博弈法，通过调查对象对环境质量与货币支出的不同组合所作出的选择来判断调查对象意愿的权衡博弈法。另一类方法则是询问调查对象对某些商品和劳务的需求，从中推断出调查对象的支付意愿或受偿意愿，其中包括模拟市场上均衡数量决定的无费用选择法，模拟在既定支出约束下购买最佳商品组合的优先评价法。此外，得到广泛应用的德尔斐法（专家调查法）也是条件价值法（或意愿调查评估法）中的一种具体评估方法。具体来说有以下几种方法。

1. 叫价博弈法（投标博弈法）（the bidding approach）

该方法通过在个人访问中反复应用投标过程来估计个人愿意支付的最大货币额或者同意接受的最小赔偿数，调查者首先详细描述商品的数量、质量、时间等所有特性，然后提出一个起点投标，询问被访问者对该商品是否愿意付那么多钱，如果回答肯定，则记下该数，并提高投标，直到回答为否定时为止。然后，访问者再逐渐降低投标，以找到愿意支付的精确数值。

喀麦隆对于森林的开采权方面应用了该方法。在应用该方法的时候，首先成立一个委员会对投标企业进行打分，打分内容包括投资、财政能力、技术能力、各个招标者的环境问题记录等，然后给各个方面的打分进行加权相加，最终分高者得。虽然由于所在地区的历史遗留问题，或者是由于规则的不透明等多种因素的存在，这种方法在应用中的效果存在打折扣的现象，但是该方法的应用对于提高政府收入、增加社区福利方面有明显的效果，也就是对于承担环境成本的人的补偿比以前有效率。

2. 权衡博弈法（比较博弈法）（trade-off games）

权衡博弈法与叫价博弈法一样，也需访问个人并详细描述商品的各种特性，并向被访问者提供两种情况进行比较。第一种情况是基本支出（支出Ⅰ），包括一定数量的环境商品，没有货币支出；第二种是可以选择的支出（支出Ⅱ），包括由个人支付的货币额以及与支出Ⅰ不同数量的环境商品。然后询问每个人，他愿意选择哪个支出，并有计划地改变支出Ⅱ中个人支出的货币额，直到选择两种情况中任何一种都一样为止。这时，支出Ⅱ中的货币额就是这一数量的环境商品的价格。

上述两种方法在以下两种情况下非常有用：当市场不存在的时候和当对自己不用或不熟悉的资源进行评估的时候。这两种方法在减少偏差方面是非常有效的，特别是对于假设问题。该方法越来越多地应用于对物种或地标的象征价值的评估。在发展中国家这种方法应用得比较少，但是在逐渐增加；具体的例子包括在巴西调查支付多少钱来改善供水系统的意愿，在加纳改善环境卫生，评估大象在肯尼亚旅游中的价值等。

3. 无费用选择法（costless choice）

提供不同方案给个人选择，其中一种方案是无价格的环境商品，其他方案是可以花钱买到的具体商品，如果某人选择环境商品，则将另一方案中具体商品的价格作为该环境商品的起点价格，并继续进行，直到无差别为止。这种方法的进行过程与上述博弈法相似，但由于是直接选择商品不选择支付费用，所以可消除上述方法的一些偏差。

4. 优先性评价法（priority evaluator technique）

该方法是模拟完全竞争市场的机制，然后找到环境商品的支付意愿或价值表现形式。各种各样的人都已经把环境商品与具有市场标价的商品进行了比较，并以这种比较的结果估计了环境商品的价值，原先无价格的环境商品就有了一个显性价值或价格。

5. 特尔菲法（Delph technique）

特尔菲法即函询调查法，通过多次直接询问专家来评定自然环境资源的价值。调查设计、调查者的技巧以及被调查者的素质对以上调查评价法所得出的结论至关重要。

条件价值法直接评价调查对象的支付意愿或受偿意愿，从理论上来说，所得结果应该最接近环境外部成本的数值。但是该方法属于主观意愿调查法，本质上有如下几个较大的局限性。

首先，虽然条件价值法在理论上是最接近实际环境成本的方法，但是也是最可能出现重大偏差的一类方法。因为这种方法进行评估所依靠的是人们对自己意愿的宣称，依赖的是人们的观点而不是市场行为，因而调查结果存在着产生各种偏倚的可能性。比如：当调查对象相信他们的回答能影响决策，从而使他们实际支付的私人成本低于他们所预期的值时，调查结果可能产生策略性偏倚；当调查者对各种备选方案介绍得不完全或使人误解时，调查结果可能产生资料偏倚；问卷假设的收款或付款的方式不当，调查结果可能产生手段偏倚；调查对象长期免费享受环境资源而形成的“免费搭车”心理，会导致调查对象将这种享受看做是天赋权利而反对为此付款，从而使调查结果出现假想偏倚。

其次，条件价值法要求的数据多，要获得可靠的数据需要大量时间、精力和资源的投入，这也使得条件价值法应用的成本很大。

还有就是条件价值法应用的成功取决于调查对象对环境问题的理解，并假定人们有一定的文化水平和环境意识。在较小区域内该条件容易得到满足，当受访人群范围较大时则可能会出现问题。

以上对环境成本核算方法的总结是以如何获取环境成本价值为基础来分类的，这些方法原则上适用于所有行业环境成本的估计。具体对工业来说，根据对环境变动所造成的影响的状况又可以将工业环境成本的估计分为两大类：一类是在污染出现的源头（前端）对污染进行控制，这样核算的环境成本即是对污染物处理的成本，称为治理成本法，污染处理成本主要包括企业、国家为了减少污染所进行的设备投资、人员配置和企业对外支付的污染处理成本等，由于一般会具有较准确的数据，这种环境成本能比较准确地估算。另一类是污染或者环境破坏不能够或者没有在源头上进行控制，从而对外扩散造成由整个社会来承担的成本，或者造成污染后的恢复成本，这类方法被称为污染损失法，主要包括环境变动引起的作物产量的变动、人们身体健康的损害、对建筑物的破坏等。这种方法的实质是对污染物的后端成本进行估计。虽然已有很多种计算的方法来核算这种成本，但是其准确性仍然存在很多争议，因此相对来说这种成本比较难于准确计算和界定。

我国理论界和实务界对环境成本的核算方法的研究和应用也是在上面所介绍的方法体系内进行的，所不同的是在实际应用的很多案例中并不仅仅是一种方法的单独应用，而是根据研究对象和面临情况的不同采用多个方法相结合的办法。特别是对我国的各个工业行业来说，对于环境成本估算更是采用了多个方法相结合的办法。例如：在丁淑英等所著《电力生产环境成本计算方法的研究》一文中对电力行业的环境成本进行了估算，该文中用暴露反应函数和剂量反应函数对污染物的数量进行估计，然后用支付意愿法计算污染的货币值，是直接市场法和条件价值法的应用，也是治理成本法的适用；张楠、武弋在《纺织行业环境成本内在化实证研究》一文中对纺织行业的环境成本进行了估算，本章采用了治理成本法和污染损失法相结合的方法对包括资源消耗成本、环境污染损失、环境维护成本和环境保护成本在内的与纺织行业相关的环境成本进行了较全面的估算，该方法也是直接市场法的应用实例；匡竹平在《汽车涂装环境成本研究》一文中以直接市场法为基础对该行业的环境成本核算体系进行了研究。

值得注意的是，虽然国外很多文献中对于环境成本估算的介绍都是单一的，但是根据对中国学者文献的总结发现，在计算环境成本的时候单一的方法往往是不够的，当面对复杂问题的时候需要多种方法结合使用。值得注意的是，从企业的层面考虑，很多企业所负担的环境成本是以罚款的形式体现的，这个罚款数额的科学性和合理性需要引起关注。

环境破坏的成本一般被整个社会所承担，通过比较环境成本与其带来的收益的大小有助于决策者制定相关的环境标准和保护政策。随着分析工具、数据和科学知识水平的提高，环境评估开始进入越来越多的政策决策领域，但是这仍然是比较有争议的，因为环境利益是比较难于估计的（前面几种评估方法看似简单，但在实际操作中会面临很多困难）。有一种观点认为，除非环境污染是不可逆转的或者在将来很长一段时间内是难以改变的，否则对环境的考虑是没有意义的；但这种观点忽略了现期人们的福利问题，因此对环境成本进行评估并用于决策是有意义的。

参考文献

Collomb, Jean-Gael, and Heriette Bikie. "1999 – 2000 Allocation of Logging Permits in

Cameroon: Fine-Tuning Central Africa's First Auction System." *Global Forest Watch. Cameroom.* (Available on line at www. globalforestwatch. org, 2001).

Department for International Development, United Kingdom (DFID), Directorate General for Development, European Commission (EC), United Nations Development Programme (UNDP), The World Bank, "Linking Poverty Reduction and Environmental Management: Policy Challenges and Opportunities." (A contribution to the WSSD, 2002).

Department for International Development, United Kingdom (DFID), Directorate General for Development, European Commission (EC), United Nations Development Programme (UNDP), The World Bank, *Linking Poverty Reduction and Environmental Management.* (July 2002).

Essama-Nssah, B., and James Gockowski, "Cameroon: Forest Sector Development in a Difficult Political Economy." *Evaluation Country Case Study Series.* (Washington, D. C.: World Bank, 2000).

Johnson, Ian. Forthcoming, "The Johannesburg Agenda: what might it achieve?" (Johannesburg: WSSD, August, 2002).

潘家华, "The Environmental Cost of Relocating a Million for the Three Gorges Dam (China): a Market Evaluation."

United Nations, European Commission, International Monetary Fund Organization for Economic Co-operation and Development World Bank, *Integrated Environmental and Economic Accounting 2003.*

World Bank, *World Development Report: Development and the Environment* (Washington, D. C.: World Bank, 1992).

World Bank, "Five Years after Rio: Innovations in Environmental Policy." *Environmentally Sustainable Development Studies and Monographs Series 18.* (Washington, D. C., 1997).

World Bank, *Greening Industry: New Roles for Communities, Markets, and Governments.* (New York: Oxford University Press, 2000).

World Bank, *Globalization, Growth, and Poverty: Building an Inclusive World Bank.* (Washington, D. C: WORLD BANK, 2001).

World Bank, *Making Sustainable Commitments: An Environment Strategy for the World Bank.* (Washington, D. C: World Bank, 2001).

World Bank, *A Case for Aid: Building a Consensus for Development Assistance.* (Washington, D. C.: World Bank, 2002).

World Bank, *World Development Report 2002: Building Institutions for Markets.* (New York: Oxford University Press, 2002).

World Bank, *Integrated Environmental and Economic Accounting 2003.*

Richard D. Morgenstern, William A. Pizer, and Jhih-Shyang Shih, "The cost of environment protection", *The Review of Economics and Stastics*, November 2001, 83 (4): 732-738.

World Bank, *Sustainable Development in a Dynamic World: Transforming Institutions, Growth and Quality of Life.*

仓萍萍、杨德利：《环境成本核算研究综述》，《财会通讯》2008 年第 6 期。

戴霄晔、王铮、刘涛：《我国高原健康环境评估》，《山地学报》2006 年第 5 期。

丁淑英、张清宇等：《电力生产环境成本计算方法的研究》，《热力发电》2007 年第 2 期。

董文福：《农业水资源价值计算方法研究》，《资源开发与市场》2007 年第 12 期。

郭道扬：《绿色成本控制初探》，《财会月刊》1997 年第 5 期。

郭道扬：《未来会计法律制度演进主要环境因素分析》，《法学研究》2004 年第 9 期。

过孝民、王金南、於方、蒋洪强：《生态环境损失量的问题与前景》，《环境经济杂志》2004 年第 8 期。

侯元凯、姚国慧：《森林生态价值计量问题浅析》，《林业经济》1996 年第 4 期。

蒋卫东：《荷兰环境成本核算实践及启示》，《中国矿业大学学报（社会科学版）》2002 年第 3 期。

蒋洪强、徐玖平：《旅游生态环境成本计量模型及实例分析》，《经济体制改革》2002 年第 1 期。

金鉴明：《环境领域若干前沿问题的探讨》，《自然杂志》2002 年第 5 期。

孔繁文、戴广翠：《瑞典、芬兰森林资源与环境核算考察报告》，《林业经济》1995 年第 1 期。

匡竹平：《汽车涂装环境成本研究》，《同济大学》2006 年第 2 期。

赖力、黄贤金：《东太湖网围养殖的生态环境成本测算》，《资源科学》2008 年第 10 期。

李连华、丁庭选：《环境成本的确认和计量》，《经济经纬》2000 年第 5 期。

李金昌：《关于环境价值的讨论》，《林业经济》1993 年第 4 期。

李金昌：《自然资源价值理论和定价方法的研究》，《中国人口、资源与环境》1991 年第 6 期。

李贻玲：《刍议环境成本费用与环境收益》，《财政研究》2007 年第 9 期。

李智勇：《商品人工林可持续经营的环境成本研究》，《中国农业大学》2001 年第 6 期。

李瑞华、宋香荣：《环境成本的估价方法研究》，《商业时代》2006 年第 12 期。

联合国、欧洲委员会、世界银行等：《综合环境经济核算（SEEA－2003）》。

刘晶、姚庆国：《煤炭企业环境成本的确认与计量》，《现代企业教育》2006 年第 5 期。

刘玉香、赵斌：《对煤炭企业环境成本核算的思考》，《中国煤炭》2006 年第 9 期。

刘季江、蒋苏红：《燃煤电厂环境成本的分析与计算》，《电力技术经济》2002 年第 12 期。

马玉洁：《论产品研究与开发环节的环境成本管理》，《现代商贸工业》2009 年第 8 期。

孟伶云：《浅析印染企业环境成本的构成》，《商场现代化》2009 年第 4 期。

裴辉儒：《资源环境价值评估与核算问题研究》，中国社会科学出版社，2009。

史丽芸：《企业环境成本核算：基于企业预防环境污染的核算研究》，《山西财经大学学报》2008 年第 4 期。

孙可：《几种类型发电公司环境成本核算的分析研究》，《能源工程》2004 年第 3 期。

王金南、蒋洪强等：《关于绿色 GDP 核算问题的再认识》，《环境经济》2007 年第 9 期。

王燕祥、郭晓梅：《关于企业环境成本计算》，《绿叶》2007 年第 7 期。

许炼烽、兰方勇、童红云、汪俊三：《滨海火电厂温排水对牡蛎生长和品质的影响》，《海洋环境科学》1991 年第 5 期。

徐嵩龄：《环境污染成本的经济分析》，《数量经济技术经济研究》1995 年第 7 期。

徐嵩龄：《论森林价值计量概念与方法的恰当性》，《中国软科学》2002 年第 9 期。

徐嵩龄：《生态资源破坏经济损失计量中概念》，《自然资源学报》1997 年第 4 期。

徐嵩龄：《中国环境破坏的经济损失研究：它的意义、方法、成果及研究建议(上)》，《中国软科学》1997 年第 11 期。

徐嵩龄：《中国生态资源破坏的经济损失：1985 年与 1993 年》，《生态经济》1997 年第 4 期。

徐嵩龄：《自然资源的价值表达及其在经济系统中的配置原则》，《生态经济》1996 年第 3 期。

徐嵩龄：《对中国生态资源破坏的经济损失的研究》，《经济学文摘》1997 年第 11 期。

徐瑜青、王燕祥、李超：《环境成本计算方法研究——以火电厂为例》，《会计研究》2002 年第 3 期。

杨家亲：《环境成本的计算方法》，《财务与会计》2005 年第 7 期。

於方、过孝民等：《2004 年中国大气污染造成的健康经济损失评估》，《环境与健康杂志》2007 年第 12 期。

张建国、杨建洲：《福建森林综合效益计量与评价》，《生态经济》1994 年第 5 期。

张建国、杨建洲：《福建森林综合效益计量与评价》，《生态经济》1994 年第 6 期。

张楠、武弋：《纺织行业环境成本内在化实证研究》，《生态经济（学术版）》2008 年第 2 期。

张琦：《物流企业的环境成本核算》，《物流企业》2003 年第 8 期。

张益：《环境成本计算方法初探——以某化肥厂为例》，《皖西学院学报》2003 年第 4 期。

张颖：《中国林地价值评价研究综述》，《林业经济》1997 年第 1 期。

章铮：《边际机会成本定价——自然资源定价的理论框架》，《自然科学学报》1996 年第 4 期。

第2章

虚拟成本法对中国工业环境污染损失估计

中国环境污染损失一直是环境经济学热点问题，本章主要利用虚拟成本法在前端对中国工业发展的环境成本进行了初步估计。

一　本章的主要研究方法

虚拟治理成本是指目前排放到环境中的污染物按照现行的治理技术和水平全部治理所需要的支出。由于经济是持续向前发展的，不同经济规模所包容的污染数量和程度是不同的，所以绝对数的使用有一定的局限性，用相对值指标来度量污染物成本的大小更具有参考意义。本章用环境未支付成本分别占当年工业总产值及工业增加值的比例来度量环境成本的大小。在本章中，环境成本分为环境未支付成本、环境已支付成本、环境总成本。其中，环境总成本等于环境未支付成本与环境已支付成本之和。环境已支付成本指工业企业在生产经营过程中对生产过程中产生的废气、废水、烟尘粉尘等已处理而支付的成本。环境成本具体测算步骤如下：

（1）根据2005年环境数据资料测算单位污染物处理成本。如：某行业2005年的工业废水达标排放量为A，本年运行费用为B，则污水处理单位成本$C=B/A$。

（2）用各年未处理直接排放污染物数量Q与该污染物单位成本C相乘得到以2005年价格计价未处理污染虚拟物成本W_1，同样的方法可以计算环境已支付成本W_2，由$W=W_1+W_2$得到污染物总成本。

（3）将不同年份的环境成本调整为当年价格。

（4）用调整后的环境成本与相应年份的工业销售收入及工业增加值相除，用以度量环境成本的大小。

二　工业企业环境已支付成本

在本部分中，环境已支付成本包括已支付处理二氧化硫、污水和烟尘粉尘的成本。

1. 环境已支付成本占工业总产值的比例

从绝对值来看，已经支付环境成本总值在不断提高，从1991年的255亿元提高到2006年的1735亿元。但同时环境已支付成本占工业总产值的比重在2001年前处于不断波动和调整状态，在2001～2006年一直处于下降趋势，在2006年下降到占工业总产值0.55%的新低点。把2001年由于行业调整对统计数据的影响考虑进来，环境已支付成本总体上处于波动中下降的趋势。环境已支付成本占工业总产值变化趋势的原因是多方面的，可能是由于企业未能支付应支付的环境成本，也可能是由于中国产业结构的升级与调整使中国工业的产业结构清洁度不断提高，还可能是由于产业组织结构变得更加纵向一体化。这还需要结合下面的数据进行分析。

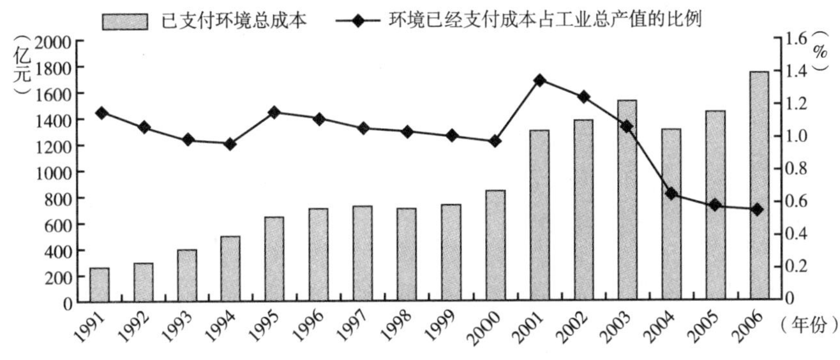

图 2－1　环境已支付成本占工业总产值比例趋势

资料来源：中经专网、《中国环境统计年鉴》、中华人民共和国统计局网站。

2. 环境已支付成本与工业增加值的比例

1995 年以前，环境已支付成本占工业经济增加值的比例处于波动中相对稳定的状态，从 1996 年起到 2000 年和 2001 年后这两个时期环境已支付成本与工业增加值的比重都呈下降的趋势，并且在 2001 年后下降幅度较 2001 年以前要大。这与 2001 年统计数据分行业口径的变化有一定的关系，剔除行业分类的影响，我们可以看到，环境已支付成本总额占工业经济增加值的比重一直趋于下降；从这数据的变化趋势至少可以推测，环境已支付成本占工业增加值变化趋势的主要原因不是由于产业组织结构的变化。

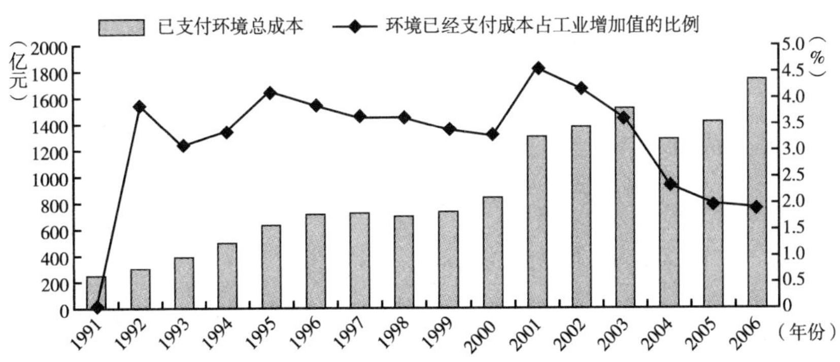

图 2－2　环境已支付成本占工业增加值比例趋势

资料来源：中经专网、《中国环境统计年鉴》、中华人民共和国统计局网站。

3. 环境已支付成本构成趋势分析

环境已支付成本构成是指各项污染物环境已支付成本占总环境已支付成本的比例。2006 年，用于烟尘粉尘治理的环境已支付成本占已支付环境总成本的 60.62%，用于二氧化硫治理的环境已支付成本占总环境已支付成本的 22.72%，用于工业废水治理的占 16.67%，与 1991 年相比构成发生了较大的变化。

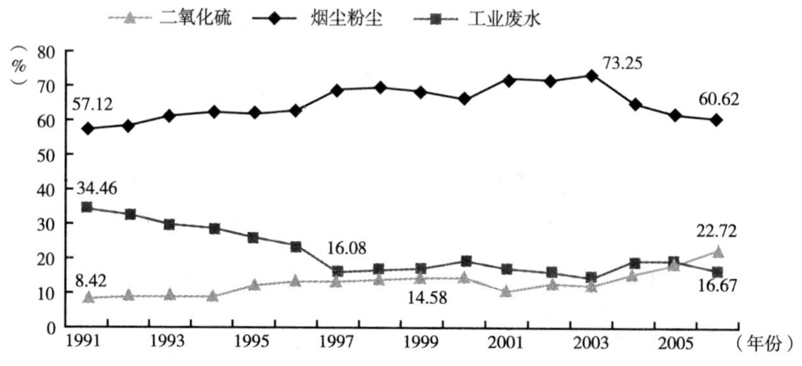

图 2-3 1991～2006 年已支付污染物成本构成趋势

资料来源：中经专网、《中国环境统计年鉴》、中华人民共和国统计局网站。

从历年情况来看，环境已支付成本中用于烟尘粉尘的比例一直最高，用于工业废水处理的次之，用于二氧化硫处理的最小，并且每年已支付环境总成本的构成有较大的波动。1991～2003 年，用于烟尘粉尘的环境已支付成本比例从 57.12% 波动上升到 73.25% 的最高点，而后持续下降到 2006 年的 60.62%；用于工业废水治理的成本总体上处于下降趋势，虽然在 1997 年达到 16.08% 的低点后有所回升，但是从 2004 年又开始下降，并且其占比在 2006 年中首次下降到二氧化硫之下；用于二氧化硫的环境已支付成本占比总体上处于上升趋势，从 1997 年的 8.42% 上升到 2006 年的 22.72%，并且在 2006 年首次超过工业废水。

三　工业环境未支付成本估计

工业环境未支付成本指工业企业在生产经营过程中直接排放的未达标废气、废水和未处理烟尘粉尘等对环境造成的虚拟污染成本，这部分成本应该作为企业经营收入的抵消额。对于环境未支付成本的核算，包括未经处理直接排放的二氧化硫、污水和烟尘粉尘的成本。

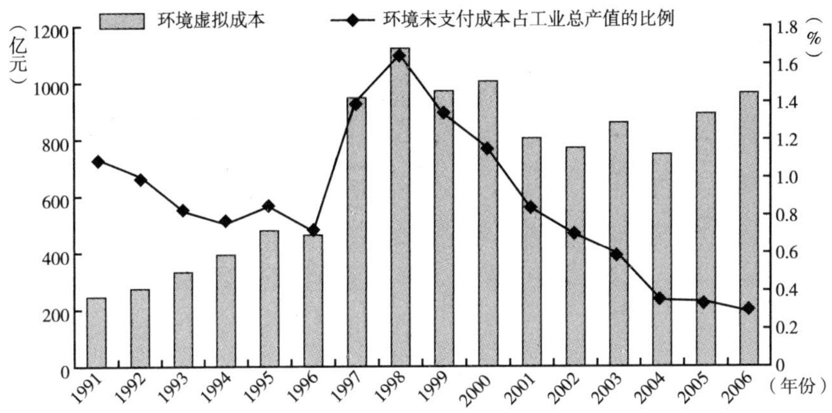

图2-4　环境未支付成本占工业总产值的比例趋势

资料来源：中经专网、《中国环境统计年鉴》、中华人民共和国统计局网站。

1. 环境未支付成本占工业总产值的比例

环境未支付成本总额在1996年已经开始下降，1997年由于统计口径的变化环境未支付成本增大（为948.41亿元），1998年（1120.84亿元）达到最大，之后环境未支付成本开始减少，2004年降低到743.68亿元。随着2004年中国新一轮重化工业发展加速，环境未支付成本总额开始增大。环境未支付成本总额变化趋势与环境已支付成本变化趋势不同。

环境未支付成本占工业总产值的比重趋势可以分为两个阶段来考

虑：第一阶段[①]，1991～1996年间总体处于下降趋势，在1996年达到0.73%的低点，其中二氧化硫、烟尘粉尘、工业废水占工业总产值的比例也处于波动中的下降状态；第二阶段为1997～2006年，占工业总产值的比例在1998年达到峰值1.65%，其后一直处于下降趋势，2006年下降到0.30%。其中，二氧化硫、烟尘粉尘环境未支付成本占工业总产值的比例从1998年开始处于下降趋势，分别从1.18%和0.16%下降到0.28%和0.02%；而工业废水的环境未支付成本在这一阶段中则一直处于下降趋势，从1997年的0.35%下降到2006年的0.01%。

前面我们提到，引起环境已支付成本变化的原因可能是由于企业未能支付应支付的环境成本，也可能是由于中国产业结构的升级与调整使中国工业的产业结构清洁度不断提高；从环境未支付成本变化的情况可以推测更为可能的原因是后者而不是前者，也就是说随着中国工业化的推进，中国工业清洁度已经越来越高。另外，环境未支付成本总额与环境已支付成本总额变化趋势的不同也说明，总体而言中国企业的环境保护力度在不断加大。

2. 环境未支付成本占工业增加值的比例

在1997年之前，环境未支付成本占工业增加值的比例在2%左右波动；环境未支付成本占工业增加值的比重在1998年达到5.77%的最高值，其后总体上一直处于下降趋势，在2006年下降到1.05%。

3. 环境未支付成本构成趋势分析

从污染物未支付成本量分析，二氧化硫排放环境未支付成本在1991～2006年中经历了多次波动，在1991～1996年和1997～2004年两个阶段相对比较稳定；但是在2004～2007年则有大幅度的增长，

---

① 中国污染物排放的统计口径在1997年有所变化，扩大到乡以上有污染物的全部企业。

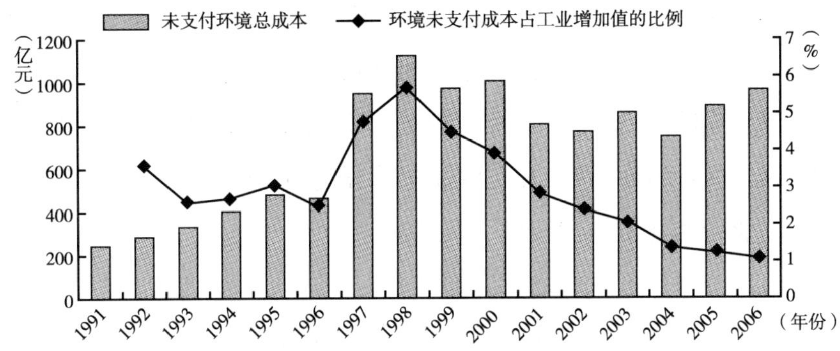

图 2－5　环境未支付成本占工业增加值的比例

资料来源：中经专网、《中国环境统计年鉴》、中华人民共和国统计局网站

平均每年增长超过 100 亿元，同比增幅达 13.95%；烟尘粉尘的排放环境未支付成本在 1998 年达到 107.49 亿元的高点，其后一直下降，在 2004 年达到 50.86 亿元的最低点，其后两年虽然有所增加，但变化幅度很小；工业废水成本在从 1997 年的 242.31 亿元下降到 2004 年的 10.81 亿元后，在之后两年中有较大幅度回升。

在 1991 ~2006 年间，环境未支付成本构成发生了较大变化，二氧化硫未处理成本由 1991 年的占 59.73% 提高到 2006 年的 92.42%，工业废水环境未支付成本则大幅度下降，由最初的 30.41% 下降到

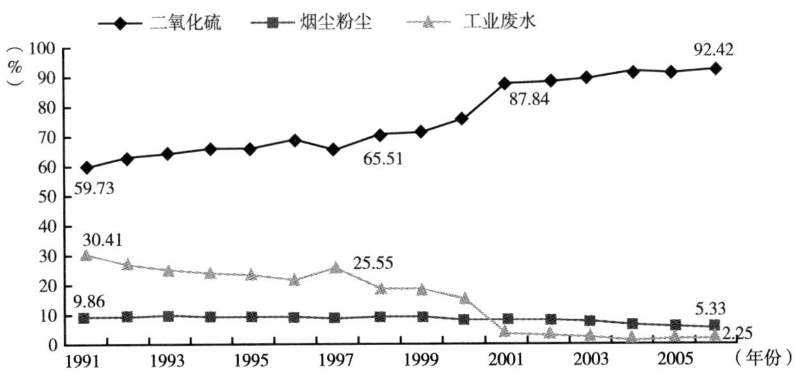

图 2－6　环境未支付成本构成趋势

资料来源：中经专网、《中国环境统计年鉴》、中华人民共和国统计局网站。

2006 年的 2.25%，烟尘粉尘构成由 9.86% 下降到 5.33%。二氧化硫占环境未支付成本比重的增加是这期间的最大变化，其次为工业废水占比下降幅度较大，而烟尘粉尘则处于相对稳定且逐渐下降的状态，这是因为二氧化硫的环境未支付成本数量总体处于增加状态，而烟尘粉尘和工业废水则总体处于下降趋势。

四 工业环境总成本估计

1. 环境总成本占工业总产值的比例

从 1991～2006 年的 16 年间，环境总成本占工业总产值的比例处于较频繁的波动状态，在 1998 年达到 2.69% 的历史最高点，并且从 2001 年开始以年均 0.27 个百分点的速度下降，在 2006 年下降到 0.85%。近些年，环境未支付成本（及环境已支付成本）占工业总产值（及工业增加值）下降的趋势是中国工业清洁度不断提高的结果。

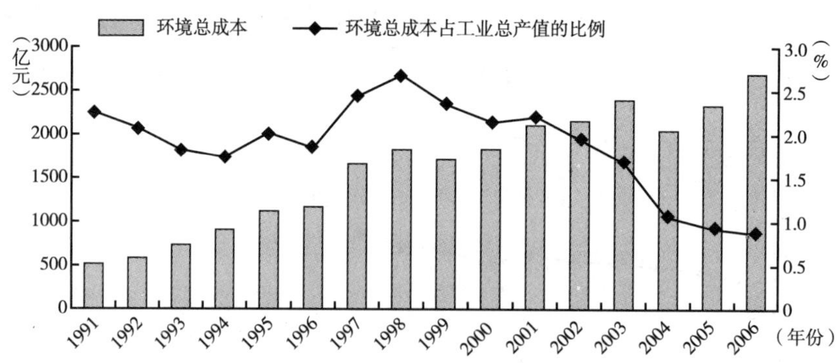

图 2－7 环境总成本占工业总产值比例趋势

资料来源：中经专网、《中国环境统计年鉴》、中华人民共和国统计局网站。

2. 环境总成本占工业增加值的比例

2001 年前，环境总成本占工业增加值的比例在 7% 左右波动，从

2002 年开始持续下降，到 2006 年为 2.96%，年均下降 0.89 个百分点。总的来说，这两个指标处于下降的趋势，尤其是近 5 年来下降趋势比较明显。

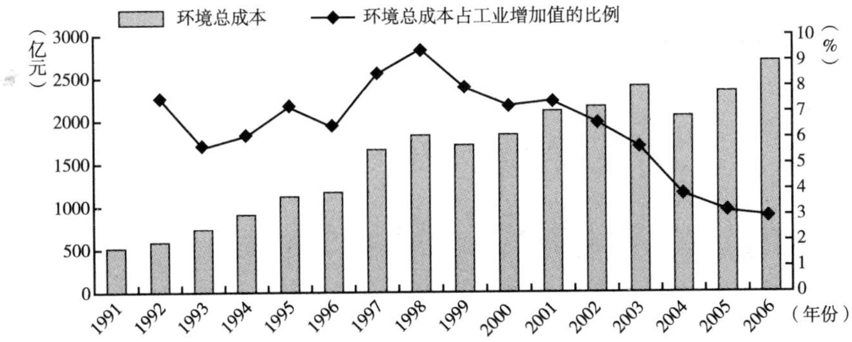

图 2－8　环境总成本占工业增加值比例趋势

资料来源：中经专网、《中国环境统计年鉴》、中华人民共和国统计局网站。

第3章

支付意愿法对中国工业环境污染损失估计

本章将归纳和总结主要官方机构和个人对中国环境污染损失的研究；介绍目前环境污染损失主要估算内容；对具有实用性和可操作性的环境污染损失方法进行归纳；根据世界银行和中国国家统计局数据对中国环境污染损失初步估算，最后得出中国环境污染损失的特征和发展趋势。本章的主要意义在于抛开具体的估算细节，利用2006年中国国家统计局对2004年绿色GDP核算中关于环境污染损失的统计调查结果，再结合世界银行对我国大气和颗粒物污染的详细数据，得出年度调整系数，重要的是对我国环境污染损失的结构特点和发展趋势进行分析。

一　中国环境污染损失估算研究现状

20世纪80年代以来，环境质量价值评估技术开始应用于中国，主要用于区域、流域或企业一级的污染损失估算。由过孝民和张慧勤主编的《公元2000年中国环境预测与对策研究》一书是80年代中期对环境大规模预测成果的首次反映，该成果对我国环境污染和生态破坏造成的经济损失进行了估算。估算结果是：1981 ~ 1985 年间平均每年为 380 亿元，占 1983 年 GNP 的 6.75%。这项研究是开创性和基础性研究工作，它不仅第一次对全国范围的污染损失做了估算，而且它使用的方法有较强的理论基础，后来被许多研究者沿用，估算的污染损失值占 GNP 的百分比也被一些研究者在计算其他年份时进一步外推。在他们工作的基础上，中国社科院环境与发展研究中心在 1995 年对 90 年代中国环境污染的损失进行了货币化估算。当时的计算以 1993 年作为基准年，研究成果的部分结论已被世行报告《碧水蓝天》引用为计算中国环境污染损失的参考数据。按照计算结果，1993 年中国环境污染造成的损失为 1085 亿元，占当年 GNP 3% 以上。应该说这是 90 年代首次对全国范围污染损失的一个较全面的估算。

表 3-1 主要文献估计结果

研究人员	估算方法	评估项目	计算年份	评估结果（亿元/年）
过孝民，张慧勤（1990）	市场价值法 机会成本法 工程费用法 修正人力资本法	全国环境污染损失 其中：水污染损失 大气污染损失 固废污染损失 农药污染损失 全国生态破坏损失	1981 ~ 1985	381.56 156.62 124 5.74 95.2 497.52
曲格平（1992）		全国环境污染损失 其中：水污染损失 大气污染损失 固废、农药污染损失	1992	950 400 300 250
李金昌（1994）	综合评估	全国生态环境成本 包括：环境污染损失	1994	2000
金鉴明，汪俊三等（1994）	市场价值法 替代市场法 恢复费用法 影子工程法等	全国生态破坏损失 其中：四川生态破坏损失 山东生态破坏损失 宁夏生态破坏损失	1985	831 102 29 1.5

续表

研究人员	估算方法	评估项目	计算年份	评估结果（亿元/年）
徐寿波(1986)	分项估算法 综合估算法	全国大气污染损失	1980	44 200
司金鉴(1996)	资料汇总,外推法	全国环境污染损失 全国生态破坏损失	1991 ~ 1995	1330 905
郭士勤等(1994)	市场价值法	全国环境污染造成的农业损失	1988	125
徐方,王华敏等(1992)	医药费用法、人力资本法	乡镇企业环境污染对人体健康的损害	1989	0.093
夏光(1998)	市场价值法 机会成本法等	全国环境污染损失 其中:水污染损失 大气污染损失 固体废弃物占地损失	1992	986.1 356 578.9 51.2
国家统计局,环保总局(2006)	综合法	全国环境污染损失 其中:水污染损失 大气污染损失 固体废弃物占地损失 污染事故	2004	5118.2 2862.8 2198 6.5 50.9
世界银行(2007)	综合法	空气和水污染的健康和非健康损失	2006	7800
中国社会科学院工业经济研究所	虚拟治理成本法	中国工业环境成本	1995	958

资料来源：作者整理。

二　环境污染损失主要估算内容

价值量估算是在实物量估算的基础上，估算各种环境污染和生态破坏造成的货币价值损失。环境污染价值量估算包括污染物虚拟治理成本和环境退化成本估算，分别采用治理成本法和污染损失法。主要包括以下方面：各地区的水污染、大气污染、工业固体废物污染、城市生活垃圾污染和污染事故经济损失估算；各部门的水污染、大气污染、工业固体废物污染和污染事故经济损失估算。具体分为：

（1）大气污染经济损失估算。一是大气污染对健康效应损失，二是大气污染对农作物危害，三是大气污染对材料损失，四是大气污染对森林危害。

（2）水污染经济损失估算。一是水污染与人体健康效应估算，二是水污染对农业造成的经济损失估算，三是水污染对水资源造成的经济损失估算，四是水污染对渔业、蓄牧业、海河岸生态造成的经济损失估算。

（3）固体废物污染经济损失估算。固体废物造成的经济损失主要表现为废物堆放占用土地（主要是耕地）所造成的土地利用机会成本的丧失。

表3-2　环境污染损失估算分类

1. 大气污染经济损失估算	2. 水污染经济损失估算
大气污染与健康效应估算	水污染与人体健康效应估算
大气污染对农作物危害估算	水污染对农业造成的经济损失估算
大气污染对材料损失估算	水污染对水资源造成的经济损失估算
大气污染对森林危害估算	水污染对渔业、畜牧业、海河岸生态造成的经济损失估算
大气污染对事故估算	3. 固体废弃物污染经济损失估算
	固体废物堆放用地损失估算

资料来源：作者整理。

三　环境污染经济损失的估算方法——污染损失法

联合国环境与资源综合账户的框架指出，污染损失法是指基于损害的环境价值评估方法。这种方法借助一定的技术手段和污染损失调查，计算环境污染所带来的种种损害，如对农产品产量和人体健康等的影响，并采用一定的定价技术，进行污染经济损失评估。目前，定价方法主要有人力资本法、旅行费用法、支付意愿法等。与治理成本法相比，基于损害的估价方法（污染损失法）更具合理性，体现了污染的危害性。需要强调的是，目前的估算方法是建立在尽可能多收集到的数据上，并且某些估算系数具有研究性质，世界银行和中国官方权威部门都在使用这些估算方法。尽管不同机构对中国的环境污染估计结果存在一定差异，但总体差异并不大，尤其是对中国环境污染的估计趋势是相同的。

1. 大气污染的经济损失计算

（1）对健康的影响。对中国大气污染影响健康的研究都建立在卫生部的统计资料上，对于上述健康影响的经济价值估计，一般采用人力资本法计算疾病损失。

（2）对农作物的影响。主要是体现在农作物减产方面，一般采用市场价值法，即这些数据从环境统计年鉴和公报中估算，损失面积占全国农业生产面积也可估算，再乘以各种农作物的市场价格。

（3）对森林的影响。根据有关专家的估计，大气污染主要通过酸雨对森林生长面积产生影响，目前每年全国森林因酸雨造成的经济损失只计算木材和薪材的损失，一般采用市场价格法。

（4）对建筑材料和物品的影响。根据现有的研究，因城市大气污染而增加的家庭或汽车清洗费用可以用做对物品洗涤支出的估计。另外，酸雨会使建筑设备使用年限缩短。

2. 水污染的经济损失计算

（1）对健康的经济损失。基础数据可以使用《中国卫生统计年鉴》与水污染有关的资料估算，具体估算方法为改进的人力资本法，即治疗费用、工作日损失、早逝损失相加综合为经济损失。

（2）对农业污染的经济损失。农业污灌区经济损失主要有两类，粮食减产，不能食用；粮食质量下降，不能正常出售，降价出售。根据减产面积和市场价格可以计算出这类损失。中国农业因水质性缺水，水量不足，使耕地资源生产力提高受到严重制约。据分析，我国农业缺水造成每立方米损失粮食0.82公斤。

（3）对渔业的经济损失。水污染对渔业的损失目前有比较详细的估算方法：第一，水污染对淡水渔业的事故性损害。基于我国政府对渔业的行政管理，海洋渔业和淡水渔业分为不同部门，事故上报也分别统计。第二，水污染对中国海区渔业的事故性损害。海洋环境污染导致沿岸近海渔业资源衰竭，水生物种减少，水产品质量下降，养殖滩涂大片荒废。根据中国海洋环境保护监测报告，可以得出每年海水养殖污染损害事故造成海洋水产品损失20万吨。

（4）对工业的经济损失。水污染对工业的损失是多方面的。主要考虑因水污染引起的供水不足对工业生产能力的损害。单位水量的GDP损失，各地差异很大，1995年全国平均为30元/吨。工业损失由下式得出：$I = BW \times Q$，式中：BW为单位水量造成的GDP损失。

3. 固体废弃物污染的经济损失计算

固体废弃物污染损失主要根据每年全国工业废弃物产生量占用农业生产耕地面积的机会成本来计算。根据各种作物的市场价格进行评估。

四　对中国环境损失估计步骤

在中国有关环境机构以及专家学者的研究中，对于环境污染损失基本组成内容和使用的估算方法都大同小异，估算结果相差也不甚远，不同之处主要是数据采集的范围和假定前提有所区别，尤其是目前已经具有了比较全面和详细的2004年国家统计局和国家环保局联合发布的环境污染数据，所以再针对某一年的各方统计数据重新估算意义不大。但对于环境污染损失的发展趋势估计很少，所以我们以2006年中国国家统计局对2004年绿色GDP核算中关于环境污染损失的统计调查结果为基础，根据世界银行对我国大气和颗粒物污染的历史数据计算调整系数，得出我国1990～2006年环境污染损失变化的结构特征和发展趋势。

1. 该估算方法的理论基础——环境库兹涅茨曲线

环境库兹涅茨曲线常被表示成污染物排放量随人均GDP的增长而先增后减的倒U形关系，并首先为Grossman和Krueger（1991）所证实。1992年，世界银行在《世界发展报告》中应用库兹涅茨曲线对发展中国家的经济发展和环境保护进行了分析，首次提出了环境库兹涅茨曲线的概念。即在经济发展的初级阶段，环境恶化不可避免地同步发生，当经济发展到一定阶段时（人均GDP 3000～5000美元）环境将会得到改善。通过对污染损失和GDP的总量变化以及增长率变化的比较可以发现，环境污染损失总量与增速同GDP都高度相关，我国环境损失总量正处于库兹涅茨曲线的第二阶段。这构成了估算我国环境污染损失历史趋势的基础。

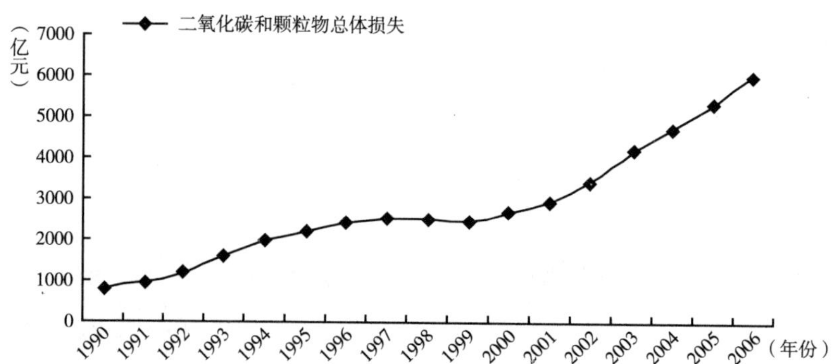

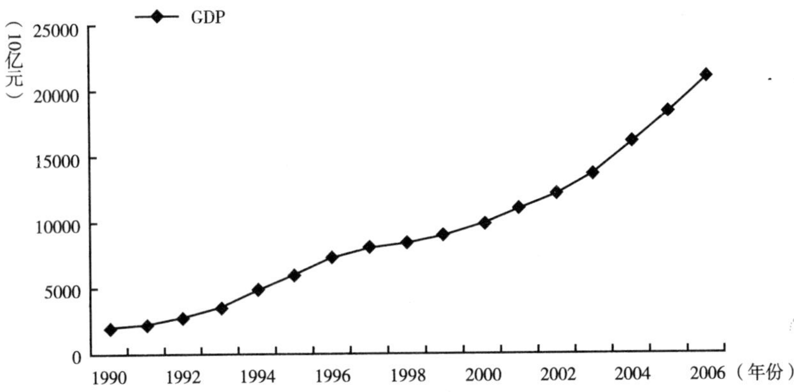

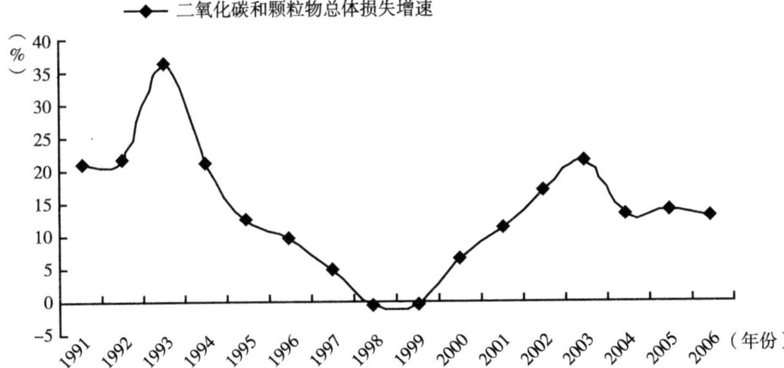

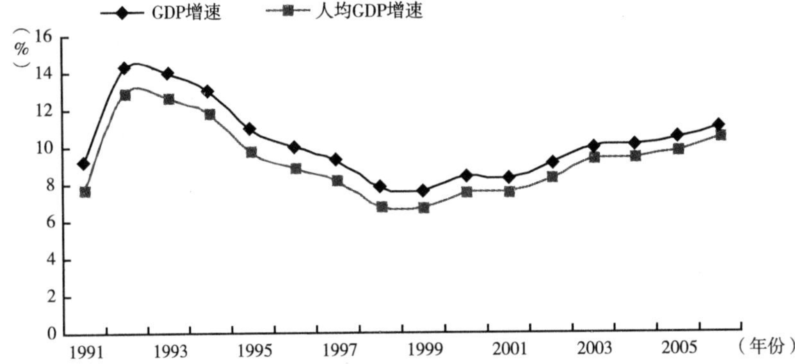

图 3－1　环境损失和 GDP 高度相关

资料来源：世界银行，2008。

2. 二氧化碳和颗粒物造成的环境损失

根据世界银行对我国二氧化碳和颗粒物造成的环境损失占当年国民总收入的比例，乘以我国当年国民总收入（以人民币计算），获得1990～2006年二氧化碳和颗粒物对我国环境造成损失的绝对数据（见表3－3）。

表3－3　二氧化碳和颗粒物造成的环境损失

单位：亿元

类　别	1990	1995	2000	2001	2002	2003	2004	2005	2006
二氧化碳环境损失	606.20	1456.09	1358.59	1508.97	1778.64	2161.08	2253.96	2538.12	2807.08
颗粒物环境损失	197.45	735.16	1281.08	1424.26	1647.50	1998.82	2447.37	2819.88	3233.06
总　计	803.65	2191.25	2639.67	2933.23	3426.14	4159.90	4701.33	5358.0	6040.14

资料来源：世界银行，2008。

3. 计算增速调整系数

由图3－1可知，环境污染损失总量与增速同GDP都高度相关，我们以2004年为基准年，用二氧化碳和颗粒物对我国环境造成损失合计值的年变化速度作为调整系数，计算结果如表3－4：

表3－4　二氧化碳和颗粒物对我国环境造成损失的调整系数

类　别	1990	1995	2000	2001	2002	2003	2004	2005	2006
调整系数	0.17	0.47	0.56	0.62	0.73	0.88	1.00	1.14	1.28

资料来源：根据世界银行（2008）数据计算。

4. 1990～2006年我国环境总损失

以国家统计局和国家环保总局2006年发布的绿色GDP核算中2004年的环境污染损失数据为基础，乘以环境损失增速调整系数，得出1990～2006年的各项环境损失估算值。

表 3－5　2004 年我国环境污染损失情况

类　别	环境污染损失(亿元)	占 GDP 比例(%)
	5117.9	3.054
大气污染	2198	1.31
大气污染造成城市居民健康损失	1527.4	
农业减产损失	537.8	
材料损失	132.8	
水污染	2862.8	1.71
对农村居民健康损失	178.6	
污染型缺水损失	1478.3	
水污染造成工业额外治理成本	462.6	
水污染对农业生产损失	468.4	
水污染使生活用水额外治理和防护成本	274.9	
固废堆放	6.5	0.004
工业固废新增堆放机会成本	1.3	
生活垃圾新增堆放机会成本	5.2	
污染事故	50.6	0.03
污染事故造成直接经济损失	3.3	
渔业污染事故造成直接经济损失	10.8	
环境污染造成天然渔业资源经济损失	36.5	

资料来源：国家统计局，环保局公报。

表 3－6　中国环境损失估算

单位：亿元

类　别	1990	1995	2000	2001	2002	2003	2004	2005	2006
总环境污染	874.8	2385.3	2873.6	3193.1	3729.7	4528.4	5117.9	5832.5	6575.5
大气污染	375.7	1024.5	1234.2	1371.4	1601.8	1944.9	2198.0	2504.9	2824.0
大气污染造成城市居民健康损失	261.1	711.9	857.6	953.0	1113.1	1351.5	1527.4	1740.7	1962.4
农业减产损失	91.9	250.7	302.0	335.5	391.9	475.9	537.8	612.9	691.0
材料损失	22.7	61.9	74.6	82.9	96.8	117.5	132.8	151.3	170.6
水污染	489.4	1334.2	1607.3	1786.0	2086.3	2533.0	2862.8	3262.6	3678.1
对农村居民健康损失	30.5	83.2	100.3	111.4	130.2	158.0	178.6	203.5	229.5
污染型缺水损失	252.7	689.0	830.0	922.3	1077.3	1308.0	1478.3	1684.8	1899.3
水污染造成工业额外治理成本	79.1	215.6	259.7	288.6	337.1	409.3	462.6	527.2	594.3

续表

类　别	1990	1995	2000	2001	2002	2003	2004	2005	2006
水污染对农业生产损失	80.1	218.3	263.0	292.2	341.4	414.5	468.4	533.8	601.8
水污染使生活用水额外治理和防护成本	47.0	128.1	154.3	171.5	200.3	243.2	274.9	313.3	353.2
固废堆放	1.1	3.0	3.6	4.1	4.7	5.7	6.5	7.3	8.3
工业固废新增堆放机会成本	0.2	0.6	0.7	0.8	0.9	1.1	1.3	1.4	1.6
生活垃圾新增堆放机会成本	0.9	2.4	2.9	3.3	3.8	4.6	5.2	5.9	6.7
污染事故	8.7	23.6	28.5	31.6	36.9	44.8	50.6	57.7	65.1
污染事故造成直接经济损失	0.6	1.6	1.9	2.1	2.4	2.9	3.3	3.8	4.3
渔业污染事故造成直接经济损失	1.8	5.0	6.1	6.7	7.9	9.6	10.8	12.3	13.9
环境污染造成天然渔业资源经济损失	6.2	17.0	20.5	22.8	26.6	32.3	36.5	41.6	46.9

资料来源：作者估算。

五　中国环境损失结构特征及发展趋势

1. 1990～2006年中国环境污染损失趋势分析

根据上述计算可知，我国环境污染损失总体不断上升。1990年，环境污染损失总额为874.8亿元，到2006年增长为6575.5亿元，增长了6.5倍。其中在1999年以前总体增速还不是很快，尤其是1997～1999年间保持匀速增长，但2000年以后呈现加速增长的态势，且增速不断加快。

2. 1990～2006年中国环境污染损失构成分析

在我国环境污染造成的损失中，水污染是主要来源，所占份额最大，为55.9%；其次为大气污染，约占总体污染损失的42.9%；而污染事故和固体废物堆放污染损失所占比例分别为1.0%和0.1%。

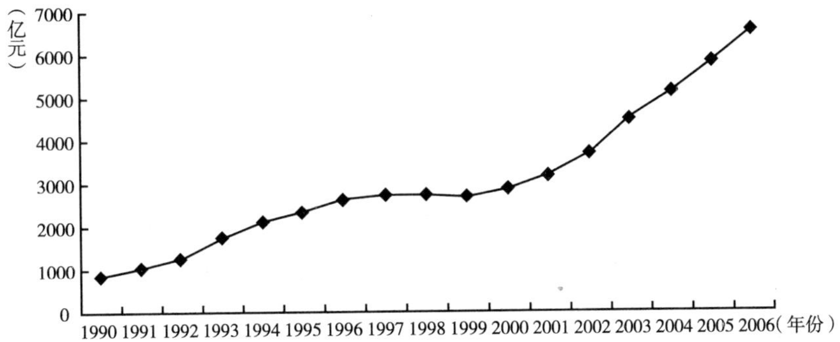

图 3－2　中国环境总损失走势

资料来源：作者绘制。

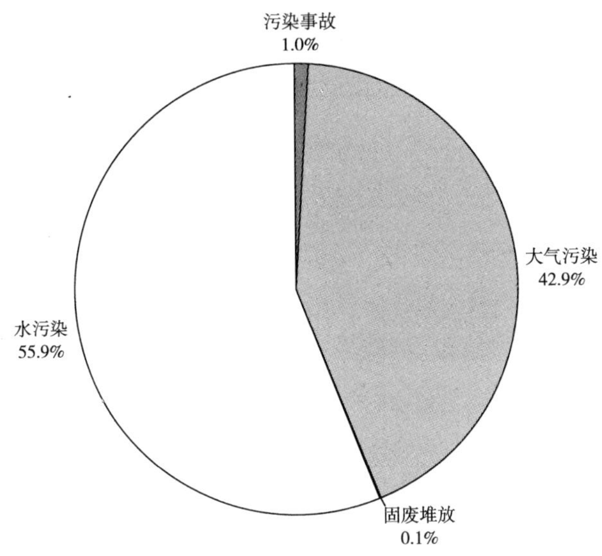

图 3－3　1990～2006 年中国环境污染损失构成

资料来源：作者绘制。

1990～2006 年在我国大气污染造成的损失中，大气污染造成城市居民健康损失 69.5%，农业减产损失 24.5%，材料损失 6.0%。

水污染造成的损失中，对农村居民健康损失 6.2%，污染型缺水损失 51.6%，水污染造成工业额外治理成本 16.2%，水污染对农业生产损失 16.4%，水污染造成城市生活用水额外治理和防护成本 9.6%。

在固废堆放污染造成的损失中，工业固废新增堆放机会成本 19.4%，生活垃圾新增堆放机会成本 80.2%，其他占 0.4%。

在污染事故造成的损失中，污染事故造成直接经济损失 6.5%，渔业污染事故造成直接经济损失 21.2%，环境污染造成天然渔业资源经济损失 71.7%，其他占 0.6%。

表 3-7　1990～2006 年中国环境污染损失项目比例

单位：%

各类污染损失所占比例	1990～2006	各类污染损失所占比例	1990～2006
大气污染	100.0	固废堆放	100.0
大气污染造成城市居民健康损失	69.5	工业固废新增堆放机会成本	19.4
农业减产损失	24.5	生活垃圾新增堆放机会成本	80.2
材料损失	6.0	其他	0.4
水污染	100.0	污染事故	100.0
对农村居民健康损失	6.2	污染事故造成直接经济损失	6.5
污染型缺水损失	51.6	渔业污染事故直接经济损失	21.2
水污染造成工业额外治理成本	16.2	环境污染造成天然渔业资源经济损失	71.7
水污染对农业生产损失	16.4	其他	0.6
水污染造成城市生活用水额外治理和防护成本	9.6		

资料来源：作者计算。

3. 1990～2006 年中国环境污染损失相对分析

虽然我国环境污染损失总量不断上升，但相对于我国的经济增长来看，环境污染损失呈总体下降趋势。1990 年，我国环境污染损失占 GDP 总量为 4.7%，2000 年和 2001 年最低为 2.9%，2006 年为 3.1%（见图 3-4），下降幅度还是相当明显的。这一趋势还可以从具有更长时间序列统计数值的二氧化碳污染损失占国民总收入比例反映出来，该比例在 1970 年为 1.4%，1987 年为最高点 3.5%，随后开始下降，经过将近 40 年的变化，2006 年为 1.4%，与最初的 1970 年水平持平。

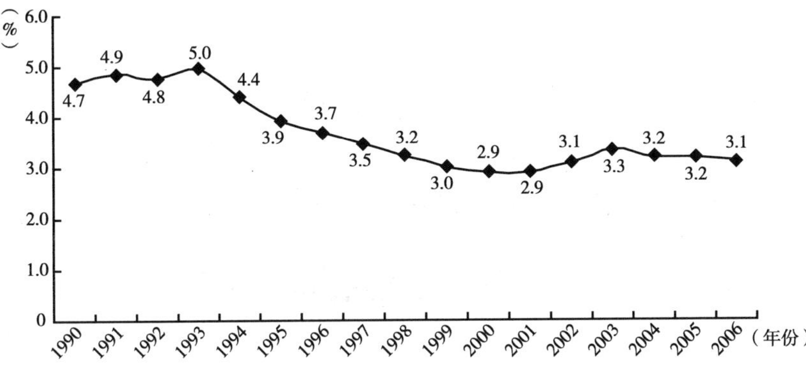

图 3-4　我国环境污染损失占 GDP 比例

资料来源：作者绘制。

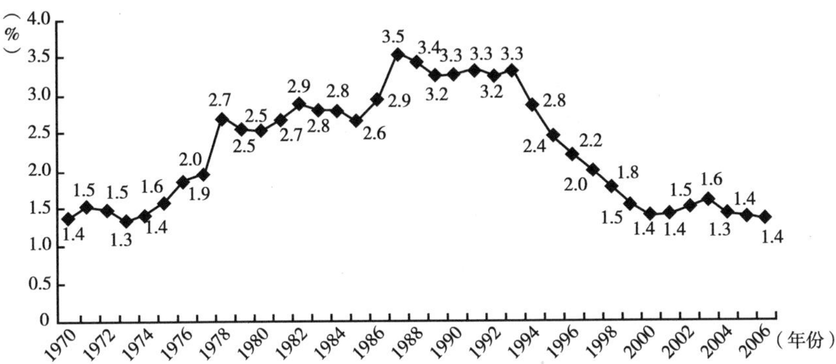

图 3-5　二氧化碳污染损失占国民总收入比例

资料来源：作者绘制。

第 4 章

中国工业分行业环境成本估计研究

按与本书第 2 章相同的方法，本章计算分析了中国工业各行业的环境成本。

一 分行业环境已经支付成本

环境已支付成本指在生产过程中已经用于处理污染物所支付的成本，是企业已经支出的环境成本。在本部分中，环境已支付成本包括已支付处理二氧化硫、污水和烟尘粉尘的成本。具体计算指标包括 2001 年、2003 年、2005 年和 2007 年共四年环境已支付成本、环境已支付成本占当年工业总产值的比重和环境已支付成本与工业增加值的比值。具体数据如下。

1. 环境已支付成本与工业增加值的比值

从表 4 - 1 中可以看到，环境已支付成本占工业增加值的比例在 2001 ~ 2007 年间总体上处于下降趋势，但是也有一些行业出现波动，并且在 2005 年有较多行业提高，在 2003 年和 2007 年只有很少数的行业提高。具体来说：2005 年有非金属矿采选业、烟草加工业、服装

表 4-1 分行业环境已支付成本指标

单位：亿元，%

行业	2001年			2003年			2005年			2007年		
	环境成本	占工业总产值的比	与工业增加值的比	环境成本	占工业总产值的比	与工业增加值的比	环境成本	占工业总产值的比	与工业增加值的比	环境成本	占工业总产值的比	与工业增加值的比
煤炭采选业	13.48	0.88	1.93	11.10	0.45	0.96	14.62	0.26	0.51	24.81	0.27	0.53
石油和天然气开采业	20.72	0.75	1.03	12.58	0.36	0.53	15.01	0.24	0.31	13.86	0.17	0.21
黑色金属矿采选业	3.03	1.59	4.20	3.15	0.90	2.16	4.79	0.48	1.12	5.11	0.24	0.55
有色金属矿采选业	5.01	1.20	3.53	5.44	0.95	3.06	8.11	0.71	1.90	11.46	0.50	1.18
非金属矿采选业	1.80	0.48	1.44	1.50	0.31	0.92	3.37	0.45	1.20	2.33	0.17	0.45
其他矿采选业	0.10	—	—	0.24	3.27	10.33	0.04	0.51	1.62	0.30	2.77	9.29
农副食品加工业	6.46	0.16	0.68	7.52	0.12	0.51	12.81	0.12	0.47	16.34	0.09	0.35
食品制造业	5.36	0.33	1.19	5.51	0.24	0.83	9.73	0.26	0.83	10.87	0.18	0.58
饮料制造业	7.93	0.43	1.23	5.32	0.24	0.67	8.41	0.27	0.72	13.22	0.26	0.70
烟草加工业	0.86	0.05	0.08	0.66	0.03	0.04	1.19	0.04	0.06	0.78	0.02	0.03
纺织业	19.55	0.35	1.41	20.57	0.27	1.08	31.61	0.25	0.98	37.81	0.20	0.77
服装及其他纤维制品制造业	0.96	0.04	0.14	1.30	0.04	0.14	2.93	0.06	0.21	4.34	0.06	0.19
皮革毛皮羽绒及其制品业	1.83	0.12	0.47	2.23	0.10	0.38	3.92	0.11	0.41	4.24	0.08	0.29
木材加工及竹藤棕草制品业	1.15	0.16	0.60	1.56	0.16	0.59	2.12	0.12	0.42	1.56	0.04	0.15
家具制造业	0.83	0.19	0.71	0.21	0.03	0.11	1.25	0.09	0.32	0.63	0.03	0.10
造纸及纸制品业	27.50	1.52	5.79	27.71	1.10	4.07	44.94	1.08	3.92	57.42	0.91	3.29
印刷业记录媒介的复制	0.47	0.06	0.19	2.71	0.26	0.81	0.39	0.03	0.08	0.44	0.02	0.06
文教体育用品制造业	0.24	0.04	0.13	0.14	0.01	0.06	0.90	0.06	0.24	0.24	0.01	0.04

续表

行业	2001年			2003年			2005年			2007年		
	环境成本	占工业总产值的比	与工业增加值的比	环境成本	占工业总产值的比	与工业增加值的比	环境成本	占工业总产值的比	与工业增加值的比	环境成本	占工业总产值的比	与工业增加值的比
石油加工及炼焦业	18.96	0.41	2.15	24.13	0.39	1.87	41.81	0.35	2.11	63.14	0.35	2.04
化学原料及制品制造业	56.68	0.90	3.54	46.67	0.50	1.89	85.40	0.52	1.94	87.89	0.33	1.20
医药制造业	6.32	0.31	0.87	6.17	0.21	0.60	8.63	0.20	0.56	9.65	0.15	0.42
化学纤维制造业	8.81	0.86	3.97	5.38	0.37	1.82	10.58	0.41	2.18	10.58	0.26	1.31
橡胶制品业	1.68	0.19	0.68	1.16	0.09	0.31	2.06	0.09	0.35	2.36	0.07	0.25
塑料制品业	0.87	0.04	0.16	1.12	0.04	0.15	1.41	0.03	0.11	2.18	0.03	0.10
非金属矿物制品业	129.16	3.21	10.66	142.78	2.53	8.16	190.96	2.08	6.80	212.95	1.37	4.39
黑色金属冶炼及压延加工业	101.04	1.77	6.60	109.13	1.09	3.86	194.54	0.91	3.37	230.98	0.69	2.56
有色金属冶炼及压延加工业	37.92	1.60	6.41	33.19	0.93	3.68	52.05	0.66	2.70	70.09	0.39	1.57
金属制品业	5.42	0.19	0.76	9.00	0.23	0.93	9.68	0.15	0.57	98.13	0.86	3.26
普通机械制造业	1.87	0.05	0.19	1.83	0.03	0.12	3.68	0.03	0.12	2.67	0.01	0.05
专用设备制造业	2.36	0.10	0.37	2.33	0.06	0.23	3.14	0.05	0.19	2.37	0.02	0.08
交通运输设备制造业	6.08	0.09	0.37	7.11	0.06	0.25	6.95	0.04	0.18	6.92	0.03	0.10
电气机械及器材制造业	9.10	0.17	0.66	7.63	0.10	0.38	7.14	0.05	0.20	7.50	0.03	0.12
电子及通信设备制造业	6.22	0.07	0.31	5.98	0.04	0.17	8.53	0.03	0.15	11.71	0.03	0.15
仪器仪表文化办公用机械	0.84	0.09	0.35	2.98	0.18	0.67	2.57	0.09	0.35	1.94	0.05	0.17
工艺及其他制造业	0.59	0.00	0.00	0.37	0.03	0.11	0.49	0.02	0.09	0.64	0.02	0.07
电力蒸汽热水生产供应业	338.48	6.65	12.55	32.14	0.47	0.89	624.23	3.51	10.91	959.43	3.63	10.87
燃气的生产和供应业	1.87	1.01	4.05	2.08	0.76	2.77	1.82	0.35	1.35	1.82	0.18	0.59
自来水的生产和供应业	2.81	0.81	1.73	4.06	0.94	2.13	5.66	0.98	2.16	5.07	0.64	1.38

及其他纤维制品制造业等 11 个行业出现不同幅度的提高；而 2003 年仅有印刷业记录媒介的复制、金属制品业、仪器仪表文化办公用机械、自来水的生产和供应业 5 个行业的比例高于上年；2007 年仅有煤炭采选业、其他矿采选业和金属制品业 3 个行业占比高于 2005 年。

总体上来说在 2001 ~ 2005 年间排名前十的行业环境已支付成本与工业增加值的比例从数值上看处于下降趋势，但是在 2007 年有 5 个数值有不同程度的提高。

从表 4 - 2 的排名中可以看到，电力蒸汽热水生产供应业、非金属矿物制品业、黑色金属冶炼及压延加工业、有色金属冶炼及压延加工业、造纸及纸制品业等行业环境已支付成本占工业增加值的比重一直处于较高水平，这些行业用于治理污染的支出占工业增加值的比重较大，环境成本比较高。

表 4 - 2　历年环境已支付成本占工业增加值比例前十名行业排名

排名	行业	2001 年占比	行业	2003 年占比	行业	2005 年占比	行业	2007 年占比
1	电力蒸汽热水生产供应业	12.55	其他矿采选业	10.33	电力蒸汽热水生产供应业	10.91	电力蒸汽热水生产供应业	10.87
2	非金属矿物制品业	10.66	非金属矿物制品业	8.16	非金属矿物制品业	6.80	其他矿采选业	9.29
3	黑色金属冶炼及压延加工业	6.60	造纸及纸制品业	4.07	造纸及纸制品业	3.92	非金属矿物制品业	4.39
4	有色金属冶炼及压延加工业	6.41	黑色金属冶炼及压延加工业	3.86	黑色金属冶炼及压延加工业	3.37	造纸及纸制品业	3.29
5	造纸及纸制品业	5.79	有色金属冶炼及压延加工业	3.68	有色金属冶炼及压延加工业	2.70	金属制品业	3.26
6	黑色金属矿采选业	4.20	有色金属矿采选业	3.06	化学纤维制造业	2.18	黑色金属冶炼及压延加工业	2.56
7	燃气的生产和供应业	4.05	燃气的生产和供应业	2.77	自来水的生产和供应业	2.16	石油加工及炼焦业	2.04
8	化学纤维制造业	3.97	黑色金属矿采选业	2.16	石油加工及炼焦业	2.11	有色金属冶炼及压延加工业	1.57
9	化学原料及制品制造业	3.54	自来水的生产和供应业	2.13	化学原料及制品制造业	1.94	自来水的生产和供应业	1.38
10	有色金属矿采选业	3.53	化学原料及制品制造业	1.89	有色金属矿采选业	1.90	化学纤维制造业	1.31

2. 环境已支付成本占工业总产值的比

从表4－1中可以看到环境已支付成本占工业总产值的比例在2001～2007年间总体上处于下降趋势，但是也有一些行业出现波动，并且在2005年有较多行业出现反弹，在2007年有煤炭采选业和其他矿采选业2个行业出现反弹。

总体上来说在2001～2007年间排名前十的行业环境已支付成本与工业总产值的比例从数值上看处于下降趋势，虽然在2007年前三位的指标数值有所提高，但整体上仍处于下降趋势。

从表4－3的排名中可以看到电力蒸汽热水生产供应业、非金属

表4－3 历年环境已支付成本占工业总产值比重前十名行业排名

排名	2001年		2003年		2005年		2007年	
	行业	与工业总产值的比	行业	与工业总产值的比	行业	与工业总产值的比	行业	与工业总产值的比
1	电力蒸汽热水生产供应业	6.65	其他矿采选业	3.27	电力蒸汽热水生产供应业	3.51	电力蒸汽热水生产供应业	3.63
2	非金属矿物制品业	3.21	非金属矿物制品业	2.53	非金属矿物制品业	2.08	其他矿采选业	2.77
3	黑色金属冶炼及压延加工业	1.77	造纸及纸制品业	1.10	造纸及纸制品业	1.08	非金属矿物制品业	1.37
4	有色金属冶炼及压延加工业	1.60	黑色金属冶炼及压延加工业	1.09	自来水的生产和供应业	0.98	造纸及纸制品业	0.91
5	黑色金属矿采选业	1.59	有色金属矿采选业	0.95	黑色金属冶炼及压延加工业	0.91	金属制品业	0.86
6	造纸及纸制品业	1.52	自来水的生产和供应业	0.94	有色金属矿采选业	0.71	黑色金属冶炼及压延加工业	0.69
7	有色金属矿采选业	1.20	有色金属冶炼及压延加工业	0.93	有色金属冶炼及压延加工业	0.66	自来水的生产和供应业	0.64
8	燃气的生产和供应业	1.01	黑色金属矿采选业	0.90	化学原料及制品制造业	0.52	有色金属矿采选业	0.50
9	化学原料及制品制造业	0.90	燃气的生产和供应业	0.76	其他矿采选业	0.51	有色金属冶炼及压延加工业	0.39
10	煤炭采选业	0.88	化学原料及制品制造业	0.50	黑色金属矿采选业	0.48	石油加工及炼焦业	0.35

矿物制品业、黑色金属冶炼及压延加工业、有色金属冶炼及压延加工业、造纸及纸制品业等行业环境已支付成本占工业总产值的比重常年居于较高水平，这些行业用于治理污染的支出占工业总产值的比重较大，已支付环境治理成本较高。

二　分行业环境未支付成本

环境未支付成本指在生产过程中直接排放未处理污染物所应支付而未支付的成本，是企业应该支出而未支付的成本。在本部分中，环境未支付成本包括应处理二氧化硫、污水和烟尘粉尘的成本。具体计算指标包括 2001、2003、2005 和 2007 年共四年环境未支付成本、环境未支付成本占当年工业总产值的比重和环境未支付成本与工业增加值的比重。具体数据如下见表 4－4。

1. 环境未支付成本与工业增加值的比

从表 4－4 中可以看到环境未支付成本占工业增加值的比例在 2001～2007 年间总体上处于大幅下降趋势，但是在一些年份也出现提高，具体表现在：2003 年有色金属矿采选业、非金属矿采选业、农副食品加工业、石油加工及炼焦业、化学原料及制品制造业、化学纤维制造业、有色金属冶炼及压延加工业、专用设备制造业、电力蒸汽热水生产供应业、自来水的生产和供应业等 10 个行业出现不同程度的提高，其中又以化学纤维制造业、有色金属冶炼及压延加工业等提高幅度较大；2007 年仅有塑料制品业和金属制品业出现一定程度提高；2005 年则处于总体的下降状态。

环境未支付成本占工业增加值比例的下降说明相对于经济的发展，环境污染度总体上处于下降的趋势，但是在 2003 年和 2007 年环境未支付成本占工业增加值比例的提高说明相应行业的未处理污染有加重的趋势，需要引起格外的重视。

表 4－4　分行业环境未支付成本指标

单位：亿元，%

行　业	2001 年			2003 年			2005 年			2007 年		
	环境未支付成本	占工业总产值的比	与工业增加值的比	环境未支付成本	占工业总产值的比	与工业增加值的比	环境未支付成本	占工业总产值的比	与工业增加值的比	环境未支付成本	占工业总产值的比	与工业增加值的比
煤炭采选业	6.50	0.42	0.93	7.98	0.32	0.69	8.33	0.15	0.29	6.97	0.08	0.15
石油和天然气开采业	2.32	0.08	0.12	1.00	0.03	0.04	1.23	0.02	0.03	1.23	0.01	0.02
黑色金属矿采选业	3.76	1.97	5.20	2.18	0.62	1.49	2.67	0.27	0.63	3.35	0.16	0.36
有色金属矿采选业	1.38	0.33	0.97	1.99	0.35	1.12	1.95	0.17	0.46	4.58	0.20	0.47
非金属矿采选业	0.51	0.14	0.40	1.03	0.21	0.63	0.86	0.11	0.31	0.74	0.05	0.14
其他矿采选业	0.04	0.00	0.00	0.21	2.87	9.06	0.23	2.67	8.49	0.30	2.75	9.22
农副食品加工业	5.91	0.14	0.63	9.70	0.16	0.66	9.07	0.09	0.33	9.28	0.05	0.20
食品制造业	3.35	0.21	0.74	3.83	0.17	0.57	4.06	0.11	0.35	5.26	0.09	0.28
饮料制造业	7.51	0.41	1.17	5.20	0.23	0.65	5.11	0.17	0.44	6.44	0.13	0.34
烟草加工业	1.13	0.07	0.10	1.07	0.05	0.07	0.84	0.03	0.04	0.92	0.02	0.03
纺织业	20.11	0.36	1.45	21.05	0.27	1.10	24.52	0.19	0.76	26.22	0.14	0.53
服装及其他纤维制品制造业	0.50	0.02	0.07	0.56	0.02	0.06	0.79	0.02	0.06	0.74	0.01	0.03
皮革毛皮羽绒及其制品业	1.40	0.09	0.36	1.28	0.06	0.22	1.89	0.05	0.20	2.17	0.04	0.15
木材加工及竹藤棕草制品业	2.87	0.39	1.49	3.60	0.36	1.36	5.06	0.28	0.99	4.69	0.13	0.46
家具制造业	0.54	0.12	0.46	0.48	0.07	0.26	0.49	0.03	0.13	0.60	0.02	0.09
造纸及纸制品业	28.72	1.59	6.05	29.62	1.17	4.35	29.36	0.71	2.56	35.83	0.57	2.06
印刷业记录媒介的复制	0.93	0.13	0.38	0.50	0.05	0.15	0.40	0.03	0.09	0.43	0.02	0.06
文教体育用品制造业	0.24	0.04	0.13	0.13	0.01	0.05	0.25	0.02	0.07	0.12	0.01	0.02

续表

行业	2001年			2003年			2005年			2007年		
	环境未支付成本	占工业总产值的比	与工业增加值的比	环境未支付成本	占工业总产值的比	与工业增加值的比	环境未支付成本	占工业总产值的比	与工业增加值的比	环境未支付成本	占工业总产值的比	与工业增加值的比
石油加工及炼焦业	5.94	0.13	0.67	11.16	0.18	0.87	13.14	0.11	0.66	13.15	0.07	0.42
化学原料及制品制造业	20.34	0.32	1.27	34.06	0.37	1.38	28.23	0.17	0.64	27.61	0.10	0.38
医药制造业	4.26	0.21	0.59	4.83	0.17	0.47	4.14	0.10	0.27	5.33	0.08	0.23
化学纤维制造业	3.54	0.35	1.59	6.37	0.44	2.16	3.00	0.11	0.62	3.08	0.07	0.38
橡胶制品业	1.30	0.15	0.52	1.66	0.13	0.45	1.41	0.06	0.24	1.53	0.04	0.16
塑料制品业	3.87	0.18	0.71	2.82	0.09	0.37	4.18	0.08	0.33	8.64	0.11	0.40
非金属矿物制品业	131.06	3.26	10.82	133.74	2.37	7.65	163.04	1.77	5.81	171.62	1.10	3.54
黑色金属冶炼及压延加工业	105.66	1.85	6.91	132.34	1.32	4.69	222.52	1.04	3.85	267.39	0.79	2.97
有色金属冶炼及压延加工业	5.58	0.24	0.94	10.85	0.30	1.20	6.11	0.08	0.32	5.24	0.03	0.12
金属制品业	7.21	0.25	1.01	6.04	0.16	0.62	7.12	0.11	0.42	15.14	0.13	0.50
普通机械制造业	2.91	0.08	0.30	2.94	0.05	0.18	4.17	0.04	0.14	3.26	0.02	0.06
专用设备制造业	1.27	0.05	0.20	2.32	0.06	0.23	1.64	0.03	0.10	1.29	0.01	0.04
交通运输设备制造业	6.51	0.10	0.40	10.10	0.09	0.35	5.93	0.04	0.15	6.26	0.02	0.09
电气机械及器材制造业	2.66	0.05	0.19	1.65	0.02	0.08	2.28	0.02	0.06	1.43	0.01	0.02
电子及通信设备制造业	4.81	0.05	0.24	5.70	0.04	0.16	5.82	0.02	0.10	5.93	0.02	0.07
仪器仪表文化办公用机械	0.93	0.10	0.39	3.12	0.19	0.70	4.34	0.16	0.59	0.78	0.02	0.07
工艺及其他制造业	1.05	0.00	0.00	0.46	0.04	0.13	0.71	0.03	0.12	0.61	0.02	0.07
电力蒸汽热水生产供应业	157.69	3.10	5.85	554.75	8.09	15.38	278.34	1.56	4.87	286.57	1.08	3.25
燃气的生产和供应业	1.45	0.79	3.15	1.90	0.70	2.52	1.02	0.20	0.76	1.49	0.15	0.48
自来水的生产和供应业	0.11	0.03	0.07	0.28	0.07	0.15	0.21	0.04	0.08	0.07	0.01	0.02

表4-5 历年环境未支付成本占工业增加值比例前十名行业排名

排名	2001年		2003年		2005年		2007年	
	行业	与工业增加值的比	行业	与工业增加值的比	行业	与工业增加值的比	行业	与工业增加值的比
1	非金属矿物制品业	10.82	电力蒸汽热水生产供应业	15.38	其他矿采选业	8.49	其他矿采选业	9.22
2	黑色金属冶炼及压延加工业	6.91	其他矿采选业	9.06	非金属矿物制品业	5.81	非金属矿物制品业	3.54
3	造纸及纸制品业	6.05	非金属矿物制品业	7.65	电力蒸汽热水生产供应业	4.87	电力蒸汽热水生产供应业	3.25
4	电力蒸汽热水生产供应业	5.85	黑色金属冶炼及压延加工业	4.69	黑色金属冶炼及压延加工业	3.85	黑色金属冶炼及压延加工业	2.97
5	黑色金属矿采选业	5.20	造纸及纸制品业	4.35	造纸及纸制品业	2.56	造纸及纸制品业	2.06
6	燃气的生产和供应业	3.15	燃气的生产和供应业	2.52	木材加工及竹藤棕草制品业	0.99	纺织业	0.53
7	化学纤维制造业	1.59	化学纤维制造业	2.16	燃气的生产和供应业	0.76	金属制品业	0.50
8	木材加工及竹藤棕草制品业	1.49	黑色金属矿采选业	1.49	纺织业	0.76	燃气的生产和供应业	0.48
9	纺织业	1.45	化学原料及制品制造业	1.38	石油加工及炼焦业	0.66	有色金属矿采选业	0.47
10	化学原料及制品制造业	1.27	木材加工及竹藤棕草制品业	1.36	化学原料及制品制造业	0.64	木材加工及竹藤棕草制品业	0.46

总体而言，在2001~2007年间排名前十名的行业环境未支付成本与工业增加值的比例从数值上看处于下降趋势，但是在2003年有4个数值不同程度地提高，说明在2003年总体环境污染度有所加深。但在2003年以后，该比率处于较稳定的下降趋势，相对于经济发展，环境污染度有所下降。

从表4-5的排名中可以看到电力蒸汽热水生产供应业、非金属矿物制品业、黑色金属冶炼及压延加工业、造纸及纸制品业等行业环境未支付成本占工业增加值的比一直居于较高水平；这些行业的环境未支付成本度较高，对于环境污染程度较大，需要加大相关行业环境污染治理力度。

2. 环境未支付成本占工业总产值的比

从表 4－4 中可以看到总体上环境未支付成本占工业总产值的比例在 2001～2007 年间处于下降趋势，但是在部分年份仍然有反弹现象存在，特别是 2003 年有 9 个行业出现反弹，说明 2003 年部分行业环境污染有加剧的趋势。在 2007 年，有色金属矿采选业、其他矿采选业、塑料制品业 3 个行业也出现了环境未支付成本的反弹。

表 4－6　历年环境未支付成本占工业总产值前十名行业排名

排名	2001 年		2003 年		2005 年		2007 年	
	行业	占工业总产值的比	行业	占工业总产值的比	行业	占工业总产值的比	行业	占工业总产值的比
1	非金属矿物制品业	3.26	电力蒸汽热水生产供应业	8.09	其他矿采选业	2.67	其他矿采选业	2.75
2	电力蒸汽热水生产供应业	3.10	其他矿采选业	2.87	非金属矿物制品业	1.77	非金属矿物制品业	1.10
3	黑色金属矿采选业	1.97	非金属矿物制品业	2.37	电力蒸汽热水生产供应业	1.56	电力蒸汽热水生产供应业	1.08
4	黑色金属冶炼及压延加工业	1.85	黑色金属冶炼及压延加工业	1.32	黑色金属冶炼及压延加工业	1.04	黑色金属冶炼及压延加工业	0.79
5	造纸及纸制品业	1.59	造纸及纸制品业	1.17	造纸及纸制品业	0.71	造纸及纸制品业	0.57
6	燃气的生产和供应业	0.79	燃气的生产和供应业	0.70	木材加工及竹藤棕草制品业	0.28	有色金属矿采选业	0.20
7	煤炭采选业	0.42	黑色金属矿采选业	0.62	黑色金属矿采选业	0.27	黑色金属矿采选业	0.16
8	饮料制造业	0.41	化学纤维制造业	0.44	燃气的生产和供应业	0.20	燃气的生产和供应业	0.15
9	木材加工及竹藤棕草制品业	0.39	化学原料及制品制造业	0.37	纺织业	0.19	纺织业	0.14
10	纺织业	0.36	木材加工及竹藤棕草制品业	0.36	化学原料及制品制造业	0.17	木材加工及竹藤棕草制品业	0.13

总体上来说，在 2001 ~ 2007 年间排名前十的行业环境未支付成本与工业增加值的比例从数值上看处于下降趋势，但是在 2003 年排名第三、第七、第八位和 2007 年第一位相对上年有所增加。

从表 4 – 6 的排名中可以看到电力蒸汽热水生产供应业、非金属矿物制品业、黑色金属冶炼及压延加工业、造纸及纸制品业等行业环境未支付成本占工业总产值的比重一直处于较高水平，这些行业环境未支付成本占工业总产值的比重较大，环境未支付成本比较高。

3. 工业增加值排名与扣除环境未支付成本后的工业增加值排名

扣除环境未支付成本前后，各个年份总体排名保持不变，但也有部分行业排名出现变化，具体包括：煤炭采选业、食品制造业、专用设备制造业、电气机械及器材制造业等行业扣除环境未支付成本后排名有所上升；非金属矿物制品业、黑色金属冶炼及压延加工业、电子及通信设备制造业扣除环境未支付成本后排名有所下降（见表 4 – 7）。

表 4 – 7　扣除环境未支付成本前后工业增加值排名

行　业	2001 年		2003 年		2005 年		2007 年	
	扣除损失前	扣除损失后	扣除损失前	扣除损失后	扣除损失前	扣除损失后	扣除损失前	扣除损失后
煤炭采选业	16	16	14	14	10	10	11	10
石油和天然气开采业	3	3	6	6	4	4	6	6
黑色金属矿采选业	35	35	36	36	32	32	29	29
有色金属矿采选业	32	32	34	34	31	31	27	27
非金属矿采选业	33	33	35	35	35	35	35	35
其他矿采选业	—	—	38	38	38	38	38	38
农副食品加工业	12	12	12	12	12	11	12	12
食品制造业	23	22	23	22	21	21	22	22
饮料制造业	18	19	20	20	22	22	21	21

续表

行　业	2001 年		2003 年		2005 年		2007 年	
	扣除损失前	扣除损失后	扣除损失前	扣除损失后	扣除损失前	扣除损失后	扣除损失前	扣除损失后
烟草加工业	10	9	11	11	13	13	17	17
纺织业	7	8	8	8	8	8	9	9
服装及其他纤维制品制造业	17	17	18	18	19	19	19	19
皮革毛皮羽绒及其制品业	24	24	24	24	24	24	24	24
木材加工及竹藤棕草制品业	29	29	30	30	28	28	26	26
家具制造业	34	34	33	33	33	33	33	33
造纸及纸制品业	22	23	22	23	23	23	23	23
印刷业记录媒介的复制	26	26	28	28	30	30	32	32
文教体育用品制造业	30	30	31	31	34	34	34	34
石油加工及炼焦业	13	13	13	13	14	14	14	14
化学原料及制品制造业	5	5	5	5	5	5	4	4
医药制造业	14	14	15	15	18	18	18	18
化学纤维制造业	28	28	29	29	29	29	31	31
橡胶制品业	25	25	26	26	26	26	28	28
塑料制品业	21	21	21	21	20	20	20	20
非金属矿物制品业	9	10	9	9	11	12	10	11
黑色金属冶炼及压延加工业	6	6	4	4	1	2	1	1
有色金属冶炼及压延加工业	20	20	19	19	15	15	13	13
金属制品业	15	15	17	17	16	16	16	16
普通机械制造业	11	11	10	10	9	9	8	8
专用设备制造业	19	18	16	16	17	17	15	15
交通运输设备制造业	4	4	3	3	6	6	5	5
电气机械及器材制造业	8	7	7	7	7	7	7	7
电子及通信设备制造业	2	2	2	1	2	1	3	3
仪器仪表文化办公用机械	27	27	25	25	25	25	25	25
工艺及其他制造业	—	—	27	27	27	27	30	30
电力蒸汽热水生产供应业	1	1	1	2	3	3	2	2
燃气的生产和供应业	36	36	37	37	37	37	37	37
自来水的生产和供应业	31	31	32	32	36	36	36	36

说明："其他矿采选业、工艺及其他制造业"在 2001 年行业中无此分类，故无工业增加值数据。

从总体上看，在 2001 ~ 2007 年间包括煤炭采选业、黑色金属矿采选业、有色金属矿采选业、木材加工及竹藤棕草制品业等在内有 10 个行业排名上升；非金属矿采选业、电力蒸汽热水生产供应业、燃气的生产和供应业等 20 个行业排名出现下滑。

三 分行业环境治理总成本

环境治理总成本指在生产过程中环境已支付成本与环境未支付成本之和，是企业对在生产过程中造成的所有污染所应支付的全部成本。在本部分中，环境总成本包括应处理二氧化硫、污水和烟尘粉尘的成本。具体计算指标包括 2001、2003、2005 和 2007 年共四个年度环境总成本、环境总成本占当年工业总产值的比重和环境总成本与工业增加值的比。具体数据如下。

1. 环境治理总成本与工业增加值的比

从表 4 – 8 中可以看到，环境总成本与工业增加值的比在 2001 ~ 2007 年间总体上处于较大幅度的下降趋势，但是在一些年份也出现反弹，具体表现在：2003 年，仪器仪表文化办公用机械制造业环境总成本与工业增加值的比例增加 0.63 个百分点，达到 1.37%；2005 年，有服装及其他纤维制品制造业、皮革毛皮羽绒及其制品业、家具制造业、石油加工及炼焦业 4 个行业出现不同程度的反弹；2007 年，其他矿采选业、塑料制品业、金属制品业出现反弹；其他行业该比例在所计算年度内一直处于下降趋势。

环境治理总成本占工业增加值比例的下降说明相对于经济的发展，环境污染度总体上处于下降的趋势，但是部分行业在一些年份环境治理总成本与工业增加值的比的反弹说明相应行业的污染有加重的趋势，需要对这些行业密切关注。

表 4-8 分行业环境治理总成本

单位：亿元，%

行业	2001年			2003年			2005年			2007年		
	损失量	占工业总产值的比	与工业增加值的比	损失量	占工业总产值的比	与工业增加值的比	损失量	占工业总产值的比	与工业增加值的比	损失量	占工业总产值的比	与工业增加值的比
煤炭采选业	19.99	1.31	2.86	19.08	0.78	1.66	22.95	0.40	0.79	31.79	0.35	0.68
石油和天然气开采业	23.04	0.83	1.14	13.58	0.39	0.57	16.24	0.26	0.34	15.09	0.18	0.23
黑色金属矿采选业	6.79	3.55	9.39	5.33	1.52	3.65	7.47	0.75	1.75	8.46	0.40	0.91
有色金属矿采选业	6.38	1.52	4.50	7.43	1.30	4.18	10.06	0.88	2.35	16.04	0.70	1.65
非金属矿采选业	2.31	0.62	1.84	2.53	0.52	1.55	4.23	0.56	1.51	3.07	0.23	0.59
其他矿采选业	0.14	0.00	0.00	0.46	6.14	19.40	0.27	3.18	10.11	0.61	5.52	18.51
农副食品加工业	12.37	0.30	1.31	17.22	0.28	1.17	21.88	0.21	0.80	25.61	0.15	0.55
食品制造业	8.71	0.54	1.93	9.34	0.41	1.40	13.79	0.36	1.18	16.14	0.27	0.87
饮料制造业	15.44	0.85	2.40	10.51	0.47	1.32	13.52	0.44	1.16	19.65	0.39	1.04
烟草加工业	1.99	0.12	0.18	1.73	0.08	0.11	2.03	0.07	0.10	1.70	0.05	0.06
纺织业	39.66	0.71	2.86	41.62	0.54	2.18	56.14	0.44	1.73	64.03	0.34	1.30
服装及其他纤维制品制造业	1.46	0.06	0.21	1.86	0.05	0.20	3.72	0.07	0.26	5.07	0.07	0.22
皮革毛皮羽绒及其制品业	3.23	0.21	0.82	3.51	0.15	0.59	5.81	0.17	0.62	6.41	0.12	0.43
木材加工及竹藤棕草制品业	4.02	0.54	2.08	5.16	0.52	1.94	7.18	0.39	1.41	6.25	0.18	0.61
家具制造业	1.37	0.32	1.17	0.69	0.10	0.38	1.74	0.12	0.45	1.23	0.05	0.19
造纸及纸制品业	56.21	3.12	11.84	57.33	2.27	8.41	74.30	1.79	6.48	93.25	1.47	5.35
印刷业记录媒介的复制	1.39	0.19	0.57	3.21	0.31	0.96	0.79	0.05	0.17	0.87	0.04	0.13
文教体育用品制造业	0.48	0.07	0.27	0.27	0.03	0.11	1.15	0.08	0.30	0.36	0.02	0.07

续表

行业	2001年			2003年			2005年			2007年		
	损失量	占工业总产值的比	与工业增加值的比	损失量	占工业总产值的比	与工业增加值的比	损失量	占工业总产值的比	与工业增加值的比	损失量	占工业总产值的比	与工业增加值的比
石油加工及炼焦业	24.90	0.54	2.82	35.30	0.57	2.74	54.95	0.46	2.77	76.29	0.43	2.46
化学原料及制品制造业	77.02	1.22	4.81	80.73	0.87	3.28	113.63	0.69	2.59	115.50	0.43	1.57
医药制造业	10.58	0.52	1.46	10.99	0.38	1.07	12.77	0.30	0.83	14.98	0.24	0.66
化学纤维制造业	12.35	1.21	5.56	11.75	0.81	3.98	13.57	0.52	2.80	13.66	0.33	1.69
橡胶制品业	2.98	0.33	1.20	2.82	0.21	0.76	3.47	0.16	0.58	3.89	0.11	0.41
塑料制品业	4.74	0.22	0.87	3.94	0.13	0.52	5.59	0.11	0.44	10.82	0.13	0.51
非金属矿物制品业	260.23	6.46	21.47	276.52	4.89	15.81	353.99	3.85	12.61	384.58	2.47	7.93
黑色金属冶炼及压延加工业	206.70	3.62	13.51	241.47	2.41	8.55	417.06	1.94	7.22	498.37	1.48	5.53
有色金属冶炼及压延加工业	43.50	1.84	7.36	44.04	1.24	4.88	58.15	0.73	3.01	75.33	0.42	1.68
金属制品业	12.63	0.44	1.77	15.04	0.39	1.55	16.80	0.26	0.99	113.27	0.99	3.76
普通机械制造业	4.78	0.14	0.49	4.77	0.08	0.30	7.85	0.07	0.26	5.93	0.03	0.12
专用设备制造业	3.64	0.15	0.57	4.65	0.12	0.46	4.78	0.08	0.28	3.67	0.03	0.12
交通运输设备制造业	12.60	0.19	0.77	17.21	0.15	0.59	12.88	0.08	0.34	13.18	0.05	0.19
电气机械及器材制造业	11.76	0.21	0.85	9.28	0.12	0.46	9.42	0.07	0.26	8.93	0.04	0.15
电子及通信设备制造业	11.04	0.12	0.54	11.68	0.07	0.34	14.34	0.05	0.25	17.64	0.04	0.22
仪器仪表文化办公用机械	1.76	0.19	0.74	6.10	0.37	1.37	6.91	0.25	0.94	2.72	0.06	0.23
工艺及其他制造业	1.64	0.00	0.00	0.83	0.06	0.24	1.20	0.06	0.21	1.25	0.04	0.14
电力蒸汽热水生产供应业	496.17	9.75	18.40	586.89	8.56	16.27	902.57	5.07	15.78	1246.00	4.71	14.11
燃气的生产和供应业	3.32	1.80	7.20	3.98	1.46	5.28	2.84	0.55	2.11	3.31	0.33	1.08
自来水的生产和供应业	2.92	0.85	1.80	4.35	1.01	2.28	5.87	1.01	2.24	5.14	0.64	1.40

表 4-9　历年环境治理总成本占工业增加值比例前十名行业排名

排名	2001 年		2003 年		2005 年		2007 年	
	行业	与工业增加值的比	行业	与工业增加值的比	行业	与工业增加值的比	行业	与工业增加值的比
1	非金属矿物制品业	21.47	其他矿采选业	19.40	电力蒸汽热水生产供应业	15.78	其他矿采选业	18.51
2	电力蒸汽热水生产供应业	18.40	电力蒸汽热水生产供应业	16.27	非金属矿物制品业	12.61	电力蒸汽热水生产供应业	14.11
3	黑色金属冶炼及压延加工业	13.51	非金属矿物制品业	15.81	其他矿采选业	10.11	非金属矿物制品业	7.93
4	造纸及纸制品业	11.84	黑色金属冶炼及压延加工业	8.55	黑色金属冶炼及压延加工业	7.22	黑色金属冶炼及压延加工业	5.53
5	黑色金属矿采选业	9.39	造纸及纸制品业	8.41	造纸及纸制品业	6.48	造纸及纸制品业	5.35
6	有色金属冶炼及压延加工业	7.36	燃气的生产和供应业	5.28	有色金属冶炼及压延加工业	3.01	金属制品业	3.76
7	燃气的生产和供应业	7.20	有色金属冶炼及压延加工业	4.88	化学纤维制造业	2.80	石油加工及炼焦业	2.46
8	化学纤维制造业	5.56	有色金属矿采选业	4.18	石油加工及炼焦业	2.77	化学纤维制造业	1.69
9	化学原料及制品制造业	4.81	化学纤维制造业	3.98	化学原料及制品制造业	2.59	有色金属冶炼及压延加工业	1.68
10	有色金属矿采选业	4.50	黑色金属矿采选业	3.65	有色金属矿采选业	2.35	有色金属矿采选业	1.65

从表 4-9 中可以看到，排名前十位的行业环境污染总成本与工业增加值的比总体在 2001~2007 年间处于下降趋势，但是在 2007 年排名第一、第二和第六位的数值比 2005 年要高，说明在 2007 年部分行业污染有加重的趋势，需要重点关注这些行业。

从表 4-9 中还可以看出，非金属矿物制品业、电力蒸汽热水生产供应业、黑色金属冶炼及压延加工业、造纸及纸制品业等行业虽然在不同的年份他们的排名次序会有所变化，但是总体上一直处于较高位置，是污染程度较高的行业，需要引起格外重视。

2. 环境治理总成本占工业总产值的比

从表 4-8 中可以看到，环境治理总成本占工业总产值的比例在 2001～2007 年间总体上处于较大幅度的下降趋势，但是在一些年份也出现反弹，具体表现在：2003 年石油加工及炼焦业比 2001 年增加 0.03 个百分点；2005 年有非金属矿采选业、皮革毛皮羽绒及其制品业、文教体育用品制造业 3 个行业出现不同程度的反弹；2007 年其他矿采选业、塑料制品业、金属制品业出现反弹；其他行业该比例在所计算年度一直处于下降趋势。

环境治理总成本占工业总产值比例的下降说明相对于经济的发展，环境污染度总体上处于下降的趋势，但是部分行业在一些年份环境治理总成本占工业总产值比重的反弹说明相应行业的污染有加重的趋势，应引起重视。

表 4-10 历年环境治理总成本占工业总产值比重前十名行业

排名	2001 年		2003 年		2005 年		2007 年	
	行业	占工业总产值的比	行业	占工业总产值的比	行业	占工业总产值的比	行业	占工业总产值的比
1	电力蒸汽热水生产供应业	9.75	电力蒸汽热水生产供应业	8.56	电力蒸汽热水生产供应业	5.07	其他矿采选业	5.52
2	非金属矿物制品业	6.46	其他矿采选业	6.14	非金属矿物制品业	3.85	电力蒸汽热水生产供应业	4.71
3	黑色金属冶炼及压延加工业	3.62	非金属矿物制品业	4.89	其他矿采选业	3.18	非金属矿物制品业	2.47
4	黑色金属矿采选业	3.55	黑色金属冶炼及压延加工业	2.41	黑色金属冶炼及压延加工业	1.94	黑色金属冶炼及压延加工业	1.48
5	造纸及纸制品业	3.12	造纸及纸制品业	2.27	造纸及纸制品业	1.79	造纸及纸制品业	1.47

续表

排名	2001 年		2003 年		2005 年		2007 年	
	行业	占工业总产值的比	行业	占工业总产值的比	行业	占工业总产值的比	行业	占工业总产值的比
6	有色金属冶炼及压延加工业	1.84	黑色金属矿采选业	1.52	自来水的生产和供应业	1.01	金属制品业	0.99
7	燃气的生产和供应业	1.80	燃气的生产和供应业	1.46	有色金属矿采选业	0.88	有色金属矿采选业	0.70
8	有色金属矿采选业	1.52	有色金属矿采选业	1.30	黑色金属矿采选业	0.75	自来水的生产和供应业	0.64
9	煤炭采选业	1.31	有色金属冶炼及压延加工业	1.24	有色金属冶炼及压延加工业	0.73	化学原料及制品制造业	0.43
10	化学原料及制品制造业	1.22	自来水的生产和供应业	1.01	化学原料及制品制造业	0.69	石油加工及炼焦业	0.43

从表 4 - 10 中可以看到，排名前十位的行业环境污染总成本与工业总产值的比总体在 2001 ~2007 年间处于下降趋势，但是在 2007 年排名第一、第二位的数值比 2005 年要高，说明在 2007 年部分行业污染有加重的趋势，需要重点关注这些行业。

从表 4 - 10 中可以看出，非金属矿物制品业、电力蒸汽热水生产供应业、黑色金属冶炼及压延加工业、造纸及纸制品业等行业虽然在不同的年份它们的排名次序会有所变化，但是总体上一直处于较高位置，是污染程度较高的行业，需要引起格外重视。

四　本章小结

1. 总体环境污染治理支出增加，但是存在部分行业环境污染治理支出减少的现象

2001 ~2007 年间，用于环境治理的已支付成本总体有大幅度增加，但是仍然存在部分行业减少环境已支付成本的现象。比如石油和天然气开采业环境已支付成本从 2001 年的 20.72 亿元下降到 2007 年的 13.86 亿元，电气机械及器材制造业环境已支付成本从 2001 年的 9.10 亿元下降到 2007 年的 7.50 亿元。同时也存在部分行业污染治理支出在 2001 ~2007 年间几乎没有或仅有小幅增长的现象。

2. 高污染行业治理成本支出增加伴随着高污染行业环境未支付成本的继续增加

电力蒸汽热水生产供应业、非金属矿物制品业、黑色金属冶炼及压延加工业、有色金属冶炼及压延加工业、黑色金属矿采选业等高污染行业，企业在生产过程中已经支付了占工业增加值较高比例的污染治理成本，但是环境未支付成本仍然较高。对于环境治理的实际支出远没有达到应该达到的水平，对于这些高污染行业应该继续加大环境治理的力度。

3. 在经历下降趋势后部分行业 2007 年环境未支付成本有反弹趋势

2001 ~2007 年间，环境治理成本与工业增加值的比总体上呈下降趋势，但是仍然存在部分行业出现升高的现象，特别是 2007 年有较多行业出现反弹现象。因此，需要继续加大环境治理力度，不能以牺牲环境为代价来换取经济的发展。

4. 出现新的高污染行业

在电力蒸汽热水生产供应业、非金属矿物制品业、黑色金属冶炼及压延加工业、有色金属冶炼及压延加工业、黑色金属矿采选业、化学原料及制品制造业等传统高污染行业环境问题没有得到彻底解决的同时，一些非传统高污染行业对环境的污染加大，例如：自来水的生产和供应业（2007 年在 38 个行业中总污染成本与工业增加值的比排第 8 位，2005 年排在第 6 位），饮料制造业（2007 年排名从 2005 年的第 16 位上升到 13 位）。

附案例　以风力发电为例研究工业生产的环境成本

（一）概述

目前，发展风力发电的主要障碍是风力发电成本较传统能源的直接成本要高。风电、太阳能发电以及其他可再生能源发电的直接成本（不考虑社会环境效益）都比煤发电的成本要高很多，可再生能源发电企业与火电厂相比有巨大的价格劣势。因而，如果单纯依靠市场的手段可再生能源是难以发展的。

本章试图对可再生能源的完全成本及收益（包括环境收益）进行评估，以全面反映社会使用可再生能源的成本与收益。目前，可再生能源使用量较大的是利用风力发电，因而本章主要估计风力发电成本及收益。本章的研究方法主要借鉴项目评估中的增量分析方法来评估风力发电的成本与收益，即将传统的火力发电作为基础方案，估计可再生能源发电比基础方案新增的成本与收益。

环境成本是指在某一项商品生产活动中，从资源开采、生产、运输、使用、回收到处理，解决环境污染和生态破坏所需的全部费用。环境成本内部化，就是根据“污染者付费”的原则，即要求所有的污染者都必须为其造成的污染直接或间接地支付费用，将环境成本作为厂商生产成本的一部分计入产品和服务的总成本中，从根本上反映产品的真正价值，解决环境污染和生态破坏的问题，消除环境的外部性影响。

就火电厂而言，环境成本包括两方面：一是为了避免或控制污染物对环境造成的影响，或为了减少污染物排放而投入的技术、设备及管理成本等，如电厂的脱硫、脱硝和除尘成本等；二是电厂因为排放的污染物向有关部门缴纳的排污费、污染税等费用。对于它的测算，国内外学术界存在着争议。人们提出了许多计量外部环境成本的方法，如市价法、享乐定价法或旅行费用法等，仁者见仁，莫衷一是。

尽管火电厂环境成本不能完全反映所需的补偿环境资源的价值，但污染者通过避免、减轻或排除其可能造成的环境污染或负担而改变其排污行为，让他们考虑到破坏环境资源的费用，从而将环境的外部经济问题内部化。通过这一途径，有利于从根本上解决环境污染与生态破坏问题，达到既能够促使经济活动向绿色化发展，同时又能够解决环境问题的宗旨，使环境和经济协调发展，从而实现可持续发展战略。

（二）中国风力发电现状及趋势

我国幅员辽阔，海岸线长，风能资源比较丰富，主要分布在东南沿海及附近岛屿，内蒙古、新疆和甘肃河西走廊，东北、西北、华北和青藏高原的部分地区。风能资源总量约为32亿千瓦，初步估算可开发利用的风能资源约为10亿千瓦。

我国的并网风电从20世纪80年代开始发展，“十五”期间，尤其是从2003年开始，中国的风电产业进入了较快的成长阶段。总装机容量从2000年的35万千瓦增长到2006年的260万千瓦（见附图1），年均增长率达到30%。到2005年底，中国已建成并网风电场60多个，总装机容量达到126万千瓦，为风电的大规模发展奠定了基础。此外，在偏远地区还有约25万台小型独立运行的风力发电机，总容量约为5万千瓦。风电发展的长期目标是，经过10~15年的准备，大约在2020年前后，风电能够与其他常规能源发电技术相竞争，成为继火电、水电之后的第三大常规发电电源，至少达到装机容量3000万千瓦，积极创造条件实现1亿千瓦，占届时我国发电装机容量的10%。从2006年的发展形势判断，2010年的风电装机容量500

万千瓦的目标可以在2008年底，即提前两年完成，2020年实现装机容量3000万千瓦的目标前景良好。2040年或2050年实现5亿乃至10亿千瓦，在届时我国的发电装机容量和发电量中占据20%以上。

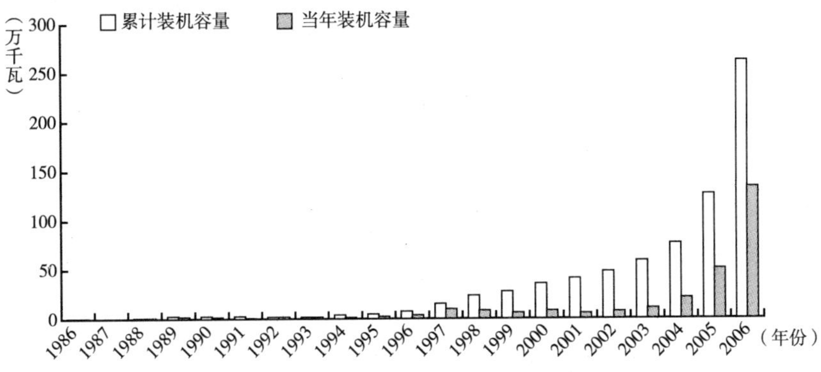

附图1　我国风电产业总装机容量发展趋势

（三）火力发电的环境成本

电力行业作为我国国民经济的基础性行业，在我国的现代化进程中发挥着无可替代的作用。然而，电力行业尤其是火力发电的迅速发展在促进我国国民经济快速增长的同时，也对我国乃至全球的生态环境提出了严峻的挑战。就电厂燃煤所带来的煤烟型大气污染而言，2006年全国火力发电耗煤约为6.5×10^8吨，占煤炭总产量的60%左右，二氧化硫、烟尘、氮氧化物的排放量分别为8.10×10^6吨、3.20×10^6吨、4.96×10^6吨，约占全国排放总量的44%、25%和21%。中国环境科学研究院的研究表明，为保证我国生态能够可持续发展，仅仅二氧化硫的排放量就应控制在1.2×10^7吨/年以内，其中电力行业排放的二氧化硫应控制在5.5×10^6吨/年以内，不难看出，我国火力发电的现状在目前的环境制约下将不可持续，发展清洁能源的呼声日趋高涨。

由于火力发电企业直接排放二氧化碳，因此在火力发电企业处理污染物费用的计算时，我们将不把二氧化碳的治理费用纳入火力发电的污染处理成本估计。火力发电企业的二氧化硫和烟尘的排放量在电力行业的二氧化硫和烟尘排放量中占绝对比例，所以为了处理方便，将火力发电企业二氧化硫和烟尘的处理量等同于电力行业的二氧化硫和烟尘处理量。另外，有关氮氧化物的数据极为缺乏，所以在对火力发电的污染处理成本中暂时不予考虑。

火力企业于2006年对污染物的处理情况如附表1所示（计算结果为2005年不变价格折算而成）。

附表1　2006年我国火电污染物处理成本

污染物	二氧化硫	污水	烟尘	2006年火电度数
处理成本 Ci(万元)	968283.2	103214.4796	8252526.805	23696亿千瓦时

注：火力发电的烟尘处理成本由以下方法估算而来：

2006年中国各行业处理的烟尘总量为23564.6万吨，处理成本为1020.95亿元；电力部门处理的烟尘总量为19047.7万吨，由比例估算火力企业的烟尘处理成本为825.2527亿元；

因此，我们可以算出单位度数火电的治理成本为：

$MC = (C1 + C2 + C3) / THD_{2006} = 0.0393485$ 元/千瓦时

其中，MC为单位度数火电的治理成本，THD_{2006}为2006年火电总度数。

（四）风力发电成本分析

有关资料表明，我国风电场建设和运行成本在逐步降低，初始投资从1994年的约12000元/千瓦时降低到2008年约10000元/千瓦时，风电运营成本也降到了0.5～0.6元/千瓦时左右。但目前，火电企业的运营成本也降到了仅为0.2～0.4元/千瓦时，因而可再生能源的生产成本要高很多。

目前，可再生能源上网电价要高于火电企业。2008年8月国家发改委网站公布，安徽马鞍山、辽宁阜新一期和河北满井三期等风力发电项目电价水平为0.61元/千瓦时。虽然地区不同，火电上网电价有所差别，但火电企业的上网电价要低于可再生能源的上网电价。2007 年，南方区域发电企业平均上网电价为 0.368 元/千瓦时，北方企业的上网电价为 0.3 元/千瓦时左右。考虑到 2008 年全年平均煤价上涨导致的火力发电上网电价大概提高了 3.8 分/千瓦时左右，因此，以风力电价计算，每千瓦时高于火力电价 0.204 ~ 0.272 元/千瓦时。

根据国家能源领导小组办公室综合组周喜安司长 2008 年 6 月 25 日发布的数据：2008 年底我国风电的装机容量将突破 1000 万千瓦。如果按照年利用小时数为 2000 小时计算，年内能够发出 112 亿千瓦时风电。根据上面的数据，可计算出全年全社会为 112 亿千瓦时电将多付出 22.848 亿 ~ 30.464 亿元。按照 2005 年不变价格，可计算出全年全社会为 112 亿千瓦时电将多付出 19.89448 亿 ~ 26.52598 亿元（注：2008 年的 PPI 指数根据前 10 个月的平均 PPI 指数近似拟合而成）。上述数据不包括为接受风电上网所新增的电网固定资产投资的折旧。

（五）风力发电收益分析

风力发电相对于传统的火力发电，除了企业的收益外还有巨大的环境收益，而环境收益主要体现在减少环境污染物及二氧化碳等温室气体的排放。以 2000 年为例，我国年风力发电总量为 7.01 吉瓦，代替火电可直接节约标准煤 278800 吨，减少 SO_2 排放 5668.5 吨，减少 CO_2 排放 718653 吨，减少 NO_X 排放 8986 吨，减少烟尘排量 251 吨，节水 12.8 亿吨，由于其减少空气污染而带来的间接效益则更是巨大。

附表 2　2005 年各污染物的排放价格

污染物	CO_2	SO_2	NO_X	烟尘	工业用水	其他（间接效用）
价格（元/吨）	220	2449.9557	2000	331	1.3886001	—

根据公式：$II = IC$；$MI = II/TFD_{2000}$；$IC = \sum_{i=1}^{n} Vi \times Qi$ 可以计算出以 2005 年不变价格为基准，2000 年风力发电替代相应的火力发电电量的环境效益为：II = 1967454443 元，单位度数风力发电量的环境效益为：MI = 0. 28066397 元/千瓦时。

IC—各污染物排放的总成本

Vi—第 i 项污染物排放单价

Qi—第 i 项污染物排放数量

II—风力发电替代相应的火力电量的环境效益

MI—单位度数的风力发电量的环境效益

TFD_{2000}—2000 年风力发电的总电量

（六）风力发电净收益估计

本章对风力发电环境效益的估计主要采取了治理成本法核算环境未支付成本，环境未支付成本是指目前排放到环境中的污染物按照现行的治理技术和水平全部治理所需要的支出。特别需要说明的是，我们认为计算可再生能源环境效益时不包括火电厂已经处理环境污染物所支付的成本，因为这部分成本已经包括在火电上网电价中了。

因此根据公式，我们可以计算出 2008 年风力发电的度数环境净收益为：

$$TI = (MI - MC) \times TFD_{2008} = 2702733040 \text{ 元} \approx 27.03 \text{ 亿元}$$

前面我们估计了 2008 年为推广可再生能源（主要是风力发电量为 112 亿千瓦时，下同），成本为 19. 89448 亿 ~ 26. 52598 亿元，我们按平均数计为 23. 21023 亿元；可再生能源外部效益共计 27. 03 亿元。可以算出净收益为 3. 819768 亿元，折算为每千瓦时电成本为 5. 449 分。考虑到我们测算数据的准确性，以及评估只采用了二氧化碳、二氧化硫、氮氧化物以及烟尘这几个主要的量作为评估项目，对危险废物、工业废物等的排放以及风力发电所带来的旅游效益没有作出相应的评价，因此从一定意义上来说对风力发电的环境效益存在低估的现象。总体而言，我们认为目前中国推广风能的成本很低，而且获得的综合收益已经超过了支出。

参考文献

《2007～2008年中国火电行业投资及竞争分析研究报告［EB/OL］》。

国家发展和改革委员会：《可再生能源发展"十一五"规划》。

国家发展改革委员会：《可再生能源中长期发展规划》，2007年8月。

刘传江、侯伟丽：《环境经济学（第一版）》，武汉大学出版社，2006。

陆华、周浩：《电力市场下发电公司环境成本内部化探讨》，《企业经济》2004年第7期。

马中：《环境与资源经济学概论》，高等教育出版社，1999。

第5章

中国工业分地区环境损失估计

一　估算方法

在第4章研究的基础上，本章将估算各地区的工业环境成本。本章用各地区环境未支付成本分别占当年该地区工业总产值及工业增加值的比例来度量分行业环境成本的大小。由于数据资料的限制，对于环境成本的测算采用间接法进行，即假设全国各地区同一产业技术水平相同，从而各个地区某一行业环境污染程度相同，在这一假设的基础之上进行环境未支付成本的测算。具体测算步骤有以下几个方面。

（1）查分地区各个行业各年度工业增加值。

（2）用某个行业全国的污染数量占当年工业增加值的比例（具体数据在中国分行业环境损失估计时已经计算出）与该地区该行业的工业增加值相乘即为该地区该行业的污染成本。例如，2007年北京市的煤炭开采和洗选业的工业增加值为47.49亿元，该行业2007年全国未处理成本与工业增加值的比例为15%，则北京市2007年煤炭开采和洗选业未处理环境成本为 47.49 × 15% = 7.12 亿元。

（3）对各个地区不同行业的环境未处理成本进行加总，则得到该地区的环境未支付成本。

（4）用计算出的环境未支付成本与相应年份分地区的工业总产值和工业增加值相除，用以度量该地区环境成本的大小。

需要说明的是，在数据整理的过程中，一些小的行业由于没有统计数据，因此没有核算进来，但是这对本章的结论并不会产生实质性的影响，因为就全国范围而言，这些行业的环境污染成本之和占环境总成本的比例是很小的，对本章结论的影响是有限的。具体数据如表 5－1 所示。

表 5－1　缺少行业环境成本占相应年份该项全国环境总成本的比例

单位：%

年份	已处理总成本	未处理总成本	总成本合计
2007	1.34	3.19	1.93
2005	1.24	5.19	2.75
2003	2.28	3.06	2.79
2001	2.90	5.45	3.92

二　分地区环境已支付成本分析

环境已支付成本是指在生产过程中已经用于处理污染物所支付的成本，是企业已经支出的成本。在本部分中，环境已支付成本包括已支付处理二氧化硫、污水和烟尘粉尘的成本。具体计算指标包括 2001 年、2003 年、2005 年和 2007 年共四年已支付损失量、已支付损失量占当年工业总产值的比重和已支付损失量占工业增加值的比重。具体数据如表 5－2 所示。

表 5－2　分省区环境已支付成本指标

单位：亿元，%

省　区	已支付环境成本数值				已支付成本占工业总产值的比重				已支付成本占工业增加值的比重			
	2001	2003	2005	2007	2001	2003	2005	2007	2001	2003	2005	2007
北　京	18.30	12.00	39.40	53.43	0.63	0.31	0.57	0.55	2.44	1.18	2.35	2.47
天　津	14.58	11.21	25.14	37.03	0.50	0.28	0.37	0.37	2.00	1.04	1.37	1.25
河　北	54.88	35.13	86.38	104.38	1.46	0.62	0.78	0.61	4.41	1.95	2.73	2.16
山　西	23.77	17.29	43.30	59.35	1.70	0.71	0.89	0.76	4.76	1.90	2.47	2.11
内蒙古	14.62	9.27	38.24	60.40	1.76	0.68	1.28	1.04	4.75	1.79	3.08	2.38
辽　宁	45.68	26.83	71.44	92.43	1.02	0.44	0.66	0.51	3.64	1.56	2.30	1.71
吉　林	14.25	7.80	19.39	25.88	0.76	0.29	0.51	0.40	2.42	0.96	1.66	1.24
黑龙江	20.13	11.30	29.01	33.24	0.85	0.39	0.62	0.54	1.67	0.83	1.35	1.16
上　海	47.70	30.31	57.13	66.49	0.68	0.29	0.36	0.30	2.40	1.07	1.39	1.21
江　苏	74.26	53.82	127.77	176.15	0.63	0.30	0.39	0.33	2.52	1.15	1.57	1.36
浙　江	48.10	32.25	88.39	116.01	0.61	0.25	0.38	0.32	2.57	1.04	1.83	1.53
安　徽	19.54	13.15	31.96	44.18	1.07	0.50	0.70	0.56	3.39	1.49	2.15	1.72
福　建	26.28	16.46	45.60	57.97	0.89	0.33	0.56	0.46	3.00	1.14	1.99	1.61
江　西	11.11	7.89	22.67	35.80	1.09	0.54	0.76	0.58	3.60	1.77	2.57	1.96
山　东	79.80	66.97	164.62	188.86	0.85	0.44	0.54	0.38	2.75	1.42	1.76	1.28
河　南	51.78	31.31	77.48	190.61	1.35	0.58	0.74	0.93	4.14	1.80	2.29	2.59
湖　北	31.64	19.21	54.52	75.09	0.98	0.48	0.90	0.78	2.95	1.41	2.72	2.30
湖　南	21.80	13.70	37.76	52.12	1.20	0.52	0.79	0.62	3.59	1.54	2.32	1.83
广　东	98.47	51.66	144.33	214.14	0.70	0.24	0.40	0.39	2.63	0.90	1.53	1.52
广　西	14.04	6.88	22.44	34.38	1.33	0.48	0.88	0.75	4.10	1.54	2.82	2.26
海　南	2.19	0.96	3.67	6.28	1.00	0.29	0.78	0.63	3.36	0.99	2.41	2.25
重　庆	9.87	6.06	13.87	22.71	0.92	0.38	0.55	0.52	3.20	1.35	2.10	1.64
四　川	29.75	18.06	53.71	78.11	1.29	0.53	0.87	0.71	3.76	1.55	2.49	1.94
贵　州	9.96	4.90	21.34	28.88	1.43	0.50	1.26	1.15	4.21	1.41	3.64	3.24
云　南	15.08	7.56	22.57	30.06	1.30	0.49	0.87	0.70	2.59	1.01	2.26	1.92
西　藏	0.38	0.39	0.69	0.62	2.11	1.82	2.51	1.50	3.97	3.15	4.48	2.64
陕　西	11.37	6.97	20.06	32.73	0.85	0.37	0.59	0.57	2.47	1.03	1.52	1.37
甘　肃	12.65	7.47	17.67	24.38	1.33	0.65	0.89	0.75	4.27	1.92	3.16	2.64
青　海	4.06	1.63	5.81	7.76	2.09	0.66	1.19	0.94	5.65	1.72	3.07	2.26
宁　夏	3.67	2.01	9.55	12.59	1.36	0.57	1.42	1.18	4.42	1.84	4.47	3.38
新　疆	9.46	5.58	11.48	15.56	1.08	0.50	0.55	0.47	2.59	1.20	1.29	1.11

1. 环境已支付成本数量分析

结合表 5－2 中数据和图 5－1 至图 5－4 可以看出：①从发展趋势来看，除了西藏外各个地区在几年间环境已支付成本绝对量在 2001～2003 年都经历了一个下降的过程，在 2003～2007 年间经历了一个持续增长的过程，即对环境治理的绝对投入量是增加的。②从各省区间的横向比较来看，广东、河南、山东、江苏、浙江、河北、辽宁、四川、湖北等省市用于治理的环境成本居于前列，其中广东、河南、山东、江苏、浙江、河北六省的投入是最大的，六省投入合计在 2007 年占到全国环境治理投入的 50.07%。

由表 5－3 中数据可知：①在 2001～2007 年间，各区域已支付的环境成本数量都呈上升趋势，但上升的数量有较大差别，其中中南地区和东部地区增长数量较为明显；②从同期指标来看，中南地区、东部地区和北方地区的污染数量较大，在 2007 年总共占全国的 79.87%。

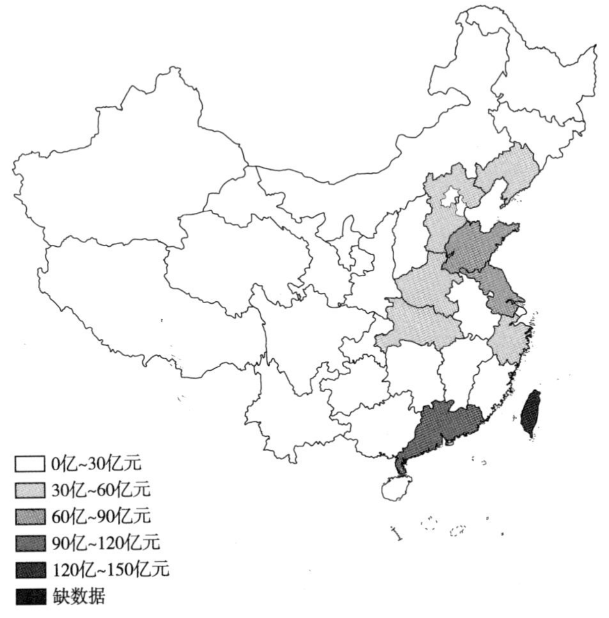

图 5－1　分省区环境已支付成本数量分区间对比（2001 年）

图 5-2　分省区环境已支付成本数量分区间对比（2003 年）

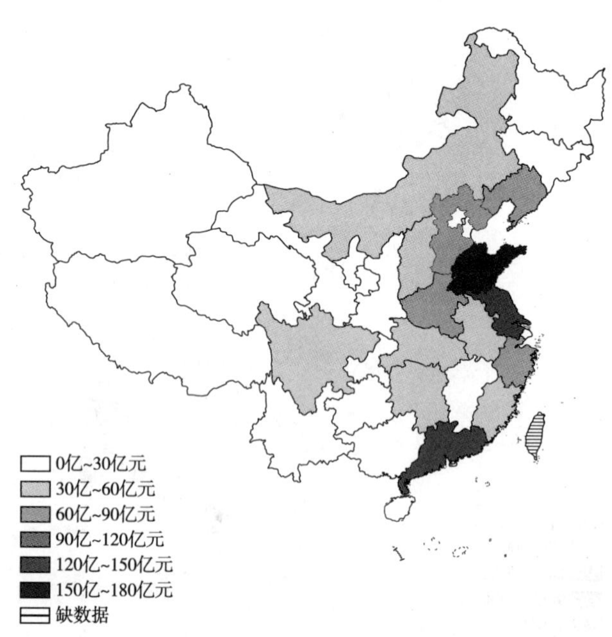

图 5-3　分省区环境已支付成本数量分区间对比（2005 年）

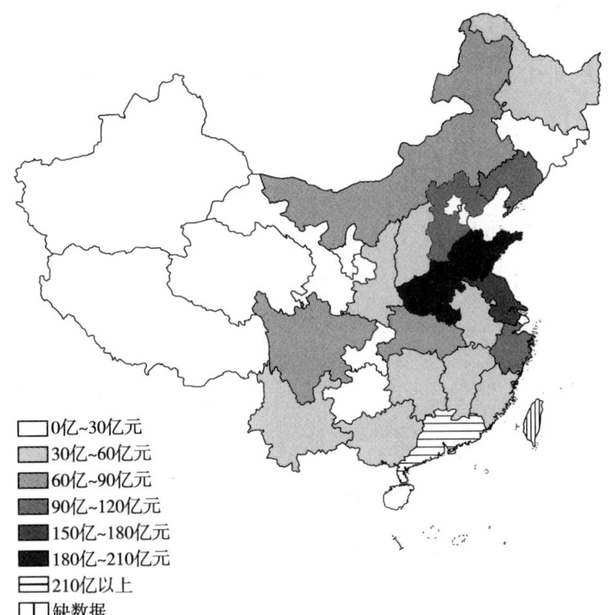

图5-4 分省区环境已支付成本数量分区间对比（2007年）

表5-3 分区域已支付环境治理成本

单位：亿元

年份	北方地区	东北地区	东部地区	中南地区	西南地区	西北地区
2001	212.89	126.09	511.36	360.20	106.74	62.98
2003	244.74	135.87	592.17	383.60	118.67	64.56
2005	385.02	190.34	866.87	533.14	174.96	95.66
2007	480.78	226.05	1016.61	816.42	229.46	127.67

注：为了便于分析，本章的区域划分如下：北方地区包括北京、天津、河北、山西、内蒙古五省市区；东北地区包括辽宁、吉林和黑龙江三省；东部地区包括上海、江苏、浙江、安徽、福建、江西和山东七省市；中南地区包括河南、湖北、湖南、广东、广西和海南六省区；西南地区包括四川、重庆、贵州、云南和西藏五省区；西北地区包括陕西、甘肃、青海、宁夏和新疆五省区。

表5-4 分区域环境治理的成本投入占全国比例对比

单位：%

年份	北方地区	东北地区	东部地区	中南地区	西南地区	西北地区
2001	15.42	9.14	37.05	26.10	7.73	4.56
2003	15.90	8.83	38.46	24.92	7.71	4.19
2005	17.14	8.47	38.60	23.74	7.79	4.26
2007	16.60	7.80	35.09	28.18	7.92	4.41

从表 5 - 4 中可以知道：①在 2001 ~ 2007 年间，东部地区、中南地区和北方地区用于环境治理的成本投入占全国的绝大部分比例；②东部地区用于环境治理的成本投入在全国占比由 2001 ~ 2005 年间的上升趋势转为下降，并且在 2005 ~ 2007 年间有较大幅度的下降，而同期北方地区和东北地区虽然也有下降，但是下降幅度较小；③中南地区用于环境治理的成本投入占全国的比例在 2001 ~ 2005 年间处于下降趋势，但是在 2007 年有较大的反弹，由占比 23.74% 上升到 28.18%；④西南和西北地区占比在 2001 ~ 2007 年间比较稳定，处于波动状态，有所上升，但幅度较小。从而可以得出结论：中南地区在 2005 ~ 2007 年间对环境治理的成本投入力度高于全国的平均水平，而东部地区和北部地区的成本投入力度则有所下降。

2. 环境已支付成本占工业总产值的比例

结合表 5 - 2 可以看出：①环境已支付成本占工业总产值的比例整体上处于波动状态，即在 2001 ~ 2003 年处于下降趋势，2003 ~ 2005 年处于上升趋势，2005 ~ 2007 年处于下降趋势；②河南省环境已支付成本的比例在 2003 年下降后在 2003 ~ 2007 年间一直处于上升趋势，在 2007 年达到占工业总产值的 0.93%，是唯一一个出现连续增长的省（区）；③2007 年环境已支付成本占工业总产值的比例最高的几个省（区）依次为西藏、宁夏、贵州、内蒙古、青海和河南[其中西藏占 1.50% 为最高，河南为 0.93% 为六省（区）中最低，其他省（区）均低于 0.8%]，占比较高的几个省区多为中西部经济欠发达地区。

表 5 - 5 中数据为各区域环境已支付成本总和占相应区域工业总产值的比值，从中可以看出：①该地区整体上从 2001 ~ 2007 年该比例处于波动状态，即在 2003 年下降后 2005 年有所回升，在 2007 年又有所下降，但是中南地区是个例外，在 2003 ~ 2007 年间一直处于

上升趋势，这主要是因为河南在该期间一直处于上升趋势；②东部经济发达地区该比值（0.36%）明显小于其他地区，而西南地区和西北地区则处于较高的比例。

表 5－5　分区域已支付环境治理成本占工业总产值的比例

单位：%

年份	北方地区	东北地区	东部地区	中南地区	西南地区	西北地区
2001	1.07	0.92	0.73	0.91	1.24	1.14
2003	0.49	0.39	0.34	0.35	0.49	0.50
2005	0.71	0.62	0.46	0.56	0.86	0.75
2007	0.62	0.49	0.36	0.58	0.72	0.66

3. 环境已支付成本与工业增加值的比例

结合表5－2，从图5－5至图5－8可以看出：①环境已支付成本与工业增加值的比例整体上处于波动状态，即在2001～2003年处于下降趋势，2003～2005年处于上升趋势，2005～2007处于下降趋势；②北京和河南省环境已支付成本的比例在2003年下降后在2003～2007年间一直处于上升趋势，在2007年分别达到占工业增加值的2.47%和2.59%，是仅有的两个出现连续增长的省市；③2007年环境已支付成本占工业总产值的比例最高的几个省区依次为宁夏、贵州、甘肃、西藏、河南、北京（其中宁夏最高为3.38%，北京为2.47%，为六省中最低），占比较高的几个省区多为中西部经济欠发达地区（由于奥运会的召开，北京环境支出数额的增加与此可能会有关系）。

表5－6中数据为各区域环境已支付成本总和占相应区域工业增加值的比值，从中可以看出：①各地区整体上从2001～2007年该比例处于波动状态，即在2003年下降后2005年有所回升，在2007年又有所下降；②东部经济发达地区该比值（1.41%）明显小于其他地区，而北方地区和西南地区则处于较高的比例。

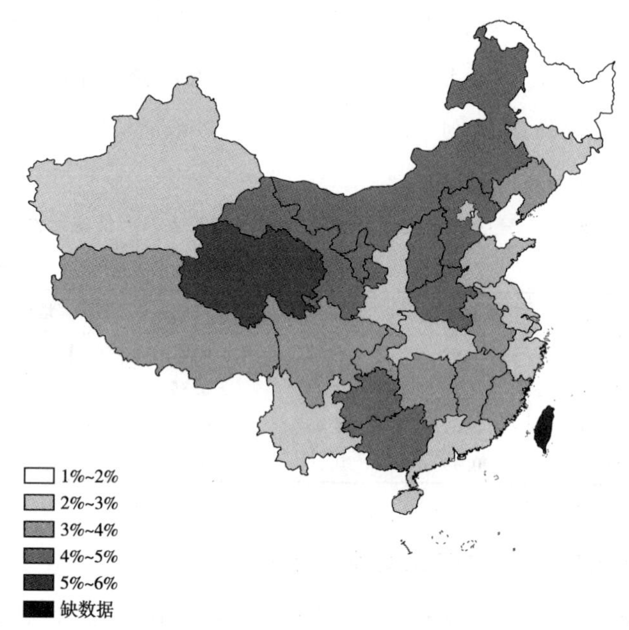

图 5-5 分省区环境已支付成本占工业增加值分区对比（2001 年）

图 5-6 分省区环境已支付成本占工业增加值分区对比（2003 年）

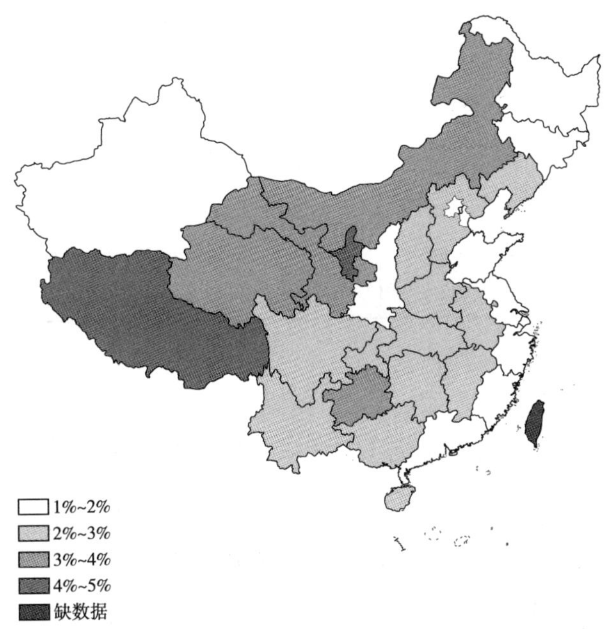

图 5－7　分省区环境已支付成本占工业增加值分区对比（2005 年）

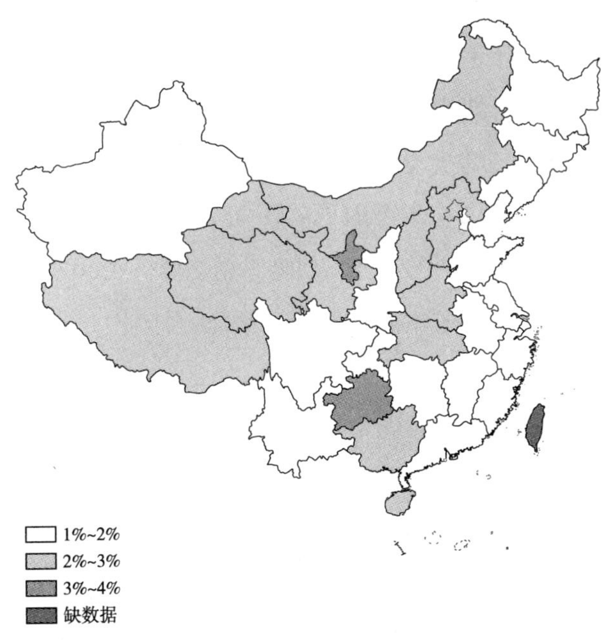

图 5－8　分省区环境已支付成本占工业增加值分区对比（2007 年）

表 5－6 分区域已支付环境治理成本与工业增加值的比例

单位：%

年份	北方地区	东北地区	东部地区	中南地区	西南地区	西北地区
2001	3.57	2.62	2.68	3.11	3.38	3.23
2003	1.60	1.18	1.22	1.21	1.36	1.37
2005	2.40	1.86	1.73	1.96	2.54	2.04
2007	2.06	1.47	1.41	1.95	2.03	1.72

三 分区域环境未支付成本分析

环境未支付成本是指在生产过程中直接排放未处理污染物所应支付而未支付的成本，是企业应该支出的成本。在本部分中，环境未支付成本包括处理二氧化硫、污水和烟尘粉尘的成本。具体计算指标包括2001年、2003年、2005年和2007年共四年环境未支付成本、环境未支付成本占地区工业总产值的比重和环境未支付成本占工业增加值的比重。具体数据如表5－7所示。

1. 环境未支付成本数量分析

结合表5－7和图5－9至图5－12可知：①环境未支付成本总量趋于上升趋势，波动性比较明显，但是在2003～2007年间波动性相对减弱；②环境未支付成本数量比较大的八个省区是广东、山东、江苏、浙江、河南、河北、辽宁、四川，在2007年合计占到全国总量的60.12%；③环境未支付成本在2001～2007年间在各省区间发生了较大变化，2001年排名前五位的省区依次是：广东、山东、江苏、河北、上海，2007年排名前五位的依次是山东、江苏、河南、广东、河北，排名前五位的省区虽然没有太大变化（河南2007年排名第三，上海退到第十），但是排名先后发生了较大的变化，其中环境未支付成本增长较快的省份有山东、江苏、河南、内蒙古 广西、江西、陕西等省份，而广东、上海、安徽、吉林、云南、黑龙江等省份的排名则有较大的下降。具体各省份环境未支付成本占全国的比例构成如表 5－8 所示。

表 5－7　分省区环境未支付成本指标

单位：亿元，%

省　区	环境未支付成本				环境未支付成本占地区工业总产值的比重				环境未支付成本占地区工业增加值的比重			
	2001	2003	2005	2007	2001	2003	2005	2007	2001	2003	2005	2007
北　京	13.35	21.28	24.77	22.73	0.46	0.56	0.36	0.24	1.78	2.10	1.48	1.05
天　津	9.21	18.55	15.80	22.45	0.31	0.46	0.23	0.22	1.26	1.73	0.86	0.76
河　北	39.99	66.87	63.16	65.28	1.06	1.17	0.57	0.38	3.21	3.71	1.99	1.35
山　西	14.65	33.00	26.08	28.23	1.05	1.35	0.54	0.36	2.93	3.63	1.48	1.00
内蒙古	9.54	20.15	22.75	27.51	1.15	1.49	0.76	0.47	3.10	3.90	1.83	1.09
辽　宁	29.30	48.73	47.37	51.66	0.65	0.80	0.44	0.28	2.33	2.84	1.52	0.96
吉　林	8.79	13.66	10.82	12.01	0.47	0.51	0.29	0.19	1.49	1.68	0.92	0.58
黑龙江	7.94	27.56	12.32	10.84	0.34	0.95	0.26	0.18	0.66	2.02	0.57	0.38
上　海	34.08	50.28	38.67	33.21	0.49	0.49	0.25	0.15	1.71	1.77	0.94	0.60
江　苏	49.92	84.68	81.41	89.11	0.42	0.47	0.25	0.17	1.70	1.81	1.00	0.69
浙　江	31.04	67.14	47.41	46.63	0.39	0.52	0.21	0.13	1.66	2.17	0.98	0.62
安　徽	13.07	25.98	19.88	21.48	0.72	1.00	0.44	0.27	2.26	2.95	1.34	0.84
福　建	17.19	37.08	27.01	27.57	0.58	0.75	0.33	0.22	1.96	2.56	1.18	0.77
江　西	6.88	13.73	12.83	15.96	0.68	0.93	0.43	0.26	2.23	3.07	1.45	0.88
山　东	52.39	92.43	101.51	97.18	0.56	0.60	0.33	0.19	1.81	1.97	1.08	0.66
河　南	33.08	60.85	46.93	84.08	0.86	1.13	0.45	0.41	2.65	3.50	1.39	1.14
湖　北	23.26	36.77	32.82	35.08	0.72	0.91	0.54	0.37	2.17	2.69	1.64	1.08
湖　南	13.84	24.91	21.42	24.31	0.76	0.95	0.45	0.29	2.28	2.80	1.31	0.85
广　东	60.73	118.45	77.24	81.97	0.43	0.55	0.21	0.15	1.62	2.07	0.82	0.58
广　西	8.08	15.99	12.69	15.97	0.76	1.11	0.50	0.35	2.36	3.58	1.60	1.05
海　南	1.29	2.91	1.85	2.38	0.59	0.87	0.39	0.24	1.98	3.02	1.21	0.85
重　庆	6.45	11.64	8.11	10.00	0.60	0.73	0.32	0.23	2.09	2.60	1.23	0.72

续表

省区	环境未支付成本				环境未支付成本占地区工业总产值的比重				环境未支付成本占地区工业增加值的比重			
	2001	2003	2005	2007	2001	2003	2005	2007	2001	2003	2005	2007
四川	20. 54	37. 04	32. 45	36. 84	0. 89	1. 09	0. 53	0. 33	2. 60	3. 18	1. 50	0. 92
贵州	5. 64	14. 15	10. 42	10. 67	0. 81	1. 45	0. 62	0. 42	2. 38	4. 08	1. 78	1. 20
云南	8. 76	18. 21	11. 39	11. 29	0. 76	1. 17	0. 44	0. 26	1. 50	2. 44	1. 14	0. 72
西藏	0. 30	0. 66	0. 42	0. 28	1. 69	3. 11	1. 53	0. 67	3. 18	5. 36	2. 74	1. 18
陕西	6. 23	13. 48	9. 49	11. 53	0. 47	0. 72	0. 28	0. 20	1. 36	2. 00	0. 72	0. 48
甘肃	6. 44	10. 95	8. 90	9. 56	0. 68	0. 95	0. 45	0. 30	2. 17	2. 82	1. 59	1. 04
青海	1. 99	3. 59	2. 65	3. 06	1. 03	1. 45	0. 54	0. 37	2. 77	3. 77	1. 40	0. 89
宁夏	1. 87	4. 90	4. 61	4. 50	0. 69	1. 39	0. 69	0. 42	2. 25	4. 48	2. 16	1. 21
新疆	5. 24	7. 98	5. 45	6. 01	0. 60	0. 72	0. 26	0. 18	1. 43	1. 72	0. 61	0. 43

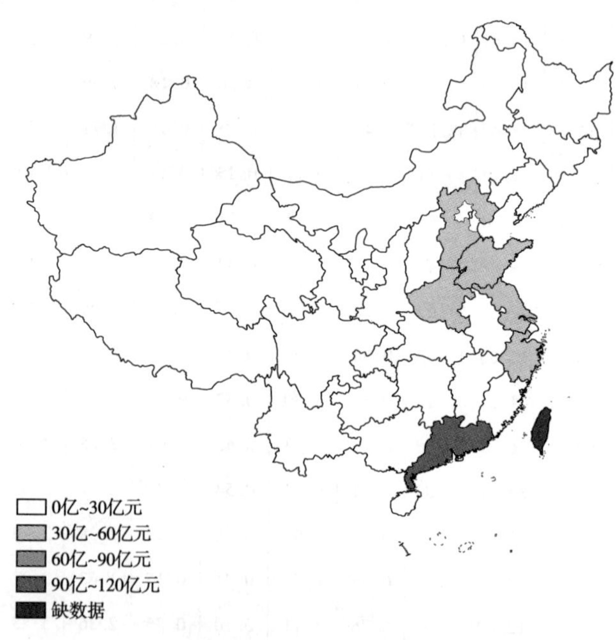

图 5－9　分省区环境未支付成本数量对比（2001 年）

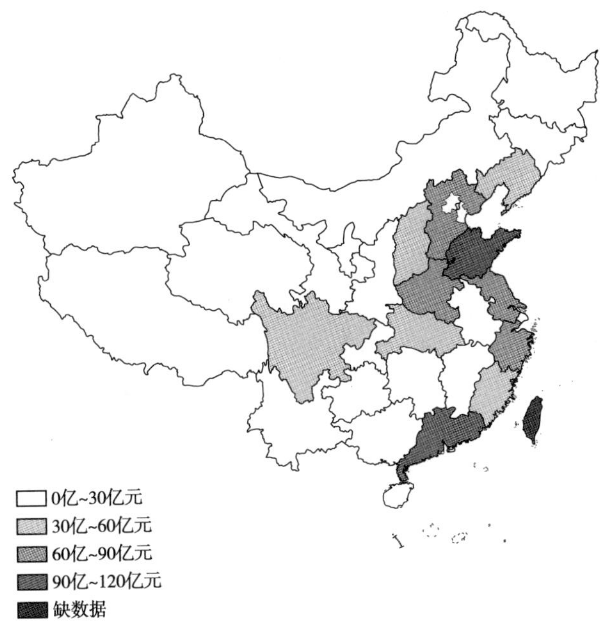

图 5－10　分省区环境未支付成本数量对比（2003 年）

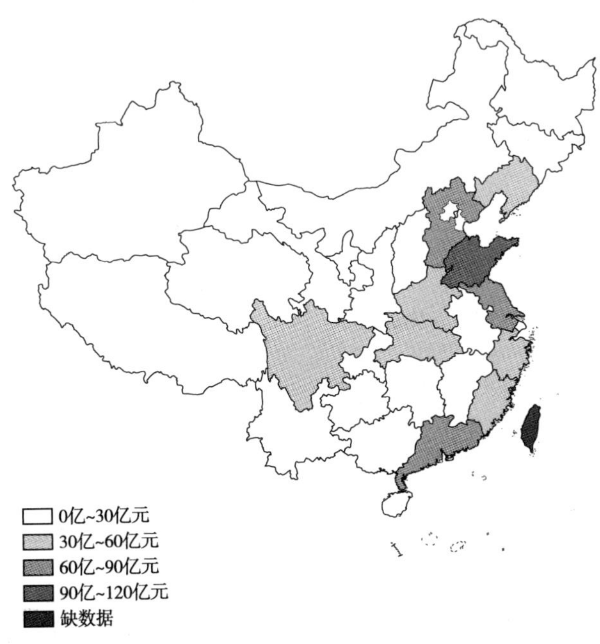

图 5－11　分省区环境未支付成本数量对比（2005 年）

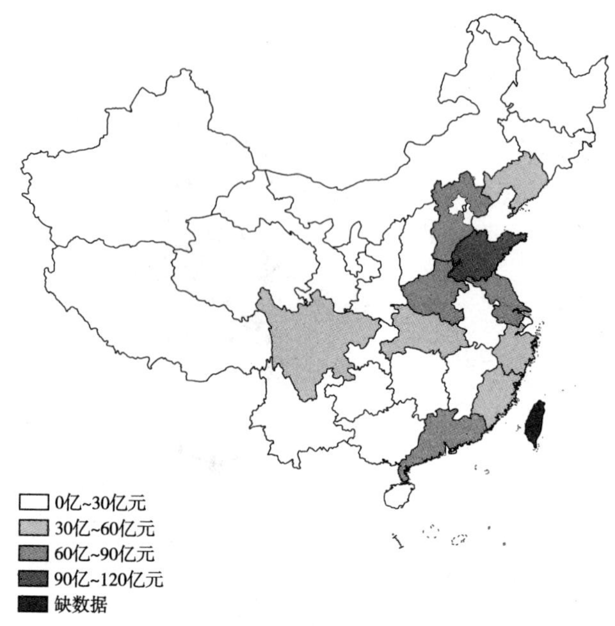

图 5－12 分省区环境未支付成本数量对比（2007 年）

表 5－8 分省区环境未支付成本占全国比例

单位：%

省 区	2001	2003	2005	2007	省 区	2001	2003	2005	2007
北 京	2.47	2.12	2.95	2.47	湖 北	4.30	3.66	3.91	3.82
天 津	1.70	1.85	1.88	2.44	湖 南	2.56	2.48	2.55	2.64
河 北	7.39	6.66	7.53	7.10	广 东	11.22	11.80	9.21	8.92
山 西	2.71	3.29	3.11	3.07	广 西	1.49	1.59	1.51	1.74
内蒙古	1.76	2.01	2.71	2.99	海 南	0.24	0.29	0.22	0.26
辽 宁	5.42	4.86	5.65	5.62	重 庆	1.19	1.16	0.97	1.09
吉 林	1.62	1.36	1.29	1.31	四 川	3.80	3.69	3.87	4.01
黑龙江	1.47	2.75	1.47	1.18	贵 州	1.04	1.41	1.24	1.16
上 海	6.30	5.01	4.61	3.61	云 南	1.62	1.81	1.36	1.23
江 苏	9.23	8.44	9.71	9.69	西 藏	0.06	0.07	0.05	0.03
浙 江	5.74	6.69	5.65	5.07	陕 西	1.15	1.34	1.13	1.25
安 徽	2.42	2.59	2.37	2.34	甘 肃	1.19	1.09	1.06	1.04
福 建	3.18	3.69	3.22	3.00	青 海	0.37	0.36	0.32	0.33
江 西	1.27	1.37	1.53	1.74	宁 夏	0.34	0.49	0.55	0.49
山 东	9.68	9.21	12.10	10.57	新 疆	0.97	0.79	0.65	0.65
河 南	6.11	6.06	5.60	9.15					

表 5－9 为分区域的环境未支付成本构成表，从表中可以看出：①东部地区和中南地区是环境未支付成本比较高的地区，两者在 2007 年合计占全国总环境未支付成本的 62.54%；②北方地区、东北地区和东部地区在 2005 年后在全国所占比重有下降的趋势，而另外三个地区则有上升的趋势，其中尤以中南地区所占比重上升最为迅速，其中又以河南最为明显，2007 年比 2005 年增加了 3.55 个百分点。

表 5－9　分区域环境未支付成本构成

单位：%

年份	北方地区	东北地区	东部地区	中南地区	西南地区	西北地区
2001	16.03	8.51	37.81	25.93	7.71	4.02
2003	15.93	8.96	37.00	25.89	8.14	4.08
2005	18.19	8.41	39.20	23.01	7.49	3.71
2007	18.08	8.10	36.02	26.52	7.51	3.77

2. 环境未支付成本占工业总产值的比例

在 2003 年以后，各省区的环境未支付成本占工业总产值的比例都处于下降的趋势。如表 5－10 所示，历年环境未支付成本占工业总产值比例较高的省区都处于中西部经济欠发达地区。

表 5－10　环境未支付成本占工业总产值排名前十省区

名次	2001	2003	2005	2007	名次	2001	2003	2005	2007
1	河　北	西　藏	西　藏	西　藏	6	河　南	山　西	湖　北	河　北
2	西　藏	内蒙古	宁　夏	内蒙古	7	四　川	河　北	广　西	青　海
3	内蒙古	青　海	河　北	贵　州	8	贵　州	云　南	甘　肃	湖　北
4	山　西	贵　州	内蒙古	宁　夏	9	广　西	河　南	辽　宁	山　西
5	青　海	宁　夏	贵　州	河　南	10	辽　宁	广　西	四　川	广　西

表 5－11 中数据为各区域环境未支付成本总和占相应区域工业总产值的比重，从中可以看出：①所有区域环境未支付成本在 2001～2003 年占工业总产值的比重处于上升趋势，在 2003 年后又一直处于

下降趋势；②东部经济发达地区该比值（0.18%）明显小于其他地区，而西南地区和北方地区则处于较高的比例。

表5－11　分区域环境成本占工业总产值的比例

单位：%

年份	北方地区	东北地区	东部地区	中南地区	西南地区	西北地区
2001	0.73	0.53	0.49	0.58	0.79	0.60
2003	0.92	0.77	0.57	0.74	1.08	0.86
2005	0.47	0.36	0.28	0.32	0.48	0.36
2007	0.33	0.24	0.18	0.25	0.31	0.25

3. 环境未支付成本与工业增加值的比例

结合表5－7的数据和图5－13至图5－16，可以得到：①环境未支付成本与工业增加值的比例在2003年后处于下降的趋势；②从表5－12中可以看到环境未支付成本占工业增加值排名前列的省份大都

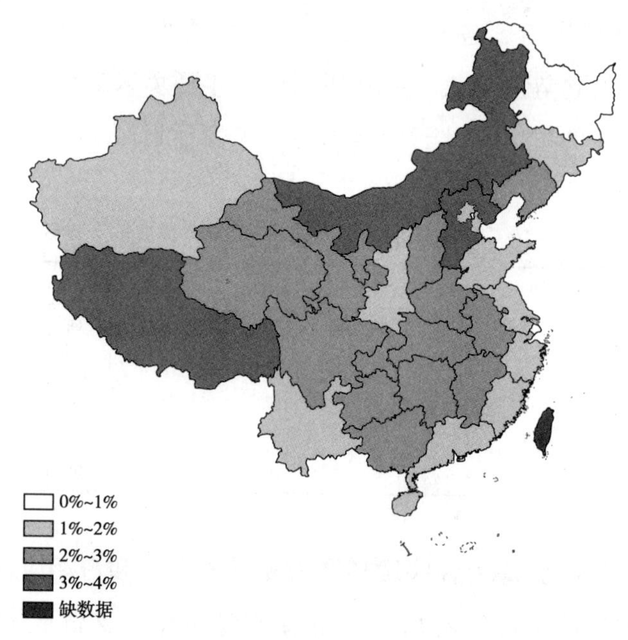

图5－13　分省区环境未支付成本与工业增加值的比例对比（2001年）

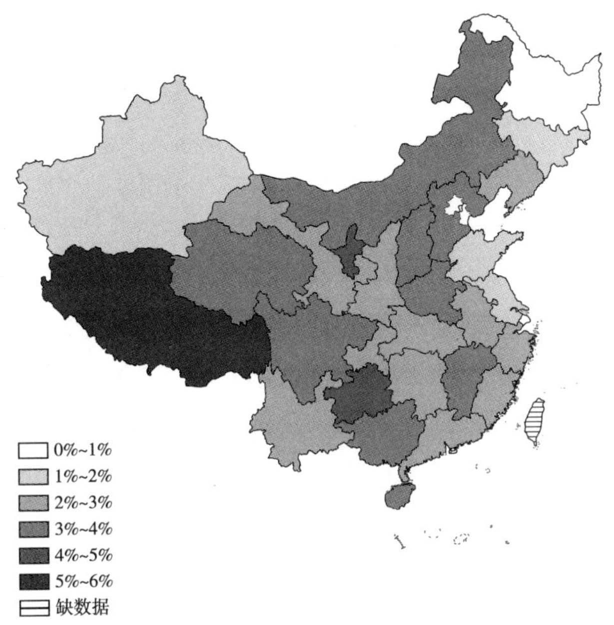

图 5 - 14　分省区环境未支付成本与工业增加值的比例对比（2003 年）

图 5 - 15　分省区环境未支付成本与工业增加值的比例对比（2005 年）

图 5 - 16　分省区环境未支付成本与工业增加值的比例对比（2007 年）

是经济欠发达地区；③结合前面的关于已支付成本的介绍，可以发现北京是个特例，即其环境未支付成本和环境已支付成本占工业总产值的比例都比较靠前，但是经济又较为发达。

表 5 - 12　环境未支付成本占工业增加值排名前十位

名次	2001	2003	2005	2007	名次	2001	2003	2005	2007
1	河　北	西　藏	西　藏	河　北	6	河　南	河　北	湖　北	内蒙古
2	西　藏	宁　夏	宁　夏	宁　夏	7	四　川	山　西	广　西	湖　北
3	内蒙古	贵　州	河　北	贵　州	8	贵　州	广　西	甘　肃	北　京
4	山　西	内蒙古	内蒙古	西　藏	9	广　西	河　南	辽　宁	广　西
5	青　海	青　海	贵　州	河　南	10	辽　宁	四　川	四　川	甘　肃

表 5 - 13 中数据为各区域环境未支付成本总和占相应区域工业增加值的比值，从中可以看出：①所有区域环境未支付成本在 2001 ~ 2003 年与工业增加值的比重处于上升趋势，在 2003 年后又一直处于

下降趋势；②东部经济发达地区该比值（0.68%）明显小于其他地区，而西南地区和北方地区则处于较高的比例。

表 5－13 环境未支付成本占区域工业增加值的比重

单位：%

年份	北方地区	东北地区	东部地区	中南地区	西南地区	西北地区
2001	2.46	1.51	1.78	1.98	2.16	1.71
2003	3.01	2.31	2.05	2.53	3.01	2.36
2005	1.58	1.10	1.06	1.11	1.42	0.98
2007	1.09	0.72	0.68	0.83	0.88	0.64

四 分地区环境治理总成本

环境总成本是指在生产过程中环境已支付成本与环境未支付成本之和，是企业对在生产过程中造成的所有污染所应支付的全部成本。在本部分中，环境总成本包括应处理二氧化硫、污水和烟尘粉尘的成本，具体计算指标包括 2001 年、2003 年、2005 年和 2007 年共四年环境总成本、环境总成本占当年工业总产值的比重和环境总成本占工业增加值的比重。具体数据如表 5－14 所示。

表 5－14 分省区环境总成本指标

省区	环境总成本（亿元）				环境总成本占工业总产值的比重（%）				环境总成本占工业增加值的比重（%）			
	2001	2003	2005	2007	2001	2003	2005	2007	2001	2003	2005	2007
北京	31.65	33.27	64.17	76.16	1.09	0.87	0.92	0.79	4.21	3.29	3.83	3.53
天津	23.79	29.76	40.94	59.48	0.81	0.73	0.60	0.59	3.27	2.77	2.23	2.01
河北	94.87	102.00	149.54	169.66	2.52	1.79	1.36	0.99	7.63	5.66	4.72	3.52
山西	38.42	50.29	69.38	87.57	2.75	2.06	1.43	1.12	7.69	5.53	3.95	3.11
内蒙古	24.16	29.42	60.99	87.90	2.91	2.17	2.04	1.51	7.85	5.69	4.92	3.47
辽宁	74.98	75.56	118.81	144.09	1.67	1.24	1.10	0.79	5.97	4.40	3.82	2.67
吉林	23.04	21.46	30.20	37.88	1.23	0.81	0.80	0.58	3.91	2.63	2.58	1.82
黑龙江	28.07	38.86	41.33	44.08	1.19	1.34	0.88	0.72	2.32	2.85	1.92	1.54

续表

省区	环境总成本（亿元）				环境总成本占工业总产值的比重（%）				环境总成本占工业增加值的比重（%）			
	2001	2003	2005	2007	2001	2003	2005	2007	2001	2003	2005	2007
上海	81.77	80.59	95.80	99.70	1.17	0.78	0.61	0.45	4.11	2.84	2.32	1.81
江苏	124.18	138.50	209.18	265.26	1.06	0.77	0.64	0.50	4.22	2.97	2.58	2.05
浙江	79.15	99.39	135.81	162.64	1.00	0.77	0.59	0.45	4.22	3.21	2.81	2.15
安徽	32.62	39.13	51.84	65.66	1.79	1.50	1.14	0.83	5.65	4.44	3.49	2.56
福建	43.47	53.55	72.61	85.54	1.48	1.08	0.89	0.68	4.97	3.70	3.17	2.38
江西	17.99	21.62	35.50	51.76	1.77	1.47	1.19	0.84	5.84	4.84	4.02	2.84
山东	132.18	159.41	266.13	286.04	1.41	1.04	0.87	0.57	4.56	3.39	2.84	1.94
河南	84.86	92.17	124.41	274.69	2.21	1.72	1.19	1.34	6.79	5.30	3.68	3.73
湖北	54.90	55.98	87.34	110.17	1.69	1.39	1.44	1.15	5.12	4.10	4.35	3.38
湖南	35.64	38.61	59.18	76.43	1.97	1.48	1.24	0.90	5.88	4.34	3.63	2.68
广东	159.19	170.11	221.57	296.11	1.13	0.79	0.62	0.54	4.26	2.97	2.35	2.10
广西	22.12	22.87	35.13	50.35	2.09	1.59	1.38	1.10	6.45	5.12	4.42	3.31
海南	3.49	3.87	5.52	8.66	1.59	1.16	1.17	0.86	5.34	4.02	3.62	3.10
重庆	16.32	17.70	21.98	32.71	1.52	1.11	0.87	0.75	5.30	3.95	3.33	2.36
四川	50.29	55.10	86.17	114.96	2.18	1.63	1.39	1.04	6.36	4.73	3.99	2.86
贵州	15.60	19.05	31.75	39.55	2.24	1.95	1.88	1.57	6.60	5.50	5.42	4.44
云南	23.84	25.76	33.96	41.35	2.06	1.65	1.31	0.96	4.09	3.45	3.40	2.64
西藏	0.68	1.05	1.10	0.90	3.80	4.93	4.05	2.17	7.16	8.51	7.21	3.82
陕西	17.61	20.45	29.54	44.26	1.32	1.09	0.87	0.78	3.83	3.03	2.24	1.86
甘肃	19.09	18.42	26.57	33.94	2.01	1.60	1.34	1.05	6.44	4.75	4.75	3.68
青海	6.05	5.23	8.46	10.82	3.12	2.11	1.74	1.31	8.42	5.49	4.47	3.16
宁夏	5.53	6.91	14.16	17.09	2.06	1.96	2.11	1.60	6.67	6.31	6.63	4.59
新疆	14.70	13.56	16.93	21.57	1.68	1.22	0.81	0.65	4.03	2.93	1.91	1.54

1. 环境治理总成本数量分析

结合表5－14的数据和图5－17至图5－20，可以得到如下结论：①所有省区环境治理总成本在2001～2007年间处于增长趋势，特别是广东、山东、河南、江苏增长量尤为迅速；②总污染排名前十名的省区2001年与2007年相比完全相同，但是排名先后有了较大的变化，其中河南、辽宁、浙江、四川的排名有了提高，而上海、河北和江苏则名次有所下降，广东、山东和湖北排名没有变化，具体如表5－15所示；③尤其需要关注的是河南，其在2005～2007年间的环境总成本增长了150.28亿元，增长了120.79%。

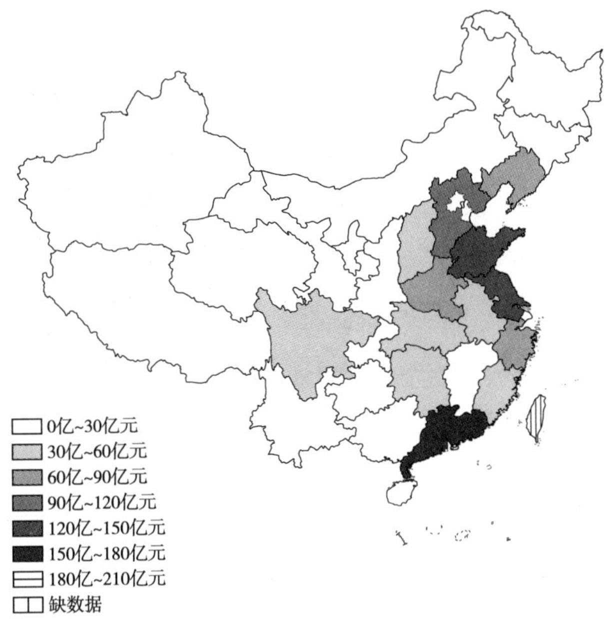

图 5－17　分省区环境治理总成本数量对比（2001 年）

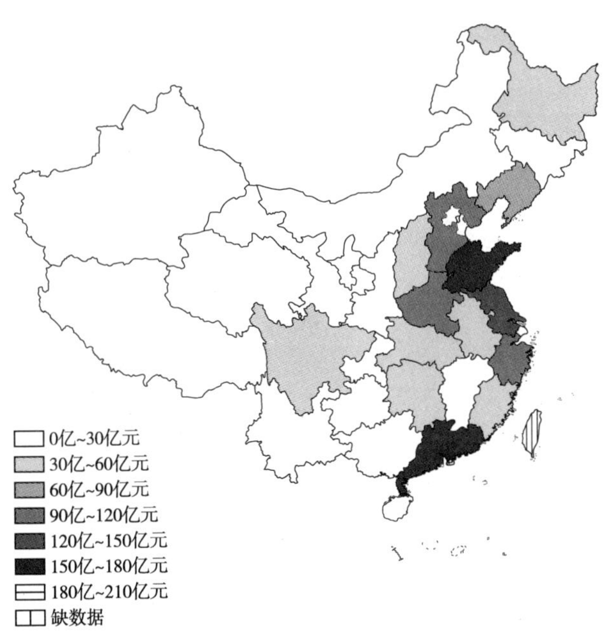

图 5－18　分省区环境治理总成本数量对比（2003 年）

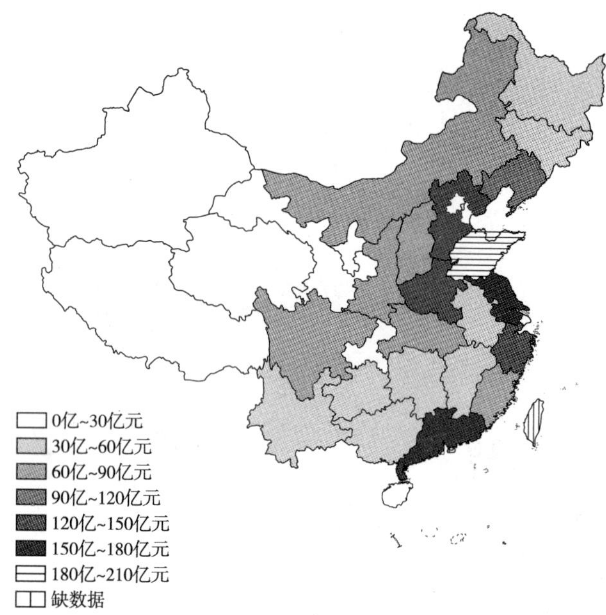

图 5-19 分省区环境治理总成本数量对比（2005 年）

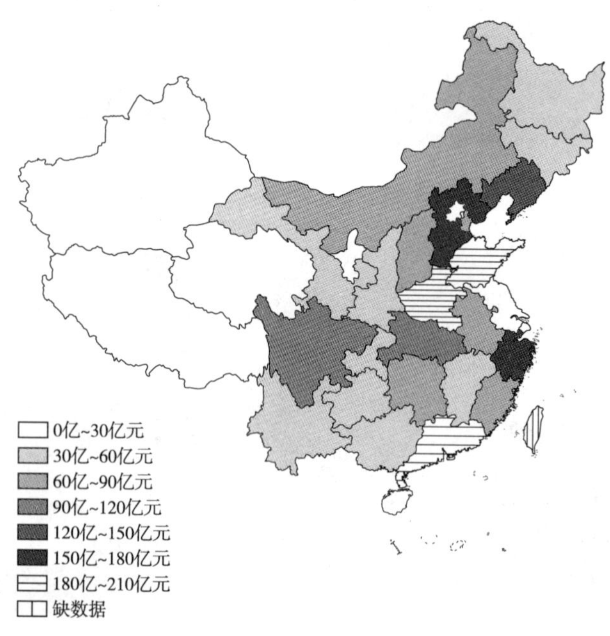

图 5-20 分省区环境治理总成本数量对比（2007 年）

表 5－15　环境总成本排名前十省区对比

单位：亿元

2001 年		2007 年	
省区排名	环境总成本	省区排名	环境总成本
广　东	159.19	广　东	296.11
山　东	132.18	山　东	286.04
江　苏	124.18	河　南	274.69
河　北	94.87	江　苏	265.26
河　南	84.86	河　北	169.66
上　海	81.77	浙　江	162.64
浙　江	79.15	辽　宁	144.09
辽　宁	74.98	四　川	114.96
湖　北	54.90	湖　北	110.17
四　川	50.29	上　海	99.70

表 5－16 列示了各年度各地区环境治理总成本占全国环境治理总成本的比例，从中可以看出：①2007 年东部地区是环境治理总成本构成比例最高的地区为 35.09%，中南地区次之为 28.18%，北方地区所占比重为 16.60%；②北方地区、东北地区和东部地区环境污染总成本占全国的比例处于下降趋势，而中南地区、西南地区和西北地区则有增加的趋势，特别是河南省增加的趋势尤为明显。

表 5－16　各地区环境治理总成本占全国环境治理总成本比例

单位：%

年份	北方地区	东北地区	东部地区	中南地区	西南地区	西北地区
2001	15.42	9.14	37.05	26.10	7.73	4.56
2003	15.90	8.83	38.46	24.92	7.71	4.19
2005	17.14	8.47	38.60	23.74	7.79	4.26
2007	16.60	7.80	35.09	28.18	7.92	4.41

2. 环境治理总成本占工业总产值的比例分析

结合表 5－14 中数据可以得出以下结论：①从 2001～2007 年整

体上环境治理总成本占工业总产值的比例处于下降趋势；②北京、湖北、宁夏三省区所占比例在 2005 年出现反弹，以后又开始下降；③ 2007 年，河南环境治理总成本占工业总产值的比例出现反弹，说明近几年河南环境污染有严重的趋势。

从表 5－17 中数据可以看出：① 2001～2007 年各区域环境治理总成本占工业总产值的比例一直处于下降趋势；②东部地区环境治理成本占工业总产值的比例最低，而西南地区、西北地区和北方地区则相对较高；③ 2007 年中南地区占比下降了仅仅 0.06 个百分点，远低于其他地区的下降幅度。

表 5－17　分区域环境治理总成本占工业总产值的比例

单位：%

年份	北方地区	东北地区	东部地区	中南地区	西南地区	西北地区
2001	1.80	1.45	1.22	1.49	2.03	1.74
2003	1.41	1.16	0.90	1.09	1.58	1.36
2005	1.18	0.99	0.74	0.88	1.34	1.11
2007	0.95	0.73	0.54	0.82	1.03	0.90

3. 环境治理总成本与工业增加值的比例

结合表 5－14 中数据，从图 5－21 至图 5－24 中可以得出以下结论：①从 2001～2007 年整体上看，环境治理总成本与工业增加值的比例处于下降趋势；②北京、黑龙江、西藏、宁夏四省区所占比例在 2003 年或 2005 年出现反弹，以后又开始下降；③2007 年后，河南环境治理总成本与工业增加值的比例出现反弹，进一步验证了上面“河南环境污染变严重的趋势”的结论。

从表 5－18 中数据可以看出：①2001～2007 年环境治理总成本与工业增加值的比例一直处于下降趋势；②东部地区环境治理成本与工业增加值的比例最低，而西南地区、中南地区和北方地区则相对较高。

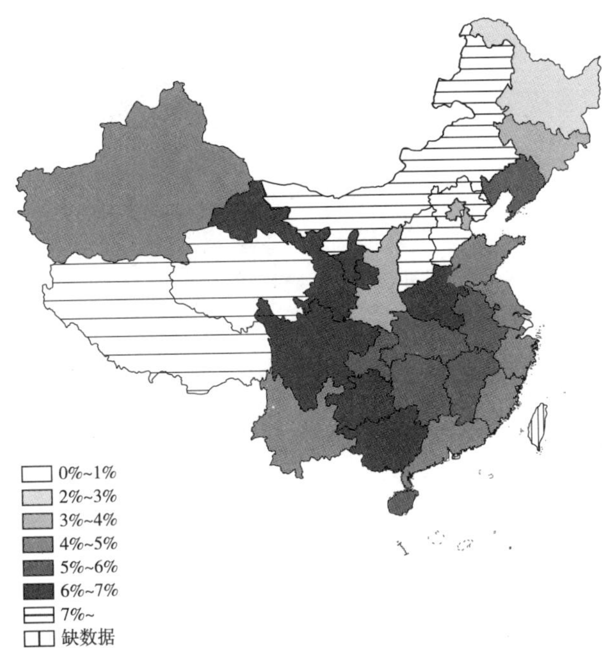

图 5－21　分省区环境治理总成本与工业增加值的比例对比（2001 年）

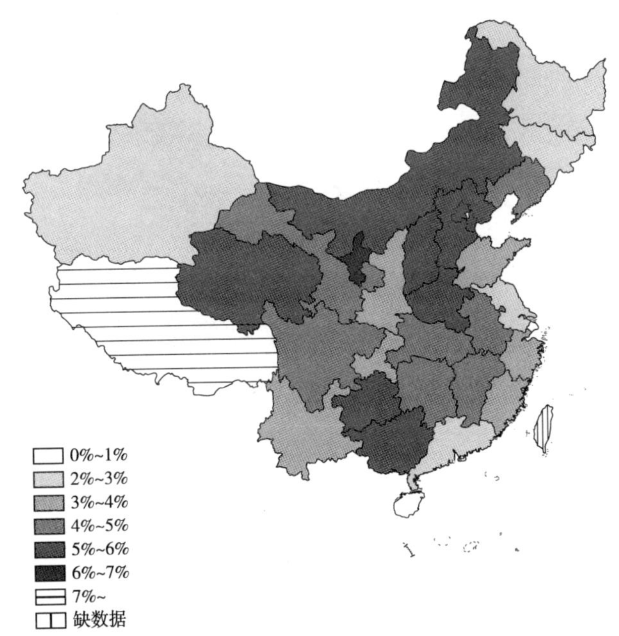

图 5－22　分省区环境治理总成本与工业增加值的比例对比（2003 年）

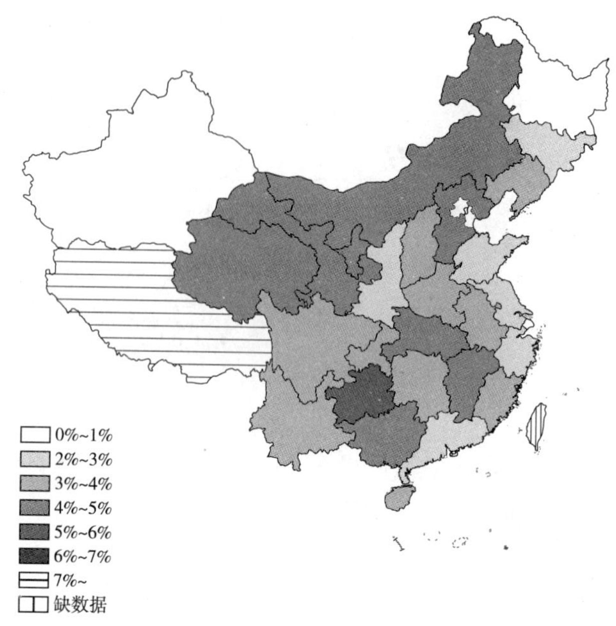

图 5-23 分省区环境治理总成本与工业增加值的比例对比（2005 年）

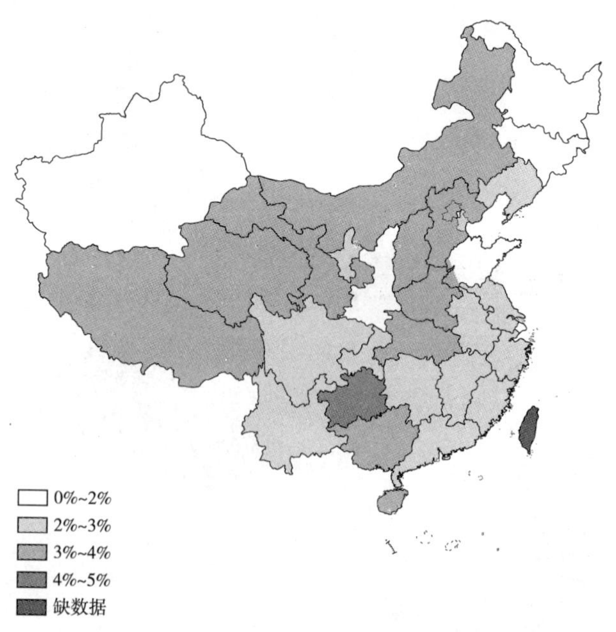

图 5-24 分省区环境治理总成本与工业增加值的比例对比（2007 年）

表 5－18　分区域环境治理总成本与工业增加值的比例

单位：%

年份	北方地区	东北地区	东部地区	中南地区	西南地区	西北地区
2001	6.03	4.13	4.46	5.09	5.54	4.94
2003	4.61	3.49	3.28	3.74	4.37	3.73
2005	3.98	2.96	2.79	3.07	3.96	3.02
2007	3.15	2.19	2.09	2.78	2.91	2.36

五　本章结论

（1）东部地区和中南地区是对环境治理成本投入最多的地区，但是东部地区成本投入占全国环境治理成本投入的比例呈下降的趋势，而中南地区则有较大上升，主要原因是河南对于环境治理的成本投入增长幅度很大（中南地区内只有河南在 2003～2007 年间用于治理环境的成本投入相对于工业总产值和工业增加值是连续上升，其他地区都有不同程度的波动或下降），另外上升的区域还有西北地区和西南地区。由此可见，中西部地区用于环境治理的成本投入占全国环境治理成本投入的比例在下降。

（2）2001～2007 年，环境未支付成本总体上处于上升趋势，但是从数量上来说其污染的规模得到有效控制，相对于经济规模的增加，其影响程度有所下降。但环境未支付成本分布比较集中，总量最高的八个省区（广东、山东、江苏、浙江、河南、河北、辽宁、四川）占到全国总量的 60.12%。

（3）全国环境治理成本总量整体上处于上升趋势，但是相对于经济规模其相对比例总体处于下降的趋势。环境污染的地区构成比例却有很大变化，总体上来说，中西部地区环境治理总成本占全国环境治理总成本的比例有所增加（尤其是中部地区增长幅度较大），而东部地区、北方地区环境治理总成本所占比例则有所下降。

（4）总体上，相对于本身经济规模，西部经济不发达地区用于治理环境的成本投入比例远远高于东部地区，同时其环境未支付成本占其经济规模的比例较高。虽然这些地区用于治理污染的成本投入占其经济规模的比例较高，但仍然有较高的污染存在。这与中国各地区的工业结构实际上存在较大的差异有关。

（5）2005～2007 年新增污染总成本量，全国排名前六的省区占了 55.67% 的比例，中南地区（含河南、湖北、湖南、广东、广西和海南）占了 43.39%，而仅河南就占了全国的 23.02%。2005～2007 年，河南省是全国最为特殊的省份，在这期间，其用于治理环境污染增加的成本投入（113.13 亿元）居全国第一，并且是第二名广东（69.81 亿元）的 1.62 倍；环境未支付成本增加量（37.15 亿元）仍然是第一，是第二名江苏（7.70 亿元）的 4.83 倍；总的环境成本是第二名广东的 2 倍以上。虽然河南对于环境污染成本投入力度很大，但是其污染的程度和数量在 2005～2007 年间增长得仍然比较快，需要引起关注。当然在指出问题的同时，就其对环境治理所作出的贡献也是应该肯定的。

第二篇

通货膨胀收益与成本

第 6 章

通货膨胀的收益估计

改革开放以来，我国出现了几次较为严重的通货膨胀，对经济增长和社会稳定产生了十分不利的影响。2003 年以来，我国逐步摆脱了持续几年的通货紧缩，进入了新一轮经济增长周期，呈现出“高增长、低通胀”的运行态势。但是，2007 年 5 月以来，居民消费价格指数逐月攀升，尤其是 2008 年 2 月居民消费价格同比涨幅达 8.7%，为近 10 年来的新高点，通货膨胀压力加大。2010 年下半年以来，受货币信贷增长较快、成本上升、通胀预期较强、输入性通胀压力较大等因素综合影响，我国价格总水平明显上涨，为此中央及时提出“把保持价格总水平基本稳定作为 2011 年宏观调控的首要任务”。本篇主要研究如何将通货膨胀影响进行价值化，其中第 6 章对通货膨胀的收益进行分析计量。

一　文献回顾

通货膨胀是衡量宏观经济运行是否稳定和健康的重要指标。目前，西方经济学界关于通货膨胀的定义还没有一个统一的说法，新古典综合学派保罗·萨缪尔森、新剑桥学派琼·罗宾逊等人侧重于从通货膨胀的表现形式（如物价上涨、货币贬值等）方面进行定义，自由主义经济学家 F. 哈耶克、货币主义学派米尔顿·弗里德曼等人侧重于从货币供应角度进行定义，强调货币供应量与通货膨胀的关系，"通货膨胀在任何条件下，都是一种货币现象"。按照不同的标准，通货膨胀可以划分为不同的类型：按照通货膨胀发生的原因分为需求拉动型、成本推进型、结构型、体制型、混合型五种，按照价格上涨速度分为爬行式、温和式、恶性通货膨胀式三种，按照通货膨胀表现状态分为开放型、抑制型两种，按照通货膨胀预期分为预期的通货膨胀、非预期的通货膨胀两种，按照通货膨胀对不同商品的价格影响程度分为平衡的、非平衡的通货膨胀两种。

20 世纪 80 年代以来，计量经济学迅速发展尤其是在时间序列领域取得的研究成果，为定量研究通货膨胀和经济增长提供了有效的工具和方法。De Gregorio（1993）认为通货膨胀与经济增长率呈显著负相关，进一步来讲，通货膨胀与物质资本、外国投资的负相关关系不显著，与人力资本的正相关关系不显著，与就业率的负相关关系不显著，但与投资效率的负相关关系显著。从国内研究文献来看，20 世纪 80 年代中后期以来通货膨胀逐渐成为国内学者研究的热点问题。总体上看，这些文献主要是从影响通货膨胀的成因及对经济增长的影响途径、社会总供给和总需求变动、通货膨胀率与经济增长率的关系等角度进行分析研究，并逐渐由定性研究为主向定性研究和定量研究相结合转变。但是，由于不同学者在建模方法、相关变量、样本区间等方面选择上存在着差异，加之我国处于经济转轨时期，影响经济增长和通货膨胀的诸多因素相互交织，使得通货膨胀问题显得相当复杂，因而各位专家学者得出的结论也不尽一致。

胡仕明、黄国石（2001）以最小二乘算法为工具，对改革开放以来的通货膨胀与经济增长之间的数量关系进行了回归分析，认为两者之间存在双值映射关系，相关系数比单值映射明显提高。进一步来说，通货膨胀率与经济增长率之间的关系受经济周期的影响，同一经济增长率可以对应较高的通货膨胀率，也可对应较低的通货膨胀率，这取决于经济增长处于下降阶段还是上升阶段。

刘金全、谢卫东（2003）认为，经济增长率与通货膨胀率之间的影响关系涉及实际经济与名义经济之间的内在关联和相互影响，在有些情形下降低通货膨胀有助于加快经济增长并改进社会福利状态，在有些情形下保持适度通货膨胀却有助于经济快速增长。我国的经济增长率与通货膨胀率之间存在显著的正相关关系，通货膨胀具有波动性的溢出效应，因此目前诱导一定程度的名义经济活性和规模膨胀，对于促进经济扩张和增强政策效应是十分重要的。

郑雨、李新波（2007）认为，通货膨胀率与经济增长率之间存在着三次回归模型的非线性关系，但它们之间的变化趋势是同方向的，且通货膨胀率的变化总滞后于经济增长率，并且通过格兰杰因果检验得出通货膨胀和经济增长具有双向因果关系。

陈朝旭、许骏（2006）认为，通货膨胀率条件波动性和工业增长率之间存在显著的正相关关系，通货膨胀率波动性越大，经济增长率就越高，可见我国经济运行中存在显著的“托宾效应”，表明我国经济运行中价格水平及其波动性对实际产出产生显著的影响；另一方面，存在显著的通货膨胀率对工业增长率的波动“溢出效应”，通货膨胀率波动性将显著增加经济波动性，即价格波动性将导致产出波动性，这是经济增长过程中价格机制的实际体现。

国家统计局中国经济景气监测中心、中国人民大学经济学院联合课题组（2004）从通货膨胀与经济增长的理论关系入手，结合我国的实际经济数据，围绕通货膨胀和投资、产出、过度货币供给等宏观经济变量进行了一系列计量分析，最终得出了“通货膨胀并不会抑制投资并损害长期经济增长”的结论。

黄宪慧、韩海波（2006）认为，通货膨胀对经济增长起阻碍作用，这种作用是通过改变居民的消费—储蓄行为、增加生产者经营风险和成本以及扭曲国民收入分配等机制实现的。同时，我国经济的加速增长却会降低通货膨胀率甚至引起通货紧缩，这主要是政府的价格管制、居民收入结构不合理及社会保障不健全所造成的。

吴惠忠（2007）认为，根据一个国家一定时期内通货膨胀率与经济增长率的比较、社会经济发展的中长期目标以及社会公众的经济、心理承受能力等情况，大体确定一个适度通货膨胀区间是必要的，也是可能的。从经验来看，适度通货膨胀率区间的上限应为经济增长率，超过这个增长率，其副作用明显加大；适度通货膨胀率区间的下限应以不低于经济增长率的50%为佳，低于这一界限，可能出现经济增长缓慢、失业增加等副作用。目前，我国需要实施适度的通货膨胀政策来促进经济的发展，理由主要有两点：政府、社会、企业的不同目标追求只能通过适度通货膨胀来解决；适度通货膨胀对居民生活影响并不大。

左大培（2008）将“附加预期的菲利普斯曲线”模型形式化，建立了说明我国经济增长与通货膨胀关系的总供给模型。该模型表明，较高的通货膨胀率可以提高当年的经济增长率，但是会降低下一年的经济增长率；如果本年和上一年的通货膨胀率都为零，则实际的、可持续的年经济增长率为9%左右。

中国经济增长与宏观稳定课题组（2008）在充分考察全球流动性的转化、国际大宗商品价格的传导、人民币汇率升值的紧缩效应、国际利率的影响以及价格扭曲效应为外部冲击所放大等典型事实的基础上，应用扩展的菲利普斯曲线方程和VAR模型对外部冲击影响国内通货膨胀进行了经验研究。计量结果表明，短期内，国际食品价格是导致国内物价上涨的主要因素；国际原油价格对国内物价的影响在中长期逐步上升；人民币升值抑制通货膨胀的效果要经过一段时间才能体现出来；国际利率变化对国内物价有影响；全球流动性的转化因央行的有效对冲对物价的直接影响并不明显。

二　通货膨胀的经济社会效应分析

1. 强制储蓄效应

储蓄作为用于投资的货币积累，主要来源于家庭储蓄、企业储蓄、政府储蓄三个方面。其中，政府储蓄主要来源于以下两种途径：一是政府通过增加税收的方式筹集资金进行生产性投资，那么这部分储蓄是从家庭储蓄、企业储蓄中挤出来的，不会增加全社会储蓄总量；二是政府向中央银行借债，或出现财政赤字时向中央银行透支，造成直接或间接地增发货币，实际上是强制性增加全社会的储蓄总量以满足政府投资支出，因而又被称为“通货膨胀税”。

在不同的国家、不同的经济发展水平，强制性储蓄效应的大小也不相同。对于西方发达资本主义国家，在全社会投资构成中，以私人投资为主，政府投资比重不大，政府所得到的通货膨胀税并不一定全部转化为投资，进而不会带来社会总投资规模的迅速扩大，因而强制性储蓄效应较小。而对于大部分发展中国家，政府投资比重较高，民间投资比重相对较低，通货膨胀税能够更多地转化为政府投资，强制性储蓄效应较大。尤其是在经济社会发展尚未达到充分就业水平、实际经济增长率低于潜在的经济增长率、大量生产要素闲置的情况下，政府运用扩张性财政货币政策扩大有效需求，尽管也是一种强制储蓄，但并不会引发持续的物价上涨。这里需要注意的是，对于我国这样一个资源相对短缺、社会总需求较大的发展中大国而言，强制性储蓄效应利用不当则可能导致社会总需求膨胀、物价迅速上涨和其他消极影响。

2. 收入分配效应

收入分配效应是指通货膨胀持续期间，居民的实际收入、实际占有财富的价值以及不同消费阶层支出发生不同的变化。一般而言，居民属于净债权人，是通货膨胀的受害者，而政府、企业属于净负债人，是通货膨胀的受益者。

在对通货膨胀充分预期的情况下，各种生产要素的收益率都有可能与通货膨胀率进行相同比例的调整，因而通货膨胀对居民收入和社会财富的再分配效应并不明显。但是，实际上居民通常不能正确预期通货膨胀及发生程度，对各种生产要素收益率不能及时作出相应调整，使得一些人实际收入、财富增加，一些人实际收入、财富减少。例如，在发生明显通货膨胀的情况下，工薪阶层、公共雇员、退休人员以及依靠领取救济金、其他转移支付维持生活的低收入阶层等固定收入者收入调整要滞后于通货膨胀，其实际收入随着通货膨胀的发生和加剧而不断减少，而一些负债经营企业、非固定收入者则能够及时调整收入水平和资产结构，其实际收入和财富并没有减少，甚至还可能有所增加。另外，还有那些从事商业活动的企业和个人，特别是在通货膨胀期间进行倒买倒卖、囤积居奇、哄抬物价的投机商也是受益者。

对于政府而言，随着通货膨胀程度的不断加剧，企业员工工资相应上调，而在目前个人所得税累进税率制度下，名义收入增加使得纳税人所适用的边际税率可能会提高，从而增加政府税收收入。

3. 资产结构调整效应

通常，企业或居民家庭的资产分为实物资产、金融资产两部分，有的居民还有房屋抵押贷款、汽车抵押贷款、银行消费贷款等不同形式的负债。在通货膨胀阶段，实物资产的货币价值一般随着通货膨胀率的变动而相应升降，货币价值增长幅度可能大于也可能小于通货膨胀率；同一实物资产在不同条件下，其货币价值的升降幅度可能大于也可能小于通货膨胀率。一般而言，各种实物资产拥有者会因通货膨胀期间价格大幅度上涨而受益。

与实物资产相比，金融资产的情况相对复杂，由于股票、债券、货币、存款等不同类型金融资产在收益、价值稳定性等方面存在较大的差别，其实际价值随着通货膨胀的发生和加剧呈现出升降方向、幅度不同的变化。特别是对于收益、价值不定的金融资产而言，在通货膨胀期间其收益增长与价格上涨并非完全一致，因而二者之间的相对变化决定了持有者是否获得收益及收益多少。

4. 资源配置扭曲效应

资源配置扭曲效应主要表现在：一是造成资源低效配置和过度浪费，在一定程度上助长了投机活动盛行。在通货膨胀持续期间，各种生产要素、商品和服务之间的相对价格会发生很大的变化和扭曲，结果是：一方面，那些价格上涨较快的商品和服务往往吸引过多的劳动力、资金、土地等生产要素投入，造成这类商品和服务过度供给、浪费；另一方面，在一定程度上助长投机活动盛行，这是因为，通货膨胀期间投机利润可能大于生产利润，大量资源被投机者用于囤积居奇、倒买倒卖和投机获利，进而减少了用于技术进步、加强经营管理、扩大再生产等方面的资源。

二是降低居民储蓄意愿和企业资本积累速度。尽管中央银行在通货膨胀期间会相应提高存贷款利率，但其调整幅度、频率往往赶不上通货膨胀率，造成居民储蓄实际利率下降，甚至是负利率，从而降低居民储蓄意愿，社会储蓄率下降，企业资本积累速度也相应降低。

5. 经济社会秩序紊乱效应

经济社会秩序紊乱效应主要表现在：一是加剧经济运行的不确定性。在通货膨胀持续期间，国内外经济、价格形势变化很快，市场行情走势不明朗，个人、企业的通货膨胀预期变得难以捉摸，同时又增加了政府宏观调控难度，影响政府经济社会政策目标的实现。

二是造成商品流通秩序混乱。在通货膨胀持续发生的情况下，由于各种商品相对价格变化很大，使得在商品流通领域很容易牟取暴利，引发大量资金从生产领域转移到流通领域从事投机交易活动，发生大规模的商品抢购、脱销、断档以及囤积居奇、哄抬价格等不正当市场交易活动，造成商品流通秩序十分混乱。如 1988 年通货膨胀期间，许多地方出现的部分商品“抢购潮”、银行“挤兑潮”就是很好的证明。

三是可能激化社会矛盾，严重影响社会稳定。在通货膨胀持续期间，劳动者工资薪金所得远远低于市场投机活动的利润所得，劳动者积极性严重受挫，从而助长各种投机钻营、囤积居奇、不劳而获等不良社会现象。同时，严重通货膨胀会造成居民收入差距不断拉大，社会财富再分配不公平，可能会激化社会矛盾，严重影响社会稳定。

三　西方经济学家关于通货膨胀对经济增长的影响的争论

经济增长与通货膨胀的关系，是 20 世纪 50 年代以来西方经济学家长期争论的问题。关于通货膨胀对经济增长的影响，西方经济学家主要有以下三种不同的观点。

1. 促进论

这种理论是建立在经济长期存在有效需求不足的假设基础上的，当经济长期处于有效需求不足、生产要素尚未充分有效利用、劳动者没有充分就业的情况下，实际经济增长率低于潜在的经济增长率，政府可以实施通货膨胀政策，运用扩张性财政货币政策刺激有效需求，如扩大政府投资规模、扩大财政赤字、增加货币发行量等，从而促进经济增长和就业增加。

（1）凯恩斯的“半通货膨胀论”。凯恩斯认为，在实现充分就业前后，货币供应量增加所产生的效果不同。在经济实现充分就业之前，货币供应量增加既会提高单位成本，又能够增加产量，带动有效需求增加；当经济实现充分就业之后，增加货币供应量就产生了显著的通货膨胀效应，此时的通货膨胀才是真正的通货膨胀。他认为，充分就业是一种例外，非充分就业才是常态，因而增加货币供应量只会出现利多弊少的通货膨胀。

（2）新古典综合学派的促进论。该学派理论渊源是凯恩斯的"半通货膨胀论"。20 世纪 50 ~ 60 年代，西方主要资本主义国家出现了通货膨胀与大量失业并存的现象。为了实现充分就业维持社会稳定，避免经济走向停滞，汉森等新古典综合学派学者提出"稳定中求发展"的反经济周期主张，建议实行"补偿性财政金融政策"。这种政策在一定程度上缓和了经济周期波动的同时，也导致美国经济增长速度下降，大大落后于日本。之后，托宾、海勒、奥肯等新古典综合学派代表人物提出了"增长性赤字财政货币政策"，认为通货膨胀在经济萧条、高涨阶段均能成为促进经济增长的手段。该学派认为，通货膨胀通过政府强制性储蓄，扩大投资规模，以促进经济增长和增加就业。如果政府将所得通货膨胀税收入用于实际投资，并采取措施保证私人部门投资不会相应减少，就会提高社会总投资并促进经济增长。实行这种政策后，西方主要资本主义国家在"二战"后至 60 年代中期，经济增长速度很快，出现了长达 20 年的"战后繁荣时期"。

2. 促退论

通货膨胀促退论认为，通货膨胀会阻碍经济增长，反对通过通货膨胀政策刺激经济增长。

（1）现代货币主义学派代表人物米尔顿·弗里德曼运用货币短期非中性、长期中性的理论，分析了通货膨胀与经济增长的关系。他们认为，通货膨胀在短期内可以促进经济增长，这是因为在短期内货币可以是非中性的，社会公众对价格的适应性预期存在一定的时滞，以及货币幻觉的存在，使得货币供给数量增长不是直接表现为物价水平上涨，而是通过社会公众支出增加和资产价格上升，使利率水平相对下降，促进投资需求和扩大再生产规模，进而使实际产出和就业岗位增加，但通货膨胀带来的经济繁荣只是短暂的。从长期来看，投资规模扩大导致借贷资本需求增加，促使利率水平提高，反而造成投资和产量下降，进而导致商品供给减少和价格上涨，直至新增加的货币供应量被物价水平上涨全部吸收为止。因而，货币供应量的变动只会影响物价水平的变化而不是影响社会实际产出和就业，货币在长期是中性的。如果政府长期推行通货膨胀政策，不仅不能促进经济增长，反而会加剧通货膨胀并引发经济衰退。

（2）弗赖堡学派认为，通货膨胀是有害的，高通货膨胀不可能带来高经济增长和高就业率，反而可能会引发经济衰退，因而反对凯恩斯主义者利用通货膨胀的手段来刺激经济增长和增加就业。该学派的彼得·施密特认为，通货膨胀扭曲了市场价格结构，市场价格机制遭到破坏，其市场调节功能丧失，导致生产者、消费者可能会作出错误的决策，造成资源配置不合理和过度浪费，引发经济停滞和持续的低增长。

（3）经济自由主义者哈耶克主张货币中性论，认为通货膨胀既不是解决失业的办法，也不是保证充分就业的手段。利用通货膨胀政策，只可能在一段时间内吸收有限的失业人员，但从较长时期来看，失业不仅无法避免，反而会更加严重。他认为，通货膨胀具有“惯性”、“自我加速”的作用，通货膨胀开始时都是比较温和的，但如果不采取措施及时遏制，可能就会愈演愈烈，发生恶性通货膨胀。在通货膨胀持续及治理过程中，政府采取紧缩性政策压缩投资规模，减少货币供应量，但同时造成经济增长速度下降，失业率上升，导致政府又不得不放松紧缩性政策，增加货币供应量，扩大投资规模，结果又导致新的通货膨胀压力增加。如果通货膨胀压力超过一定限度，社会公众通胀预期不断强化，造成成本与物价轮番上涨，导致通货膨胀加速运动，甚至有可能演变成为恶性通货膨胀，引发严重的经济衰退、社会混乱。

3. 中性论

通货膨胀中性论认为，通货膨胀对经济增长没有实质影响或没有确定的影响。

（1）货币中性论认为，当市场处于均衡状态时，货币数量的增加将引起均衡价格水平的同比例上涨，并不会影响经济体系的实际均衡状态，这样价格的变动对实际产出并无影响。

（2）理性预期学派认为，只有当人们的预期通货膨胀与实际通货膨胀率有差别时，通货膨胀才使得实际产量有增减，但是由于预期有偏差，人们的行为也出现偏差，于是实际产量的增减也就无法捉摸。因而，通过通货膨胀来实现充分就业目标的凯恩斯主义宏观经济政策是无效的。

四　经济增长与通货膨胀的不同组合述评

从理论上讲，经济增长和通货膨胀一般存在着以下四种搭配关系：高增长、高通胀，高增长、低通胀，低增长、低通胀，低增长、高通胀（如表 6 - 1 所示）。一般地，通货膨胀与经济增长的四种组合类型在什么时候发生，以及发生的次数多少，与经济发展阶段、宏观经济政策有效性、经济体制改革状况、社会总供求关系变化、市场经济发育程度等诸多因素密切相关。

表 6 - 1　经济增长、通货膨胀的四种不同组合

		经济增长率	
		高	低
通货膨胀率	高	高增长、高通胀	低增长、高通胀
	低	高增长、低通胀	低增长、低通胀

1. 对西方主要资本主义国家经济增长和通货膨胀的关系分析

从世界各国经济发展的实践来看，通货膨胀对经济增长的效应表现出明显的时空约束特征，在不同国家的不同经济结构下，或者在同一国家的不同经济发展阶段，通货膨胀的效应都是不同的。换言之，相同的通货膨胀率可能对应着完全不同的经济增长率，相同的经济增长率可能对应着完全不同的通货膨胀率。例如，20 世纪 50 年代，日本、英国通货膨胀率大体相等，但经济增长速度却表现出极大的差异，日本工业生产年均增长率约为英国的 5.6 倍；20 世纪 80 年代，德国、法国工业生产年均增长率均为 0.6%，但法国通货膨胀率约为德国的 2.5 倍等，如表 6－2 所示。

表 6－2 20 世纪 50～80 年代主要资本主义国家经济增长和通货膨胀的关系

单位：%

国别	1951～1960		1961～1970		1971～1980		1981～1987	
	工业生产年均增长率	消费物价年均增长率	工业生产年均增长率	消费物价年均增长率	工业生产年均增长率	消费物价年均增长率	工业生产年均增长率	消费物价年均增长率
美国	4.0	2.1	5.0	2.7	3.3	7.8	2.7	3.4
日本	16.2	4.0	13.7	5.7	4.7	9.0	3.4	0.9
德国	9.8	1.9	5.2	2.6	2.0	5.1	0.6	2.9
法国	6.4	5.5	4.9	4.0	2.8	9.6	0.6	7.3
英国	2.9	4.2	2.8	3.9	1.0	10.2	1.9	5.9
意大利	8.8	2.7	7.2	3.9	1.1	14.1	0.5	10.1

数据来源：曹龙骐主编《货币银行学》，高等教育出版社，2001，第 400 页。

2. 对 1978 年以来我国经济增长和通货膨胀的关系分析

1978 年以来，我国先后经历了四次比较严重的通货膨胀和一次较为严重的通货紧缩。具体来说，这四次通货膨胀分别发生在1979～1980 年、1984～1985 年、1988～1989 年和 1993～1995 年，居民消费价格涨幅峰值分别为 6.0%（1980 年）、8.8%（1985 年）、18.5%（1988 年）、21.7%（1994 年），峰值一个比一个高，价格总水平波动程度一次比一次剧烈，呈现出逐渐加剧的态势。1998～2002 年，全国居民消费价格出现了持续多年低涨幅甚至下降的现象，其中 1999 年全国居民消费价格下降幅度最大，比上年下降 1.4%。2003 年以来，随着国民经济进入新的一轮增长周期，价格总水平呈现低位温和上涨的态势，但从 2007 年 5 月份以来，受猪肉等农副产品市场供需偏紧和生产成本增加、上下游产品价格传导效应逐渐增强、严重自然灾害接连发生，以及国际石油、铁矿石、粮食等初级产品价格大幅度上涨等诸多因素影响，居民消费价格指数逐月攀升，2008 年 2 月全国居民消费价格同比上涨 8.7%，为近 10 年来新高点。2010 年下半年以来，居民消费价格又一次出现明显较快上涨，接连突破 3%、4%、5%、6%，近期虽略有回落，但仍保持在高位运行，价格由结构性上涨转为明显通货膨胀的压力仍然较大。

从 1978 年以来几次通货膨胀的形成原因来看，主要包括经济体制转轨、需求拉动、成本推动、价格体制改革、人民币汇率体制改革、国际市场价格波动的影响等。从二者不同搭配关系来看，相同的通货膨胀率可能对应着完全不同的经济增长率，相同的经济增长率可能对应着完全不同的通货膨胀率。如表 6－3、图 6－1 所示。

表 6－3　我国 1978～2010 年经济增长与通货膨胀搭配关系

单位：%

年份	经济增长率	通货膨胀率	搭配关系
1978	11.7	0.7	高增长、低通胀
1979	7.6	2.0	
1980	7.8	6.0	高增长、高通胀
1981	5.2	2.4	低增长、低通胀
1982	9.1	1.9	高增长、低通胀
1983	10.9	1.5	
1984	15.2	2.8	
1985	13.5	9.3	高增长、高通胀
1986	8.8	6.5	
1987	11.6	7.3	
1988	11.3	18.8	

续表

年份	经济增长率	通货膨胀率	搭配关系
1989	4.1	18.0	低增长、高通胀
1990	3.8	3.1	低增长、低通胀
1991	9.2	3.4	高增长、低通胀
1992	14.2	6.4	高增长、高通胀
1993	14.0	14.7	
1994	13.1	24.1	
1995	10.9	17.1	
1996	10.0	8.3	
1997	9.3	2.8	经济稳定增长，价格持续低位运行
1998	7.8	-0.8	
1999	7.6	-1.4	
2000	8.4	0.4	
2001	8.3	0.7	
2002	9.1	-0.8	
2003	10.0	1.2	高增长、低通胀
2004	10.1	3.9	
2005	11.3	1.8	
2006	12.7	1.5	
2007	14.2	4.8	
2008	9.6	5.9	经济增速下降，通货膨胀压力增大
2009	9.2	-0.7	经济增速放缓，通货紧缩迹象显现
2010	10.4	3.3	高增长、低通胀

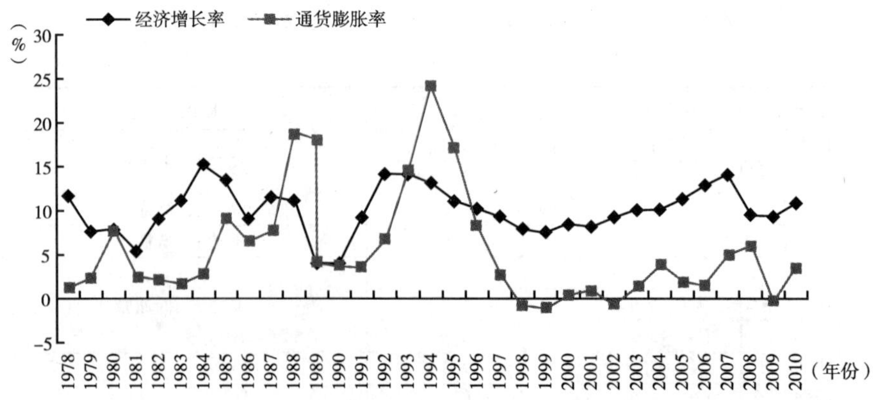

图 6-1　1978~2010 年我国经济增长率和通货膨胀率变化情况比较

3. 对 2003～2007 年"高增长、低通胀"现象的简要评析

2003～2007 年，我国经济增长率连续 5 年保持 10% 以上，而除了 2004 年、2007 年通货膨胀压力有所增加以外，其他 3 年通货膨胀率均保持在 3% 以下，国民经济运行连续几年呈现出"高增长、低通胀"的态势。究其原因，笔者认为，主要包括以下几个方面。

（1）宏观调控措施效应逐步显现。2003 年以来，国家出台了一系列宏观调控措施，包括加大对种粮农民补贴力度、取消或调整资源性产品出口退税率、多次上调存款准备金率和基准利率、加强涉农价格监管等，这些措施逐步发挥作用有利于抑制价格总水平过快上涨。此外，我国工业消费品供大于求的总体格局没有发生根本改变，以及 2005 年 7 月份以来人民币持续小幅升值，也会对价格总水平过快上涨形成抑制作用。

（2）政府采取政府定价、价格管制等行政干预措施。1978 年以来，我国遵循市场化取向、渐进式原则推进经济体制改革，价格形成机制由政府主导向市场主导转变，在社会商品零售总额、生产资料销售总额、农副产品收购总额中，市场调节价比重由 1978 年的 5% 以下迅速上升到 2007 年的 95% 以上。但是，在经济运行出现投资过热、通货膨胀迹象时，或国内外突发重大事件、严重自然灾害引发价格总水平过快上升时，政府往往采取适当的行政干预措施，如继续对成品油、电力价格实行政府定价，对部分重要商品和服务价格采取临时价格干预措施等，控制原材料、能源价格过快上涨，进而抑制企业生产成本过快上升和价格大幅度上涨，这将在一定程度上抑制供给推动型通货膨胀蔓延。

（3）社会消费需求不足，消费率仍处于较低水平。通货膨胀的出现和蔓延在很大程度上取决于社会实际购买力，而社会实际购买力的形成往往取决于消费者的边际消费倾向。经济学理论告诉我们，影响居民边际消费倾向的因素很多，包括收入分配、利率、价格、收支

预期、消费信用等。其中，居民收入水平高低是最主要的影响因素，居民边际消费倾向随着收入不断增加而呈现出递减规律。当前，我国社会保障体系还很不健全，尤其是1998年以来的医疗、教育、住房等方面深化改革进一步强化了城乡居民生活支出预期，导致居民预防性储蓄增加，边际消费倾向下降。与此同时，1978年以来我国城乡居民收入差距总体上呈现出不断扩大的趋势，高收入群体边际消费倾向下降，低收入群体消费信心受到影响，导致我国消费率持续走低，处于历史较低水平，从而抑制市场价格水平大幅度上升。

五　对1978年以来几次价格波动（通货膨胀）的影响因素分析

尽管目前学术界对通货膨胀还没有一个完全统一的定义，但把市场价格持续的、普遍的、大幅度的上涨作为通货膨胀的重要特征之一是没有疑义的。下面通过对1978年以来影响价格波动的主要因素进行分析，来阐述几次通货膨胀发生的主要原因。

1. 社会总供求关系（总量和结构）失衡是导致价格总水平波动的重要经济基础

1996年以前，我国基本处于短缺经济状态，社会总产品供不应求，而且由于实行优先发展重工业的经济战略，农业和轻工业发展较为滞后，原材料、能源、交通、通信等基础工业远远落后于加工制造业，导致国民经济重大比例关系严重失调，社会有效供给严重不足，从而构成1978～1996年几次严重通货膨胀发生的重要经济基础。1997年以后，社会总供求关系发生了根本性变化，整个国民经济逐步摆脱了短缺经济状态，形成了总供给大于总需求、部分行业特别是消费品生产行业生产能力相对过剩的买方市场，导致部分行业企业开工不足，产品大量积压，商品价格不断下降，这是1997～2002年市场价格持续低迷的重要根源。近几年来，虽然国民经济呈现高速增长，投资和出口需求旺盛，拉动了生产资料价格的大幅度上涨，但由于工业消费品供大于求的总体格局仍未根本改变，加之受技术进步、劳动生产率提高的影响，衣着、家用电器和交通通信产品价格总体上呈下降态势没有发生大的变化，从而对价格总水平过快上涨形成抑制作用。

2. 经济和固定资产投资的较快增长，是影响价格总水平上升的重要因素

改革开放到 20 世纪 90 年代中期，我国国民经济总体上保持持续较快增长，尤其是投资的较快增长带动了生产资料需求快速增加并推动其价格上涨，而且生产资料价格上涨也将传导到下游产品和最终产品价格上，从而对价格总水平上升产生拉动作用。

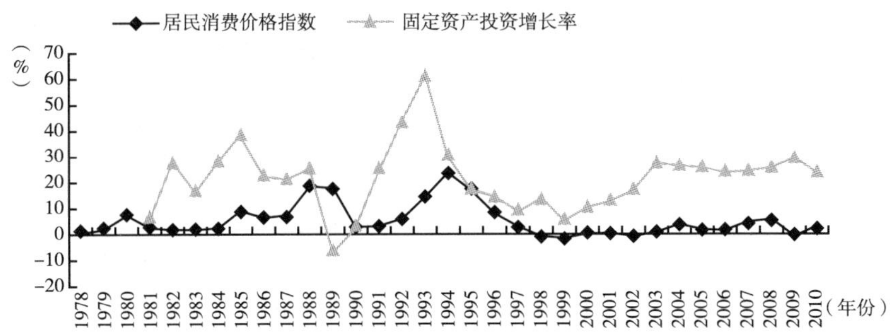

图 6－2　1978～2010 年我国固定资产投资增长率与 CPI 变化情况比较

从图 6－2 中可以看出，1997 年以前，固定资产投资增长速度和 CPI 相关性较强，投资增长率较高导致当年或下一年 CPI 上升也较高，如 1985 年和 1993 年固定资产投资增长速度达到峰值，分别比上年增长 38.8% 和 61.8%，而 CPI 则分别在 1985 年和 1994 年达到峰值，分别比上年上涨 8.8% 和 24.1%；1997 年以后，固定资产投资增长速度和 CPI 相关性则较差，尤其是 2003 年以来，固定资产投资保持着20%以上的增长速度，但CPI总体上在低位稳中略有波动。这是因为，在1997年前后，价格传导机制发生了较大的变化。具体来说，1997年以前，在短缺经济条件下，由于上下游产品市场均处于供不应求的状态，企业生产出来的产品很容易通过提高价格的方式将上游产品价格上涨造成的成本上升压力转移到消费者身上。但是，1997年以后，由于我国处于重化工业快速发展阶段，工业化、城市化步伐明显加快，使得上游产品需求仍然较为旺盛，而下游消费品市场供求关系则发生了根本性变化，市场竞争格局由供不应求的卖方市场转变为供大于求的买方市场，市场竞争非常激烈，加之许多下游企业通过依靠技术进步、加强经营管理、提高劳动生产率等方式消化成本的上升，因而在投资需求急剧膨胀和投资品价格大幅上涨的同时，消费品市场运行相对平稳，价格上涨也较为缓慢。

3. 居民消费是影响价格总水平变化的最直接因素，而居民收入是影响居民消费进而影响价格总水平变化的根本原因

1978～1996年期间，在广大农村，由于实行家庭联产承包责任制，农村生产力得到极大的释放，农民生产积极性明显提高，加之国家采取了提高农副产品收购价格等一系列措施，使得农民收入增长较快。同时，在城镇，国家针对传统计划经济体制下政府对企业管得过多、统得过死的弊端，采取了放权让利式的改革，逐步扩大企业生产经营自主权，并推进企业工资管理体制改革，实行职工工资总额同企业经济效益按一定比例浮动，即“工效挂钩”，同时企业获得了奖金自主分配权，加之由于企业产权关系不明晰，财务会计制度不健全，缺乏自我约束机制，企业行为短期化现象比较严重，使得企业留利用于积累的部分少，而用于发放职工工资、奖金和福利的部分多，使得城镇职工收入增长也较快。20世纪80年代中后期至90年代中期，城乡居民收入增长较快，其中1991～1996年城乡居民人均年收入分别增长23.3%和22.1%，最高的1994年城乡居民人均年收入分别增长 35.6% 和 32.5%，居民收入的高增长使得社会购买力明显提高，进一步拉动了消费需求明显增加，这对居民消费价格上涨起到较强的拉动作用，同时还加大了企业劳动力成本压力，从成本方面推动产品价格上涨，进而推动价格总水平上涨。从图 6－3、6－4、6－5 中可以看出，城乡居民收入、社会消费品零售额和居民消费价格指数变化趋势表现出较强的一致性和相关性，城乡居民收入持续增加带动了社会消费需求增加和消费结构升级，在一定程度上也说明了城乡居民收入增加对居民消费价格上涨具有一定的支撑作用。

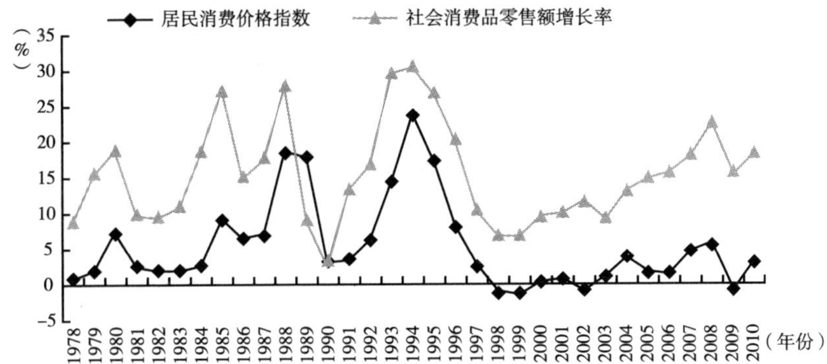

图 6－3　1978～2010 年社会消费品零售额增长率和居民消费价格指数情况比较

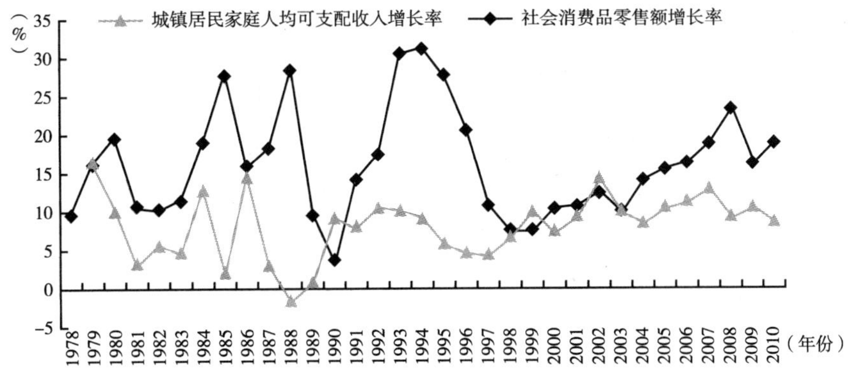

图 6－4　1978～2010 年城镇居民家庭人均可支配收入增长率与社会消费品零售额增长率比较

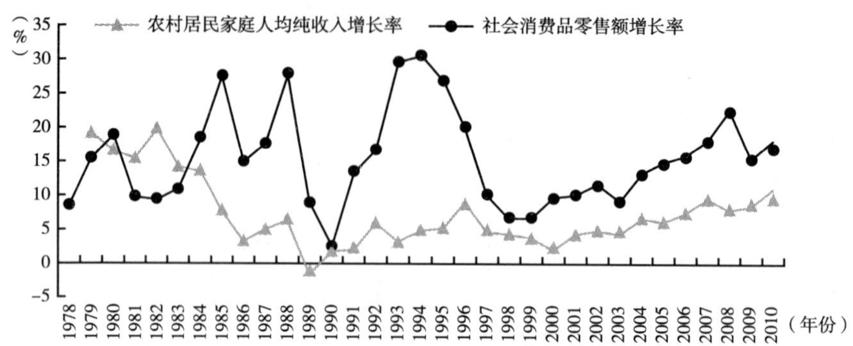

图 6-5　1978～2010 年农村居民家庭人均纯收入增长率与社会消费品零售额增长率比较

但是，1997 年以后，居民收入增长明显减缓，1998～2006 年城乡居民人均年收入分别增长 8.9% 和 4.9%，明显慢于 1991～1996 年城乡居民收入增长速度，也明显慢于同期 GDP 的增长速度，使得总供给与总需求的差距进一步扩大。而且，1998 年以来继续深化国有企业改革，使下岗待业职工数量明显增加，未来预期收入不确定性因素增多，以及城镇住房、医疗、教育等各项改革措施出台，大大增加了城乡居民未来消费支出预期，消费支出倾向明显下降，导致国内消费需求相对不足。2003 年以来，受中央一系列支农惠农政策逐步落实、事业单位工资改革、股市财富效应等因素影响，城乡居民收入、社会消费需求增长速度有所加快，对价格总水平上升起到一定的拉动作用。

4. 货币供应量的增减变化会对价格总水平变化产生一定的影响

货币主义学派认为，通货膨胀无论何时何地都是一种货币现象。不论是由需求拉动、成本推动，还是结构调整或其他原因引发通货膨胀，如果缺少货币供应量不断增加的支撑，都不可能使价格总水平持续较大幅度上涨，最终也就不可能引发通货膨胀。我们知道，随着国民经济持续快速增长和经济货币化进程加快，货币需求量也会随之增加，货币供给量就必须与之相适应。如果新增货币供给量超过了经济增长和货币化进程所决定的基础货币需求量，超出部分必然导致货币非经济性发行，均对当年或下一年价格总水平较大幅度上涨形成较大压力。

1997 年以前，货币供给与价格变动的相关程度较高，M2 增长速度较快且波动幅度较大，相应的，CPI 上涨速度较快，波动幅度也较大，但一般要滞后于 M2 波动一两年时间。1997 年以后，M2 增长速度明显回落，在 10% ~20% 的低位稳中略有波动，而 CPI 上涨速度也呈现明显回落态势，且低位窄幅波动，但与 1997 年以前相比，货币供给与价格变动的相关程度不太明显，M2 波动传导到 CPI 的时间有所缩短（如图 6 - 6 所示，由于 M1 与 M2 走势基本相同，为了便于比较，故略去）。这是因为，货币供应量作为货币政策中介目标，其可控性、可测性以及与国民经济的相关性均已出现明显问题，货币流通速度呈逐年下降趋势，尽管近年来货币供应量持续增加，但其对刺激投资和消费的效应有所减弱，从而导致货币供应量与 CPI 的相关性逐渐偏离。

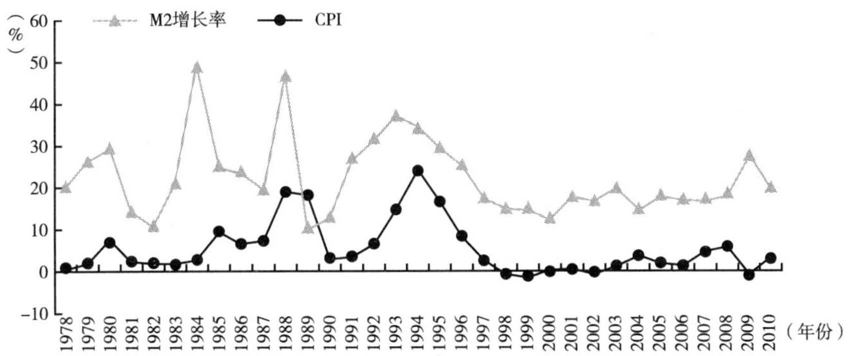

图 6 - 6　1978 ~ 2010 年 M2 与 CPI 变化情况比较

说明：1978 年 M2 增长率用 1979 ~ 1984 年 M2 增长率平均值代替，1979 ~ 1990 年 M2 增长率用同期 M0 增长率代替。

2005 年以来，我国外贸顺差增长较快，加之外商直接投资（FDI）不断扩大，导致外汇储备规模迅速增长，外汇占款增加导致中央银行被动投放基础货币，货币供应量持续较快增长。如果流动性过剩问题得不到有效缓解，导致大量资金追逐各种金融资产、房地产和原材料、能源，可能促使资产、能源价格快速膨胀，进而对经济健康发展造成较大的压力和风险，影响价格总水平基本稳定。

5. 改革开放和政策性因素是影响价格总水平变化不可忽视的重要因素

（1）价格改革

改革开放以前，我国价格体系长期处于严重扭曲的状态，由于国家通过对企业实行物资配额、对基本消费品实行票证配给等方式直接参与实物分配，以及国家强制储蓄（即强制购买国库券）、国家直接干预价格等方式使消费者产生价格稳定预期，尽管当时物价没有出现持续明显上涨，但当时确实存在着通货膨胀，只不过这种通货膨胀被严重扭曲了，它属于抑制性通货膨胀，表现为物价基本稳定条件下大部分商品长期短缺，即使居民手中持有剩余现金，也无法买到所需要的部分或全部商品。改革开放以后，随着逐渐放松部分商品价格管制，取消部分消费品票证配给，从而使得抑制性通货膨胀显性化了，长期以来被压抑的需求得以释放，在部分年份价格总水平出现了较大幅度波动。据有关资料粗略分析，1979～1986 年价格总水平上升 35.8%，由于国家有计划调整和放开物价，大约影响物价指数上升 23%～26%，其他非计划因素占 10%～13%，占价格总水平上升幅度的 1/3 左右。此外，生产资料价格双轨制导致一些重要生产资料计划内外价格相差较大，引发了大规模的价格寻租活动，投机倒把、囤积居奇、哄抬物价、牟取暴利的现象普遍存在，从而造成市场流通秩序混乱，人为地推动了物价上涨。据统计，1989 年上半年计划内价格总水平上涨 20.6%，计划外价格总水平上涨 38.5%。1992 年以后，国家开始对生产资料价格双轨制进行改革，取消计划内价格，赋予企业产品定价权，带动了上游产品价格大幅上涨，从而在一定程度上推动了价格总水平上涨。

2005 年以后，为了切实促进经济发展方式转变，建立资源节约型、环境友好型社会，为实现国民经济又好又快发展创造良好的价格体制环境，客观上要求我们逐步理顺资源性产品价格关系和疏导公共服务价格矛盾，建立反映市场供求关系和资源产品稀缺程度的价格形成机制，更大程度、更大范围地发挥市场在优化资源配置中的基础性作用，这种价格改革的政策取向客观上进一步促进国内水、煤炭、石油、天然气、电、土地等资源能源价格上涨，2008 年以来上下游产品价格传导效应逐渐增强，进而直接或间接地影响价格总水平的上涨。

（2）人民币汇率制度改革

改革开放以来，人民币汇率制度改革先后经历了以下四个阶段：①1981～1984 年，实行官方汇率和贸易结算汇率并存的双重汇率制度，分别为 1 美元兑换 1.50 元人民币和 2.80 元人民币。②1985～1993 年，实行官方汇率和外汇调剂汇率并存的双重汇率制度。这一时期，人民币先后经历了四次较大幅度的贬值，分别为 1985 年 1 月、1986 年 7 月、1989 年 12 月和 1990 年 11 月，贬值幅度分别达 12.5%、13.6%、21.2% 和 9.57%，由 1 美元兑换 2.80 元人民币不断下调到 1 美元兑换 5.20 元人民币。③1994～2005 年，实行以市场供求为基础的、单一的、有管理的浮动汇率制度，1994 年 1 月人民币汇率为 1 美元兑换 8.70 元人民币，此后人民币逐渐稳定小幅升值。④2005 年 7 月至今，实行以市场供求为基础、参考一篮子货币进行调节、有管理的浮动汇率制度，人民币汇率由 1 美元兑换 8.27 元人民币上调到 1 美元兑换 8.11 元人民币，此后人民币持续小幅升值。

1994 年以前，人民币几次较大幅度贬值，不同程度地导致以人民币计价的进口商品价格上升，进一步加剧价格总水平上涨的压力。例如，1994 年我国实行外汇体制改革后，人民币汇率由 1993 年 12 月 31 日 1 美元兑换 5.80 元人民币下调为 1994 年 1 月 1 日 1 美元兑换 8.70 元人民币，这是造成 1994 年 CPI 比上年大幅上涨 24.1% 的一个重要原因。1994 年以后，人民币持续小幅升值，尤其是 2005 年 7 月汇改以后，人民币面临着较大的升值压力，从中长期来看（汇率变动对进出口的影响存在一定的滞后性）将导致出口产品数量增幅下降，相对增加国内供给量，而进口产品数量明显增加，且相对低价，从而对价格总水平下降形成一定支撑。

（3）对外开放程度进一步提高

随着我国加入 WTO 和全球经济一体化进程的加快，尤其是较大幅度地降低关税、非关税或消除其他贸易壁垒等措施，使得非经济因素对价格形成的干扰、扭曲作用减少，促使市场形成价格的机制得到进一步完善。目前，国内一些重要商品价格已经实现或正在逐步与国际市场接轨，国际市场价格波动传导到国内市场并对其产生显著影响，从而在一定程度上引起价格总水平发生波动。例如，2006 年 10 月份以来，国内粮油价格出现较大幅度上涨，其中国际市场大豆等农产品价格明显上涨带动国内市场价格上涨就是一个重要原因。

此外，我国属于资源短缺型国家，经济持续快速增长需要足够的资源支撑，加之粗放型经济增长方式尚未得到根本扭转，单位 GDP 资源消耗量仍然偏高，进一步加剧了资源的紧缺程度，导致我国对国外资源依赖性较大，国际市场资源类产品价格上涨对国内资源价格上涨产生较大影响，如 2004 年以来石油、有色金属价格的大幅度上涨等。而石油、铁矿石、煤炭等原材料、能源价格大幅度上涨，传导到粮食、化肥、家庭设备用品等产品价格上来，进而对价格总水平上升形成较大压力。

六　基于 VAR 模型的实证分析

本章拟通过建立向量自回归（VAR）模型，运用脉冲响应函数、预测方差分解技术对通货膨胀主要影响因素及其对经济增长的影响进行实证分析。在此基础上，根据模型结论提出有关政策建议。

1. 模型解释与变量说明

传统通货膨胀计量经济模型一般采取最小二乘估计方法（OLS），但许多基于 OLS 的传统渐进理论以解释变量平稳性为前提，但并不是所有的宏观经济变量序列都是平稳序列，可能会产生“伪回归”问题。而 VAR 模型是将系统中每个内生变量作为系统中所有内生变量的滞后值的函数来建立模型，它经常用于预测相互联系的时间序列系统以及分析随机扰动对变量系统的动态冲击，从而解释各种经济冲击对经济变量形成的影响。由于 VAR 模型在处理多个相关经济指标的分析与预测方面，是比较容易操作的计量经济分析模型之一，因而近年来 VAR 模型越来越受到经济学界的普遍重视。

如前所述，影响通货膨胀的因素很多，如经济增长率，货币供应量增长率，原材料、燃料、动力购进价格，工业品出厂价格，职工平均工资实际增长率，价格体制改革，人民币汇率体制改革，通货膨胀预期，国际市场，严重自然灾害或重大突发性事件等。如果把影响通货膨胀的各种因素作为自变量，把通货膨胀率作为因变量，则可以用函数来表示影响通货膨胀的各种因素与通货膨胀率之间的关系。以 CPI 表示通货膨胀率，GDP、M2、MPI、PPI、WW、PSR、RMB、IE、IM、DE……表示影响通货膨胀率的各种因素，则通货膨胀率函数为：

$$CPI = f(GDP, M2, MPI, PPI, WW, PSR, RMB, IE, IM, DE \cdots\cdots)$$

本章选取通货膨胀率（CPI）、经济增长率（GDP）、广义货币供应量（M2）增长率、工业品出厂价格指数（PPI）作为内生变量，而影响通货膨胀的其他诸多因素作为随机项，建立向量自回归（VAR）模型。一般而言，同一变量的时间序列数据间隔越短，则计量分析越容易反映出经济短期运行的一些特征。但是，受目前现有经济统计数据来源所限，本研究采用年度数据进行经济计量分析。另外，这里需要说明的是，反映通货膨胀程度的指数有多种，如 GDP

平减指数、商品零售价格指数、居民消费价格指数等，由于这3种价格指数变化趋势基本上是一致的，因此本章采用居民消费价格指数来测量通货膨胀发生程度（见表6－4）。

表6－4　1978～2007年CPI、GDP、M2增长率、PPI增长率（或上涨率）变化情况

单位：%

年份	CPI	GDP	M2增长率	PPI增长率
1978	0.7	11.7	20.3	0.1
1979	2.0	7.6	26.3	1.5
1980	6.0	7.8	29.3	0.5
1981	2.4	5.2	14.5	0.2
1982	1.9	9.1	10.8	－0.2
1983	1.5	10.9	20.7	－0.1
1984	2.8	15.2	49.5	1.4
1985	9.3	13.5	24.7	8.7
1986	6.5	8.8	23.3	3.8
1987	7.3	11.6	19.4	7.9
1988	18.8	11.3	46.7	15.0
1989	18.0	4.1	9.8	18.6
1990	3.1	3.8	12.8	4.1
1991	3.4	9.2	26.5	6.2
1992	6.4	14.2	31.3	6.8
1993	14.7	14.0	37.3	24.0
1994	24.1	13.1	34.5	19.5
1995	17.1	10.9	29.5	14.9
1996	8.3	10.0	25.3	2.9
1997	2.8	9.3	17.3	－0.3
1998	－0.8	7.8	14.8	－4.1
1999	－1.4	7.6	14.7	－2.4
2000	0.4	8.4	12.3	2.8
2001	0.7	8.3	17.6	－1.3
2002	－0.8	9.1	16.8	－2.2
2003	1.2	10.0	19.6	2.3
2004	3.9	10.1	14.7	6.1
2005	1.8	11.3	17.6	4.9
2006	1.5	12.7	17.0	3.0
2007	4.8	14.2	16.7	3.1

注：1985年以前用商品零售价格指数代替居民消费价格指数；1978年M2增长率用1979～1984年M2增长率平均值代替，1979～1990年M2增长率用同期M0增长率代替。

数据来源：根据相关年份《中国统计年鉴》有关数据整理而成。

本模型数据处理借助于 Eviews 5.0 计量经济分析软件进行。

2. 滞后阶数选择及单位根检验

考虑到样本期限较短，且样本数据均为年度数据，为了保持合理的自由度使模型具有较强的解释能力，并消除误差项的自相关，因而选择最大滞后阶数为2。

由于向量自回归模型要求系统中的变量具有平稳性，因此我们首先要对 CPI、GDP、M2、PPI 时间序列进行单位根检验以验证其平稳性。CPI、GDP、M2、PPI 的 ADF 检验统计量均大于显著性水平1%、5%、10%的临界值，不能拒绝原假设，上述4个序列均存在单位根，为非平稳时间序列。因此，应将上述4个序列分别进行一阶差分，得到 ΔCPI、ΔGDP、ΔM2、ΔPPI。显然，一阶差分序列 ΔCPI、ΔGDP、ΔM2、ΔPPI 的 ADF 检验统计量均小于显著性水平5%的临界值（见表6-5），拒绝原假设，说明至少可以在95%的置信水平下拒绝原假设，差分序列 ΔCPI、ΔGDP、ΔM2、ΔPPI 均不存在单位根，为平稳时间序列。以上检验结果说明，4个序列具有相同的单整阶数——均为 I（1）过程。

表6-5　各变量序列 ADF 单位根检验结果

变量序列	ADF检验值	检验类型(c,t,k)	1%显著性水平	5%显著性水平	10%显著性水平	结　论
CPI	-2.08	(c,t,2)	-4.33	-3.59	-3.23	非平稳
GDP	-2.96	(c,t,2)				非平稳
M2	-3.11	(c,t,2)				非平稳
PPI	-2.52	(c,t,2)				非平稳
ΔCPI	-3.43	(c,0,2)	-3.71	-2.98	-2.63	平　稳
ΔGDP	-3.94	(c,0,2)				平　稳
ΔM2	-6.00	(c,0,2)				平　稳
ΔPPI	-5.00	(c,0,2)				平　稳

注：检验类型（c，t，k）分别表示 ADF 检验模型中是否含有常数项 c、时间趋势项 t、滞后阶数 k。

3. 协整性检验

下面用迹统计量、最大特征值统计量来检验时间序列 CPI、GDP、M2、PPI 之间是否存在协整关系，Johansen 协整检验结果如表 6-6 所示。

表 6-6 Johansen 协整检验结果

假设的协整方程个数	特征值	迹统计量	5%临界值	概率
无*	0.737622	86.88593	63.87610	0.0002
至多 1 个*	0.623395	50.76073	42.91525	0.0069
至多 2 个	0.530664	24.39363	25.87211	0.0755
至多 3 个	0.136734	3.969873	12.51798	0.7465
假设的协整方程个数	特征值	最大特征值统计量	5%临界值	概率
无*	0.737622	36.12520	32.11832	0.0153
至多 1 个*	0.623395	26.36710	25.82321	0.0424
至多 2 个*	0.530664	20.42376	19.38704	0.0353
至多 3 个	0.136734	3.969873	12.51798	0.7465

注：*表示能够拒绝原假设的置信水平为 95%，**表示能够拒绝原假设的置信水平为 99%。

可以看出，以检验水平 0.05 判断，迹统计量检验有 86.9 > 63.9，50.8 > 42.9，24.4 < 25.9，3.97 < 12.52；最大特征值统计量检验有 36.1 > 32.1，26.4 > 25.8，20.4 > 19.4，3.97 < 12.52，因而变量之间存在协整关系。

4. 格兰杰（Granger）因果关系检验

Johansen 协整检验表明这些变量之间存在着某种长期稳定的均衡关系，但是这种均衡关系是否构成因果关系还需要进一步的验证。下面对 CPI、GDP、M2、PPI 进行格兰杰（Granger）因果关系检验，检验结果如表 6-7 所示。

表 6-7　CPI、GDP、M2、PPI 格兰杰因果关系检验结果

零假设	F—统计量	接受零假设的概率
GDP does not Granger Cause CPI	4.71	0.019
CPI does not Granger Cause GDP	3.59	0.044
M2 does not Granger Cause CPI	3.78	0.038
CPI does not Granger Cause M2	0.08	0.919
PPI does not Granger Cause CPI	2.61	0.095
CPI does not Granger Cause PPI	2.22	0.132
M2 does not Granger Cause GDP	2.66	0.092
GDP does not Granger Cause M2	2.41	0.112
PPI does not Granger Cause GDP	0.57	0.574
GDP does not Granger Cause PPI	5.63	0.010
PPI does not Granger Cause M2	0.74	0.490
M2 does not Granger Cause PPI	4.92	0.017

检验结果显示，在 10% 显著性水平下，CPI、GDP 之间存在双向 Granger 因果关系，即具有长期稳定的均衡关系，说明经济持续快速增长尤其是固定资产投资过快增长，拉动生产资料需求旺盛和价格明显上涨，以及消费需求过旺，消费品市场供不应求，均对 CPI 上涨形成较大的压力；而 CPI 涨幅过大，尤其是严重通货膨胀会通过资源配置扭曲效应、收入分配效应、资产结构调整效应等途径，抑制经济持续健康发展，甚至引发经济衰退。

另外，在 10% 显著性水平下，M2、PPI 与 CPI 之间存在单向的 Granger 因果关系，即 M2、PPI 是 CPI 的 Granger 原因，说明货币供应量过快增长、上游工业品价格过快上涨会推动居民消费价格上涨，而 CPI 不是 M2、PPI 的 Granger 原因；M2 与 GDP、GDP 与 PPI、M2 与 PPI 之间存在单向的 Granger 因果关系，即 M2 是 GDP 的 Granger 原因，GDP 是 PPI 的 Granger 原因，M2 是 PPI 的 Granger 原因。

5. VAR 模型估计结果

利用 Eviews 5.0 计量经济分析软件，得出如下 VAR 模型表达式

的矩阵形式如下：

$$\begin{pmatrix} CPI_t \\ GDP_t \\ M2_t \\ PPI_t \end{pmatrix} = \begin{pmatrix} 0.054 \\ -0.564 \\ -0.650 \\ -0.120 \end{pmatrix} GPI_{t-1} + \begin{pmatrix} 0.027 \\ 0.020 \\ 0.487 \\ -0.338 \end{pmatrix} GPI_{t-2} + \begin{pmatrix} 0.570 \\ 0.891 \\ 2.250 \\ 0.618 \end{pmatrix} GDP_{t-1}$$

$$+ \begin{pmatrix} 0.273 \\ -0.178 \\ -1.194 \\ -0.748 \end{pmatrix} GDP_{t-2} + \begin{pmatrix} 0.203 \\ -0.029 \\ -0.049 \\ 0.210 \end{pmatrix} M2_{t-1} + \begin{pmatrix} -0.077 \\ -0.015 \\ -0.060 \\ -0.011 \end{pmatrix} M2_{t-2}$$

$$+ \begin{pmatrix} 0.654 \\ 0.263 \\ 0.716 \\ 0.724 \end{pmatrix} PPI_{t-1} + \begin{pmatrix} -0.123 \\ 0.224 \\ -0.065 \\ 0.252 \end{pmatrix} PPI_{t-2} + \begin{pmatrix} -3.068 \\ 4.732 \\ 11.976 \\ -0.398 \end{pmatrix}$$

在这里，可决系数（R^2）用来测量在样本范围内用 VAR 模型来预测被解释变量的好坏程度，若 $R^2=1$ 则说明 VAR 模型拟合得很完美，若 $R^2=0$ 则说明 VAR 模型并不比被解释变量的简单平均值拟合得更好。另外，限于本章主要讨论通货膨胀与经济增长之间的关系，这里主要讨论 CPI、GDP 的 VAR 模型表达式，而对于 M2、PPI 的 VAR 模型表达式不作深入讨论。在 CPI、GDP 的 VAR 模型中，可决系数（R^2）分别为 0.79、0.73，这说明与真实值相比，拟合效果还没有达到十分完美的地步。笔者认为，主要原因有以下几点。

一是没有将影响通货膨胀的所有因素全部纳入 VAR 模型中。如前所述，影响通货膨胀的因素很多，本模型仅将经济增长率、广义货币供应量增长率、工业品出厂价格指数 3 个变量作为解释变量，其他影响因素（如价格体制改革、通货膨胀预期、人民币汇率体制改革、国际市场价格波动等）对 CPI 也会产生一定的影响，但由于缺乏完整的时间序列数据而无法作为解释变量纳入模型当中，这些因素所造成的通货膨胀率波动是我们在VAR模型中无法把握的，因而使得模型估计结果与实际结果相比，可能会存在一定的误差。例如，在1988~1989年通货膨胀中，社会公众通货膨胀预期较为强烈，一些地区出现“抢购潮”、“挤兑潮”，这对通货膨胀进一步恶化和蔓延起到了推波助澜的作用；在1992~1994年通货膨胀中，除了投资、消费需求膨胀拉动居民消费价格大幅度上涨以外，以提高农副产品收购价格为主要内容之一的农产品统购统销体制改革、生产资料价格双轨制改革、人民币汇率体制改革等因素也对通货膨胀产生了较大的影响。

再如，利用该模型预测2008年CPI涨幅为5.6%，而实际值为5.9%，相差仅0.3个百分点，误差百分比为5.1%，预测效果较好。但也要看到，该模型在预测2009年CPI时就出现了较大误差，这是因为2008年下半年以来国际金融危机不断扩散和蔓延，对世界经济增长和国际市场价格变化形成严重冲击，2009年我国CPI涨幅由上年的5.9%转为下降0.7%，而国际金融危机这一重大事件并没有在VAR模型中完全反映出来。

二是滞后阶数的选择可能影响VAR模型估计结果。在实际应用中选择滞后阶数时，通常希望滞后阶数p足够大，以尽可能完整地反映所构造模型的动态特征。但是，当滞后阶数越大时，模型中待估计的参数就越多，模型的自由度就越少。因此，应在滞后阶数与自由度之间寻求一种均衡状态，可以根据LR、FPE、AIC、SC、HQ信息准则确定。由于我们所选的是年度数据，因而在VAR模型中将内生变量的最长滞后期确定为2。这里需要指出的是，笔者通过对4个变量序列进行单位根检验，根据5个评价统计量确定滞后阶数为4（见表6-8），据此建立的VAR模型的R^2均超过0.90，但通过检验可知，其模型稳定性较差、自由度下降，这样会影响模型的解释和预测能力。

表 6-8 VAR 模型滞后阶数选择标准

Lag	LogL	LR	FPE	AIC	SC	HQ
0	-290.7394	NA	204396.7	23.57916	23.77418	23.63325
1	-257.4855	53.20636	52532.61	22.19884	23.17394	22.46929
2	-240.1629	22.17287	52923.99	22.09303	23.84821	22.57985
3	-221.1906	18.21339	57208.63	21.85525	24.39051	22.55842
4	-178.4736	27.33891*	14175.79	19.71789	23.03323	20.63742
5	-113.1580	20.90097	1755.526*	15.77264*	19.86807*	16.90854*

说明：LR 表示序列调整的 LR 检验统计量（5% 显著性水平）；FPE 表示最后预测误差；AIC 表示赤池信息准则；SC 表示施瓦茨信息准则；HQ 表示汉南—奎因信息准则。

三是统计数据本身由于种种原因，也存在一定的误差，因而对 VAR 模型的拟合效果也会产生一定的影响。

6. 脉冲响应函数分析

一般而言，对于 VAR 模型单个参数估计值的经济解释是很困难的，要想对一个 VAR 模型进行分析得出结论，可以观察系统的脉冲响应函数和方差分解。其中，脉冲响应函数描述一个内生变量对误差的反应，即在扰动项上加一个标准差大小的新息（innovation）冲击对 VAR 模型中内生变量当期值和未来值的影响。通常，非稳定的 VAR 模型不能进行脉冲响应函数分析。为此，需要对该 VAR 模型进行平稳性检验（如图 6-7 所示）。

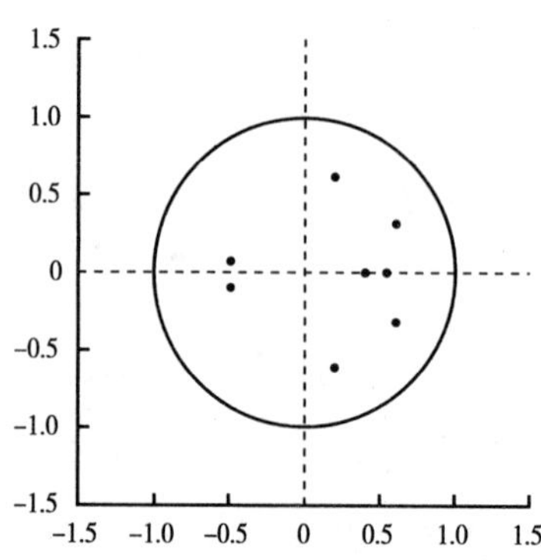

图 6-7 VAR 模型平稳性检验

从图 6-7 可以看出，该 VAR 模型特征方程的全部根的倒数值均在单位圆内，说明 VAR 模型是稳定的，可以进行脉冲响应函数分析。

利用 Eviews 5.0 计量经济分析软件，得到脉冲响应函数图形如图 6-8 所示。

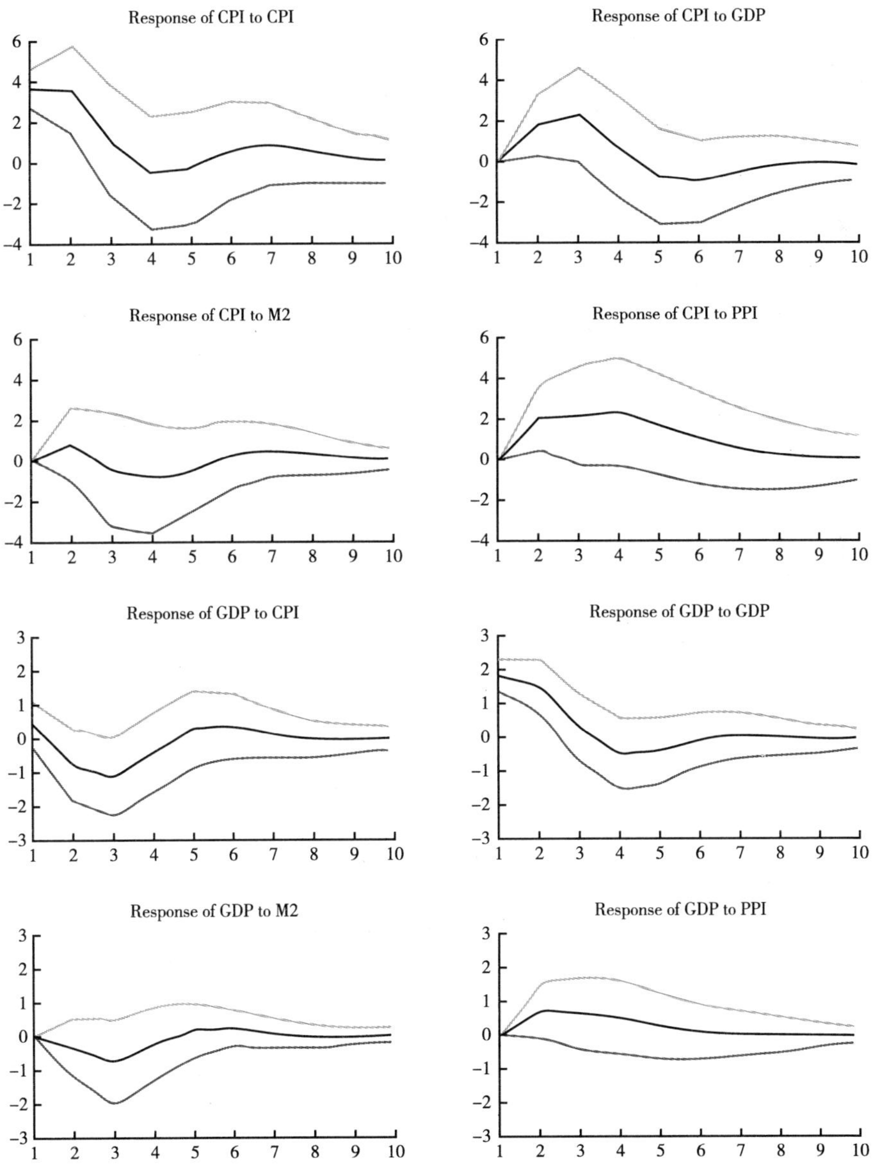

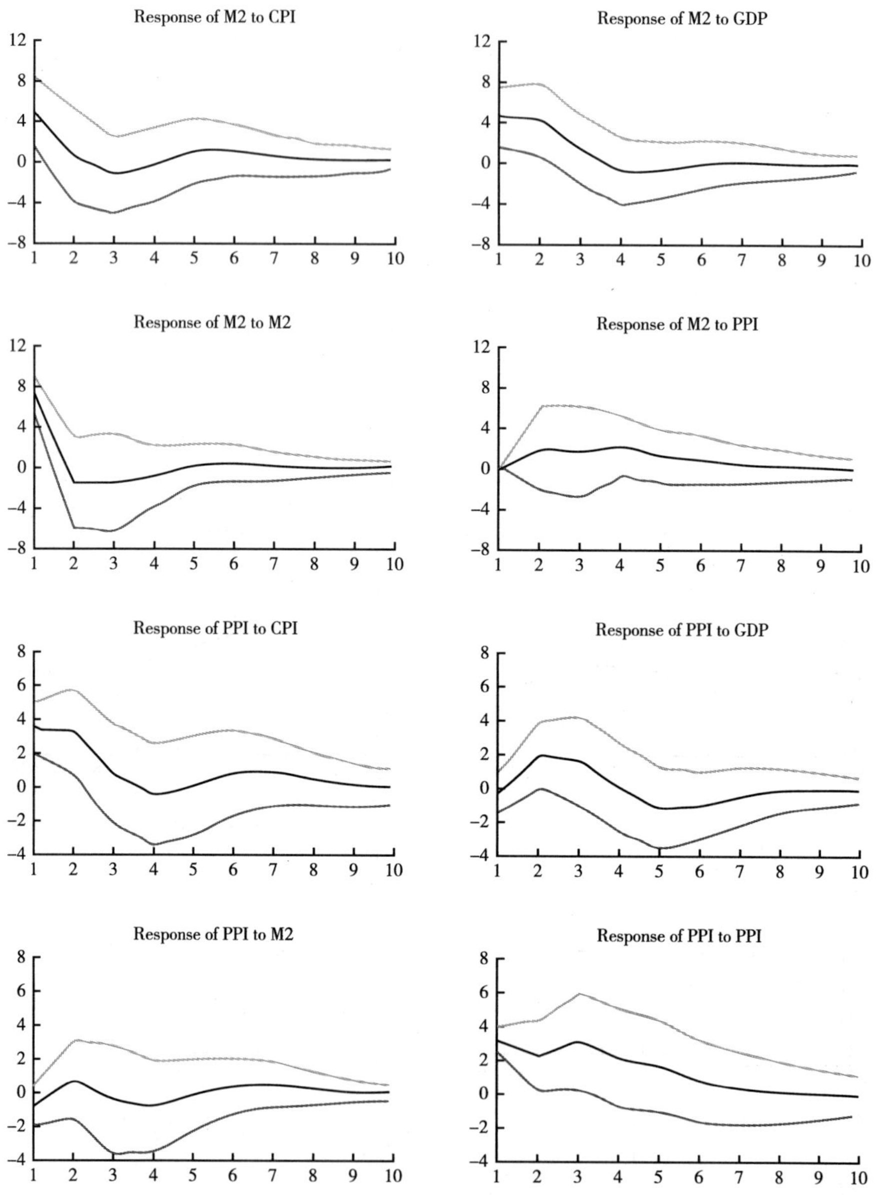

图 6-8　各变量的脉冲响应函数

注：各图横轴均表示冲击作用的滞后阶数（单位：年度），纵轴表示内生变量对外部冲击的响应程度，实线表示脉冲响应函数曲线，代表 CPI、GDP、M2、PPI 对有关内生变量冲击的反应情况，虚线表示正负两倍标准差偏离带。

限于本章主要讨论通货膨胀的主要影响因素及其与经济增长的关系，下面主要对部分脉冲响应函数进行分析讨论。

图 6－8 共有 16 个图，每 4 个图为 1 组。第 1 组的 4 个图表示 CPI 分别受到自身、GDP、M2、PPI 一个标准差的随机新息冲击的响应情况：①对于来自自身的冲击，冲击响应在第 1 期最大，并从第 2 期开始明显下降，在第 4 期出现负的最大值后逐渐上升，在第 9 期以前均处于一种波动的状态，总体响应显著为正。这说明，CPI 对自身标准差的随机新息冲击的响应较强，且具有一定的持续性。②对于来自 GDP 的冲击，在前 3 期冲击响应逐渐增强并达到最大值，之后逐渐衰减为负向响应，小幅波动后在第 8 期趋于零。这说明，经济持续快速增长尤其是投资、消费快速增长，会对 CPI 产生较大的影响。③对于来自 M2 的冲击，CPI 表现出一种比较微弱的响应，这说明货币供应量较快增长对 CPI 波动的影响不大，其主要原因可能是新增货币供应量被经济增长所消耗，以及央行及时采取货币政策调控措施等。④对于来自 PPI 的冲击，冲击响应始终处于正向状态，持续时间较长，这说明上下游产品价格传导效应逐渐增强，对下游产品价格上涨进而对 CPI 波动会产生一定的影响。

第 2 组的 4 个图表示 GDP 分别受到 CPI、自身、M2、PPI 一个标准差的随机新息冲击的响应情况：①对于来自 CPI 的冲击，GDP 起初出现短暂的正向效应，说明通货膨胀刚发生时不是很严重，在一定程度上会促进经济增长，这与“适度通货膨胀会促进经济增长”的结论相符。但是，之后转为负向响应，在第 3 期达到负向响应最大值，说明随着通货膨胀不断加重和蔓延，经济增长可能遭到较为严重的损害。而后，随着宏观调控措施效应逐步显现，通货膨胀恶化趋势得到遏制，其负效应影响逐渐减小，并出现微小的正效应后逐渐趋于平稳。②对于来自自身的冲击，前 3 期冲击响应显著为正，之后出现微弱的负向响应后逐渐趋于零，说明经济快速增长具有一定的惯性作用。③对于来自 M2 的冲击，GDP 表现出一种先负后正的微弱响应。④对于来自 PPI 的冲击，GDP 的正向响应较为明显，呈现出“逐渐增强—稳定—缓慢弱化”的响应路径。

7. 方差分解

在 VAR 模型中，每个内生变量都有一个独立的方差分解，利用方差分解技术能够发现随机新息的相对重要性信息。CPI、GDP、M2、PPI 的预测方差分解，如表 6 - 9 至表 6 - 12 所示。

表 6 - 9　CPI 的预测方差分解

日期	标准值	CPI	GDP	M2	PPI
1	3.676454	100.0000	0.000000	0.000000	0.000000
2	6.002909	76.37032	8.991776	2.945228	11.69268
3	6.818765	62.12729	16.63115	2.363849	18.87771
4	7.307492	54.60247	14.92794	3.241481	27.22811
5	7.570908	50.98199	15.02547	3.551807	30.44073
6	7.739079	49.56020	16.07115	3.540511	30.82814
7	7.863349	49.76391	16.10869	4.061899	30.06550
8	7.923875	50.00178	15.95948	4.430306	29.60844
9	7.941971	50.06281	15.92092	4.514312	29.50197
10	7.948973	50.06236	15.91602	4.528268	29.49335

表 6 - 10　GDP 的预测方差分解

时期	标准差	CPI	GDP	M2	PPI
1	1.821852	3.090672	96.90933	0.000000	0.000000
2	2.692544	15.18365	72.94484	2.504306	9.367204
3	3.286085	27.97297	49.53116	10.11774	12.37812
4	3.464028	28.28420	46.48582	10.39046	14.83952
5	3.508291	27.81491	46.65047	10.23036	15.30426
6	3.543662	28.34513	45.85128	10.72515	15.07844
7	3.553373	28.51656	45.60336	10.88241	14.99768
8	3.554957	28.52170	45.58194	10.89106	15.00530
9	3.556454	28.51457	45.57728	10.88482	15.02333
10	3.557696	28.52476	45.55053	10.88475	15.03995

表 6－11 M2 的预测方差分解

时期	标准差	CPI	GDP	M2	PPI
1	10.06828	25.33295	17.82425	56.84280	0.000000
2	11.02938	21.44417	26.33179	48.07430	4.149737
3	11.37109	21.70766	25.34970	46.44307	6.499566
4	11.71207	20.58859	24.69126	44.57413	10.14602
5	11.84475	20.85807	24.65743	43.65872	10.82578
6	11.96069	21.47366	24.26497	43.17649	11.08488
7	11.99201	21.70723	24.15226	43.07124	11.06927
8	12.00259	21.75431	24.16262	43.02445	11.05862
9	12.01085	21.79001	24.18374	42.97816	11.04808
10	12.01770	21.83372	24.17081	42.95009	11.04538

表 6－12 PPI 的预测方差分解

时期	标准差	CPI	GDP	M2	PPI
1	4.813961	54.86292	0.072454	2.619395	42.44523
2	6.676892	54.45957	8.183197	3.735397	33.62184
3	7.578676	43.65804	9.844985	2.922769	43.57420
4	7.916793	40.16256	9.053272	3.400416	47.38376
5	8.180251	37.71398	10.72614	3.196965	48.36292
6	8.360259	37.81196	11.84839	3.482228	46.85742
7	8.497878	38.59165	11.83859	4.188010	45.38175
8	8.549774	38.94440	11.73595	4.452251	44.86739
9	8.563357	39.00644	11.71360	4.499671	44.78028
10	8.568244	39.00959	11.70849	4.501369	44.78055

从上述各变量的预测方差分解可以看出，对通货膨胀率一个标准差大小的随机新息冲击，其标准差从第 2 年开始分别被 CPI、GDP、M2、PPI 所感应，各自占比分别为 76.4%、8.99%、2.95%、11.7%，之后持续小幅升降，直至第 8 年才表现出基本平稳的趋势；对经济增长率一个标准差大小的随机新息冲击，其标准差在第 1 年仅被 CPI、GDP 所感应，从第 2 年开始分别被 CPI、GDP、M2、PPI 所感应，各自占比直至第 8 年基本呈平稳趋势，CPI、GDP 占比分别在

25%、45%以上，而 M2、PPI 占比较低，分别在 10%、15%左右；对广义货币供应量增长率一个标准差大小的随机新息冲击，其标准差从第 1 年开始分别被 CPI、GDP、M2 所感应，从第 2 年开始被 PPI 所感应，各自占比直至第 6 年才表现出基本平稳的趋势，分别为 21.5%、24.3%、43.2%、11.1%；对工业品出厂价格指数一个标准差大小的随机新息冲击，其标准差主要被 CPI、PPI 所感应，占比分别在 39%、45%左右。

8. 模型主要结论

本章通过对序列变量 CPI、GDP、M2、PPI 进行协整检验和 Granger 因果关系检验，并建立 VAR 模型，运用脉冲响应函数和方差分解技术进行分析，得出以下主要结论。

（1）通货膨胀与经济增长具有双向的 Granger 因果关系（10%显著性水平），即表现出显著的、长期稳定的均衡关系。一方面，适度的通货膨胀有利于经济保持较快增长，但如果通货膨胀继续恶化和蔓延，将对经济持续健康发展造成十分不利的影响；另一方面，经济持续快速增长也会对通货膨胀产生反馈作用，可能导致跟进的通货膨胀。

（2）通货膨胀受自身波动的影响较大。这意味着，一方面，通货膨胀不确定性较大，社会公众通货膨胀预期强烈，会影响其投资、消费和储蓄行为，进而可能对未来通货膨胀恶化和蔓延程度产生较大的影响；另一方面，当年价格波动幅度在一定程度上要受到上年翘尾因素的影响，有关部门在制定当年价格总水平调控措施和目标时需要将其考虑在内。

（3）上游产品价格明显上涨会对未来通货膨胀形成较大的压力，其主要通过增加企业生产成本、影响未来市场预期等途径推动下游产品价格上涨，进而影响 CPI 上升。

（4）货币供应量增长较快会对通货膨胀产生一定的影响，但这种影响并不十分显著。也就是说，在经济市场化、货币化进程中，

M2 相对于 GDP 的更快增长并不一定引起严重的通货膨胀。这可能是因为，随着市场经济不断发展，经济货币化程度不断提高造成货币流通速度下降，大量的新增货币供应量可能被国民经济持续快速增长所消耗，并没有引发市场价格水平大幅度上涨。

七　通货膨胀引致的福利损失实证研究

1. 直接购买力损失

数据表明，最近几年我国商品粮年交易量稳定在 1 万亿斤左右，按照 2007 年每斤粮食上涨 0.1 元计算，那么粮食价格上涨给农民带来的年名义收益为 1000 亿元。然而，截至 2007 年 12 月末，我国金融机构人民币各项存款余额为 38.94 万亿元，2008 年 1～6 月的消费价格指数同比上涨 7.9%，一年期银行存款利率 4.14% 减去 7.9%，存款收益率等于 -3.76%，直接购买力损失为 38.94 万亿乘以 3.76%，等于 1.46 万亿元。2008 年上半年，食品价格上涨 20.4%，拉动价格总水平上涨 6.64 个百分点①，那么食品价格上涨导致的直接购买力损失等于 1.23 万亿元，相当于农民粮价上涨收益的 12.3 倍。也就是说，全社会通过粮价上涨遭受的直接购买力净损失是 1.13 万亿元，相当于 2007 年 GDP 的 4.58%。当然，如果粮价不回调，农民每年都会有 1000 亿元名义收入，而购买力损失只发生在当年。但如上所述，此次提高粮价需要 13 年时间才能使农民名义收益总和超过直接购买力损失，提价政策的价值和潜在损失有待深入和全面地比较衡量。

2. 减少其他消费增量带来的间接福利损失

食品价格上涨不仅导致直接购买力损失，同时由于粮食的需求价格弹性很小导致食品支出大幅增加，消耗掉大部分收入增量，其他消

① http：//finance. fivip. com/domestic/200807/17 -158644. html.

费需求支出增加较小，从而使居民的福利水平改善程度不大。从表6-13可以看出，从1978~2006年，城镇居民恩格尔系数和农村居民恩格尔系数是随着城镇人均可支配收入和农村居民可支配收入的增长而不断下降的。然而，2007年我国城镇居民人均可支配收入13786元，扣除价格上涨因素，实际增长12.2%；农村居民人均纯收入4140元，扣除价格上涨因素，也比上年实际增长9.5%。城镇居民家庭恩格尔系数却不降反升为36.3%，农村居民家庭恩格尔系数也上升为43.1%。这表明2007年我国城镇居民并没有因为实际可支配收入增长而变得更富裕，其他商品和服务的消费数量增加有限。2007年，我国社会消费品零售总额89210亿元，比上年增长16.8%，其中城市消费品零售额60411亿元，增长17.2%。同时，城镇居民恩格尔系数不降反升，说明食品支出增长率至少不低于17.2%，由于实际收入仅增长了12.2%，意味着实际收入增量中很大部分用于食品支出，其他消费支出增量较小，居民福利水平提高幅度大大低于实际收入增长速度。而且，与直接购买力损失不同，减少其他消费增量引致的间接福利损失会每年持续发生，损益问题就更加突出。

表6-13　城乡人均可支配收入及恩格尔系数（1978~2007年）

年份	城镇人均可支配收入	农民人均纯收入	城镇恩格尔系数	农村恩格尔系数
1978	343.4	133.6	57.5	67.7
1990	1510.2	686.3	54.2	58.8
2000	6280.0	2253.4	39.4	49.1
2001	6859.6	2366.4	38.2	47.7
2002	7702.8	2475.6	37.7	46.2
2003	8472.2	2622.2	37.1	45.6
2004	9421.6	2936.4	37.7	47.2
2005	10493.0	3254.9	36.7	45.5
2006	11759.5	3587.0	35.8	43.0
2007	13786.0	4140.0	36.3	43.1

3. 基于消费者剩余方法计算的通货膨胀福利成本

陈彦斌、马莉莉（2007）根据 1996 年第 1 季度至 2006 年第 2 季度银行间拆借利率共 42 个样本点，利用传统的消费者剩余方法、MIU 模型以及 CIA 模型这三种方法对中国的通货膨胀福利成本进行了计算，认为：首先，对于中国的情形，双对数货币需求函数的拟合效果要优于半对数需求函数；同时，当名义利率小于 10% 的时候，传统的消费者关于剩余的计算方法可以为福利成本提供简单和有效的估计。其双对数需求函数的具体福利成本函数为：$W(i) = 0.71i^{0.8}$。

把 2007 年 12 月银行间拆借 60 天加权平均利率 3.97% 代入上式，可以得到通货膨胀的福利成本占消费的比例：$W(i) = 0.0537$。

2007 年通货膨胀的福利成本数额 = 89210 × 0.0537 = 4790.58 亿元

需要指出的是，该福利成本模型是基于完全竞争市场的假设，而现实的中国市场是不完全的。

八 本章小结

结合当前我国实际情况，为进一步加强价格总水平调控，防止发生严重通货膨胀，促进国民经济又好又快发展，提出以下政策建议。

一是认真树立和落实科学发展观，切实转变经济发展方式。经济过快增长尤其是以投资为主导的经济增长模式，是引发通货膨胀的重要原因。当前，我国粗放型经济增长方式尚未根本转变，高投入、高能耗、低产出的特征仍然较为明显，进而带动原材料、能源需求迅速增长，造成市场供应紧张和价格明显上涨。因而，必须认真树立和落实科学发展观，切实转变经济发展方式，加强节能降耗、污染减排工作力度，防止原材料、能源出现过度需求和不合理需求，引发市场价格大幅度上涨等；同时，着力调整和优化经济结构，促进投资、消费、净出口三大需求协调发展，尤其是要适当控制固定资产投资规模及增长速度，努力提高投资效率和效益，是今后我国为了防止严重通货膨胀发生、影响经济健康发展而必须采取的重要措施之一。另外，适度的通货膨胀能够促进经济较快增长，而严重的通货膨胀则对经济发展和社会稳定造成十分不利的影响，因而要科学合理地把握通货膨胀的度，掌握好经济增长与通货膨胀的平衡点，促进国民经济又好又快发展。

二是密切关注上下游产品价格传导效应对居民消费价格的影响。近年来，上游工业品出厂价格出现明显上涨，主要原因包括：一方面，目前我国生产要素、资源性产品价格形成机制尚未彻底理顺，还不能完全反映市场供求关系、资源稀缺程度和环境污染损失成本，因而需要进一步理顺生产要素、资源性产品价格形成机制，这可能会推动上游企业生产成本增加；另一方面，由于我国石油、铁矿石等原材料、能源对外依存度较高，近年来国际市场价格波动通过 FDI、进出口贸易、金融市场等渠道传导到国内，导致国内下游企业生产成本明显增加和价格上涨，外部输入型特征较为明显。在这种情况下，近年来下游企业消化成本上升的能力有所减弱，上下游产品价格传导效应逐渐增强会推动下游产品价格上涨，进而影响 CPI 上升，对此必须给予密切关注。

三是合理运用多种货币政策工具，提高货币政策有效性。近年来，我国贸易顺差、外汇储备迅速增长，导致外汇占款不断增加，中央银行被迫投放大量基础货币，货币供应量增长较快，流动性过剩特征十分明显，容易造成房地产、股票等资产价格剧烈波动，不利于价格总水平保持稳定。因此，在加强与财政政策协调配合的同时，既要适当控制货币供应量增长率，货币供应要与国民经济增长相适应，不搞超经济发行，又要充分考虑货币乘数效应，通过适当调整存款准备金率、灵活运用公开市场业务操作等货币政策工具增加或减少市场上的货币流通量，为实现国民经济又好又快发展创造良好的货币环境。

四是进一步加强价格监测预测预警能力建设。由于 CPI 指数方差的 50% 左右是由 CPI 自身波动引起的，因而要进一步加强价格监测预测预警，尤其是要密切关注石油、煤炭、钢材等重要生产资料以及粮食、食用油、猪牛羊肉等农产品价格走势，提高价格总水平调控的有效性、针对性和预见性，正确引导社会公众形成合理的通货膨胀预期，进而引导社会公众合理的投资、储蓄和消费行为。

参考文献

王广歉主编《20 世纪西方货币金融理论研究：进展与述评》，经济科学出版社，2003。

秦艳梅主编《金融学》，经济科学出版社，2006。

陈彦斌、马莉莉：《中国通货膨胀的福利成本研究》，《经济研究》2007 年第 4 期。

韩莹：《技术进步对我国经济增长贡献率的测定及实证分析》，《经济问题探索》2008 年第 4 期。

柳欣、冯伟：《通货膨胀还是滞胀——对当前我国通货膨胀的分析》，《经济学动态》2008 年第 5 期。

中国经济增长与宏观稳定课题组：《外部冲击与中国的通货膨胀》，《经济研究》2008 年第 5 期。

第 7 章

中国分地区 CPI 差异分析及调控建议

众所周知，我国各地区在自然资源禀赋、经济发展水平、居民收入和消费水平、产业结构和消费结构、市场发育程度等方面存在着明显差异，而这些方面又是影响市场价格变化的重要因素，因此如何准确分析和把握各地区市场价格变化规律、特点和趋势，对于提高价格总水平调控灵活性、针对性和有效性，促进国民经济又好又快发展具有十分重要的意义。为了构建跨区域成本收益模型，需要研究不同地区通货膨胀对经济发展的影响。

一　文献简要回顾

改革开放以来，居民消费价格指数（CPI）走势变化与经济增长、货币供应、居民收入增长等全国性宏观经济指标存在着密切联系，但不同地区之间由于经济增长及产业结构、居民收入水平及消费结构、财政货币政策传导情况、上下游产品价格传导等方面存在着显著差异，也会对全国 CPI 走势变化产生较大的影响。

从国内研究 CPI 的大量文献比较来看，从时间序列角度建立回归模型对 CPI 影响因素及相关经济指标（如 GDP、PPI 等）进行实证分析的文献比较多，得出的结论也不尽一致。例如，张鸣芳等（2004）用 X－12－ARIMA 方法对上海市居民消费价格指数序列进行季节调整、分析和预测，并结合使用 TRAMO/SEATS 方法解决我国与国外明显不同的春节假日因素的调整问题；宋金奇、舒晓惠（2008）以我国 1996 年 10 月至 2008 年 7 月 CPI 和 PPI 同比涨幅数据为基础，通过协整检验和误差修正模型表明，PPI 与 CPI 同比增长率存在协整，如果它们之间有缺口将拉动 PPI 向下调整，推动 CPI 向上调整，但调整速度均较小，而从长期趋势分析，PPI 与 CPI 存在双向因果关系，而在短期内只存在 CPI 对 PPI 的单向因果关系；刘海兵、刘丽（2009）在建立向量自回归模型的基础上，运用脉冲响应函数和方差分解方法对我国居民消费价格指数的影响因素作实证分析；吴剑飞（2009）将通货膨胀和通货紧缩理解为同一经济现象——价格总水平异常波动的两种表现形式，利用贝叶斯向量自回归方法模型分析了我国实际产出波动对价格波动的影响，结果发现在封闭经济环境和开放经济环境下实际产出波动是价格波动的格兰杰原因；等等。

但是，从地区角度建立面板数据模型对 CPI 进行实证研究的文献相对较少，如何从地区差异入手对 CPI 影响因素进行实证分析仍是亟须探索的重要领域。例如，鄂永健（2007）使用面板数据的单位根检验方法对我国地区间价格水平差距（分别用商品零售价格指数和居民消费价格指数来衡量）的收敛性进行经验研究；王元凯（2008）通过面板数单位根检验、标准方差模型和 Jarque-Bera 模型检验对城乡价格水平差异进行实证研究，论证了一价定律在国内市场成立，以及城市部门比农村部门的市场化程度高等。本章拟建立面板数据模型对 CPI 地区差异进行实证分析，而面板数据模型最早是由 Cheng

Hsiao（1986）提出，与纯截面数据模型、纯时间序列模型相比其优点在于：样本容量大大增加，能够识别一些上述两类模型所不能识别的因素，并使参数估计值更加可靠，提高了模型参数估计精度，大大降低了多重共线性的影响。

二 分地区 CPI 差异实证分析：面板数据模型

1. 变量说明和数据选取

本章以 31 个省（市、区）2003～2008 年数据为样本数据，建立面板数据模型实证分析不同地区间 CPI 差异状况。其中，因变量为居民消费价格指数（CPI），自变量分别为经济增长率（GDP）、工业品出厂价格指数（PPI）、城镇居民收入增长速度（IC）①，所有数据均来自《中国统计摘要（2009）》（见表 7－1 至表 7－4）。

表 7－1 2003～2008 年各省区居民消费价格指数

单位：%

省区	地区代码	2003 年	2004 年	2005 年	2006 年	2007 年	2008 年
北京	BJ	0.2	1.0	1.5	0.9	2.4	5.1
天津	TJ	1.0	2.3	1.5	1.5	4.2	5.4
河北	HEB	2.2	4.3	1.8	1.7	4.7	6.2
山西	SX	1.8	4.1	2.3	2.0	4.6	7.2
内蒙古	NMG	2.2	2.9	2.4	1.5	4.6	5.7
辽宁	LN	1.7	3.5	1.4	1.2	5.1	4.6
吉林	JL	1.2	4.1	1.5	1.4	4.8	5.1
黑龙江	HLJ	0.9	3.8	1.2	1.9	5.4	5.6
上海	SH	0.1	2.2	1.0	1.2	3.2	5.8

① 由于缺乏不同地区农村居民人均纯收入数据，这里选取城镇居民人均可支配收入增长速度指标进行分析。

续表

省　区	地区代码	2003 年	2004 年	2005 年	2006 年	2007 年	2008 年
江　苏	JS	1.0	4.1	2.1	1.6	4.3	5.4
浙　江	ZJ	1.9	3.9	1.3	1.1	4.2	5.0
安　徽	AH	1.7	4.5	1.4	1.2	5.3	6.2
福　建	FJ	0.8	4.0	2.2	0.8	5.2	4.6
江　西	JX	0.8	3.5	1.7	1.2	4.8	6.0
山　东	SD	1.1	3.6	1.7	1.0	4.4	5.3
河　南	HEN	1.6	5.4	2.1	1.3	5.4	7.0
湖　北	HUB	2.2	4.9	2.9	1.6	4.8	6.3
湖　南	HUN	2.4	5.1	2.3	1.4	5.6	6.0
广　东	GD	0.6	3.0	2.3	1.8	3.7	5.6
广　西	GX	1.1	4.4	2.4	1.3	6.1	7.8
海　南	HAIN	0.1	4.4	1.5	1.5	5.0	6.9
重　庆	CQ	0.6	3.7	0.8	2.4	4.7	5.6
四　川	SC	1.7	4.9	1.7	2.3	5.9	5.1
贵　州	GZ	1.2	4.0	1.0	1.7	6.4	7.6
云　南	YN	1.2	6.0	1.4	1.9	5.9	5.7
西　藏	XZ	0.9	2.7	1.5	2.0	3.4	5.7
陕　西	SX	1.7	3.1	1.2	1.5	5.1	6.4
甘　肃	GS	1.1	2.3	1.7	1.3	5.5	8.2
青　海	QH	2.0	3.2	0.8	1.6	6.6	10.1
宁　夏	NX	1.7	3.7	1.5	1.9	5.4	8.5
新　疆	XJ	0.4	2.7	0.7	1.3	5.5	8.1
全　国	—	1.2	3.9	1.8	1.5	4.8	5.9

数据来源：根据《中国统计摘要（2009）》有关数据整理而成。

表 7－2　2003～2008 年各省区 GDP 增长率

单位：%

省　区	2003 年	2004 年	2005 年	2006 年	2007 年	2008 年
北　京	11.0	14.1	11.8	12.8	13.3	9.0
天　津	14.8	15.8	14.7	14.5	15.2	16.5
河　北	11.6	12.9	13.4	13.4	12.8	10.1

续表

省　区	2003 年	2004 年	2005 年	2006 年	2007 年	2008 年
山　西	14.9	15.2	12.6	11.8	14.4	8.3
内蒙古	17.9	20.9	23.8	19.0	19.1	17.2
辽　宁	11.5	12.8	12.3	13.8	14.5	13.1
吉　林	10.2	12.2	12.1	15.0	16.1	16.0
黑龙江	10.2	11.7	11.6	12.1	12.0	11.8
上　海	12.3	14.2	11.1	12.0	14.3	9.7
江　苏	13.6	14.8	14.5	14.9	14.9	12.3
浙　江	14.7	14.5	12.8	13.9	14.7	10.1
安　徽	9.4	13.3	11.6	12.8	13.9	12.7
福　建	11.5	11.8	11.6	14.8	15.2	13.0
江　西	13.0	13.2	12.8	12.3	13.0	12.6
山　东	13.4	15.4	15.2	14.8	14.3	12.1
河　南	10.7	13.7	14.2	14.4	14.6	12.1
湖　北	9.7	11.2	12.1	13.2	14.5	13.4
湖　南	9.6	12.1	11.6	12.2	14.5	12.8
广　东	14.8	14.8	13.8	14.6	14.7	10.1
广　西	10.2	11.8	13.2	13.6	15.1	12.8
海　南	10.6	10.7	10.2	12.5	14.8	9.8
重　庆	11.5	12.2	11.5	12.2	15.6	14.3
四　川	11.3	12.7	12.6	13.3	14.2	9.5
贵　州	10.1	11.4	11.6	11.6	13.7	10.2
云　南	8.8	11.3	9.0	11.9	12.5	11.0
西　藏	12.0	12.1	12.1	13.3	14.0	10.1
陕　西	11.8	12.9	12.6	12.8	14.6	15.6
甘　肃	10.7	11.5	11.8	11.5	12.3	10.1
青　海	11.9	12.3	12.2	12.2	12.5	12.7
宁　夏	12.7	11.2	10.9	12.7	12.7	12.2
新　疆	11.2	11.4	10.9	11.0	12.2	11.0
全　国	10.0	10.1	11.3	12.7	14.2	9.6

数据来源：根据《中国统计摘要（2009）》有关数据整理而成。

表 7-3　2003~2008 年各省区工业品出厂价格指数

单位：%

省　区	2003 年	2004 年	2005 年	2006 年	2007 年	2008 年
北　京	1.5	3.0	1.3	-1.0	-0.3	3.3
天　津	2.5	4.1	0.1	0.6	1.5	4.1
河　北	7.1	11.6	4.4	0.8	6.9	16.7
山　西	12.2	16.1	10.2	1.0	7.4	22.4
内蒙古	3.2	5.1	5.1	3.0	5.7	12.5
辽　宁	3.6	7.1	5.1	4.1	4.4	10.9
吉　林	2.5	5.0	4.3	1.7	2.7	4.9
黑龙江	11.9	13.1	16.7	9.9	5.3	14.0
上　海	1.4	3.6	1.7	0.6	1.2	2.2
江　苏	2.3	6.5	2.6	1.5	2.6	4.6
浙　江	0.6	5.0	2.3	3.8	2.4	4.3
安　徽	3.5	8.2	3.3	3.1	3.6	8.4
福　建	0.7	2.6	0.2	-0.8	0.8	2.7
江　西	4.0	9.7	8.8	9.7	6.2	6.4
山　东	3.5	6.4	3.7	2.3	3.3	8.6
河　南	5.0	10.2	6.1	4.3	5.2	12.1
湖　北	3.5	5.7	4.5	2.9	3.9	6.1
湖　南	2.6	8.0	5.9	4.3	6.1	9.3
广　东	-0.7	1.7	1.5	1.4	1.3	3.1
广　西	2.8	9.7	4.9	9.6	4.5	9.0
海　南	-0.5	0.0	-0.5	0.8	2.7	4.5
重　庆	0.6	3.3	3.0	2.2	3.5	5.8
四　川	0.5	5.3	4.0	1.9	3.9	9.3
贵　州	3.4	8.0	7.2	4.3	5.0	12.4
云　南	1.4	8.8	4.5	4.6	5.7	5.8
西　藏	4.7	3.8	4.2	6.0	1.1	5.6
陕　西	5.7	7.3	10.4	9.6	2.9	8.4
甘　肃	10.0	14.3	9.6	9.8	5.5	4.9
青　海	5.5	11.2	10.2	9.5	4.2	7.6
宁　夏	3.8	10.0	6.2	6.2	3.7	12.9
新　疆	15.1	16.4	16.6	14.4	6.3	16.4
全　国	2.3	6.1	4.9	3.0	3.1	6.9

注：西藏 2003~2005 年数据用相应后三年数据的平均值代替。

数据来源：根据《中国统计摘要（2009）》有关数据整理而成。

表 7－4　2003～2008 年各省区城镇居民人均可支配收入增长速度

单位：%

省　区	2003 年	2004 年	2005 年	2006 年	2007 年	2008 年
北　京	11.1	11.6	11.3	12.2	7.5	7.0
天　津	9.3	8.7	8.5	11.3	9.9	12.7
河　北	5.9	5.9	12.9	11.3	8.7	9.3
山　西	10.6	8.9	11.0	10.5	10.7	6.0
内蒙古	14.2	13.0	10.2	12.0	14.6	10.7
辽　宁	9.7	7.6	12.9	12.6	13.4	12.1
吉　林	10.7	8.0	9.3	11.2	10.6	8.2
黑龙江	8.6	8.0	9.8	9.1	5.9	7.7
上　海	12.1	9.8	10.7	9.5	10.8	6.7
江　苏	12.3	9.1	15.3	12.6	11.8	8.4
浙　江	11.9	7.3	10.3	10.8	8.4	5.4
安　徽	10.4	6.2	11.7	13.7	11.5	6.8
福　建	8.1	7.7	8.2	10.4	7.3	10.9
江　西	7.9	6.0	12.4	9.8	14.9	6.1
山　东	9.5	9.3	12.6	12.3	12.7	9.1
河　南	9.1	5.5	10.2	11.9	11.0	8.3
湖　北	5.1	4.8	6.7	10.0	11.9	8.5
湖　南	8.7	7.9	8.3	8.6	11.3	6.3
广　东	10.4	7.2	6.2	6.5	6.5	5.7
广　西	5.5	7.3	3.8	9.3	16.7	7.7
海　南	7.0	3.2	3.7	9.9	11.9	8.1
重　庆	11.2	9.9	10.2	10.3	3.9	8.1
四　川	4.5	4.7	7.0	8.9	12.1	8.7
贵　州	9.6	7.7	10.7	10.1	10.6	2.9
云　南	4.2	9.4	2.7	6.7	7.8	9.3
西　藏	7.6	1.8	2.0	4.3	20.9	6.1
陕　西	6.7	6.9	9.4	9.7	10.4	12.5
甘　肃	7.3	9.4	8.3	9.0	6.7	1.5
青　海	7.4	6.3	10.5	9.7	7.4	4.0
宁　夏	6.1	7.0	10.4	11.5	12.5	10.4
新　疆	3.5	2.4	5.9	10.0	11.1	3.3
全　国	9.0	7.7	9.6	10.4	12.2	8.4

数据来源：根据《中国统计摘要（2009）》有关数据整理而成。

2. 确定面板数据模型形式

根据模型中待估参数的不同特性，可以将面板数据模型划分为固定效应模型和随机效应模型。其中，固定效应模型适合于横截面单位为总体中所有单位的情况，若横截面单位是从一个很大的总体中随机抽取时，那么该模型仅适用于抽取到的横截面单位，而不是样本之外的其他单位。此时，总体中存在的个体差异以服从随机分布更为合适，应采用随机效应模型进行估计。

本章通过全国 31 个省（市、区）数据来考察价格总水平（用居民消费价格指数 CPI 表示）波动与经济增长（GDP）、工业品出厂价格涨幅（PPI）、城镇居民可支配收入增长（IC）之间的关系，并分析不同地区之间存在的差异，所考察的截面单位是总体中的所有单位，因此采用固定效应模型比较合适。但由于模型中待估系数多于方程个数，需要对其附加一定的约束条件。根据约束条件的不同，可以将固定效应模型分为变系数模型、变截距模型和混合模型三种形式，若模型形式选择不适当，则模型估计结果将产生明显的偏差。模型形式设定检验使用的是协方差分析检验，对于含有 N 个截面成员的面板数据模型为：

$$y_{it} = \alpha_i + \beta_{1i}x_{1it} + \beta_{2i}x_{2it} + \cdots + \beta_{ki}x_{kit} + \mu_{it}$$
$$i = 1,2\cdots N \quad t = 1,2\cdots T \tag{1}$$

其中，y_{it} 是因变量，$x_{1it}, x_{2it}\cdots x_{kit}$ 是 k 个解释变量，N 表示横截面个体成员的个数，T 表示每个截面成员的样本观测时期数，参数 α_i 表示面板数据模型的截距项，$\beta_{1i}, \beta_{2i}\cdots\beta_{ki}$ 表示对应于 k 个解释变量的系数。通常，假定随机误差项 μ_{it} 之间相互独立，且满足均值为零、方差同为 σ_μ^2 的假设。

即检验如下两个原假设：

H_0：模型（1）中的解释变量系数对于所有的截面成员都是相同的（即斜率系数是齐性的），但截距项不同，即该模型形式为变截距模型：

$$y_{it} = \alpha_i + \beta_1 x_{1it} + \beta_2 x_{2it} + \cdots + \beta_k x_{kit} + \mu_{it}$$
$$i = 1,2\cdots N \quad t = 1,2\cdots T \tag{2}$$

H_1：模型（1）中的解释变量系数和截距项对于所有的截面成员都是相同的，即该模型形式为混合回归模型：

$$y_{it} = \alpha + \beta_1 x_{1it} + \beta_2 x_{2it} + \cdots + \beta_k x_{kit} + \mu_{it}$$
$$i = 1,2,\cdots N \quad t = 1,2,\cdots T \tag{3}$$

模型形式检验需要以下两个 F 检验统计量：

$$F_2 = \frac{(S_3 - S_1)/[(N-1)(k+1)]}{S_1/[NT - N(k+1)]}(F[(N-1)(k+1), NT - N(k+1)])$$

$$F_1 = \frac{(S_2 - S_1)/[(N-1)k]}{S_1/[NT - N(k+1)]}(F[(N-1)k, NT - N(k+1)])$$

其中，N 是截面成员个数，T 是每个截面成员的样本观测时期数，k 是非常数项解释变量的个数，S_1、S_2、S_3 分别表示变系数模型（1）、变截距模型（2）和混合回归模型（3）的残差平方和。在原假设 H_1、H_0 成立的条件下，检验统计量 F_2、F_1 分别服从特定自由度的 F 分布。利用 *Eviews* 5.0 软件可直接求得 $S_1 = 185.5$，$S_2 = 652.6$，$S_3 = 718.1$，且 $N = 31$，$T = 6$，$k = 3$，将其代入上述两个 F 检验统计量中，得 $F_2 = 8.91 > F$（120，60）$= 1.47 > F$（120，62），因此拒绝原假设 H_1，并继续检验原假设 H_0；$F_1 = 1.736 \approx F$（30，60）$> F$（90，62），因此拒绝原假设 H_0，并利用模型（1）即固定效应变系数模型拟合样本。

3. 建立面板数据模型

根据上述确定的模型形式，我们建立的 *CPI* 固定效应变系数模型为：

$$CPI_{it} = \alpha_i + \beta_{1i} GDP_{it} + \beta_{2i} PPI_{it} + \beta_{3i} IC_{it} + \mu_{it}$$
$$i = 1,2\cdots 31 \quad t = 2003,2004\cdots 2008$$

利用 *Eviews* 5.0 软件得出模型估计结果如表 7－5 所示。

表 7-5 CPI 固定效应截面变系数模型估计结果

省区	地区代码	GDP 系数(β_{1i})		PPI 系数(β_{2i})		IC 系数(β_{3i})		各地区截距项的固定效应值
		数值	标准差	数值	标准差	数值	标准差	
北京	BJ	-0.2093	0.5113	0.1598	0.4950	-0.5574	0.3862	14.5670
天津	TJ	3.0306	2.2594	-0.7334	0.9304	0.2375	0.5541	-39.6065
河北	HEB	0.1999	0.9966	0.3416	0.2434	0.0570	0.3082	2.5684
山西	SX	2.0203	1.3911	-0.0590	0.3709	-0.4658	0.8870	-14.3456
内蒙古	NMG	0.1527	0.4424	0.5646	0.3138	0.5199	0.6176	-4.7377
辽宁	LN	0.9997	0.8572	0.3116	0.2849	-0.1620	0.4068	-5.2889
吉林	JL	0.4802	0.3269	-0.1405	3.2105	-0.9060	3.2685	10.5130
黑龙江	HLJ	1.1848	1.1517	0.3062	0.2995	-1.7963	0.8710	5.2850
上海	SH	0.2858	0.5725	-0.0399	0.8467	-1.1087	0.5694	14.6033
江苏	JS	-0.0639	0.8714	0.2650	0.6490	-0.3562	0.5288	12.0007
浙江	ZJ	0.3191	0.5454	-0.5003	0.7054	-0.9993	0.5447	13.9272
安徽	AH	0.8624	0.6489	-0.4740	1.2564	-0.8401	1.0297	8.3852
福建	FJ	0.7583	0.5137	1.2881	0.6034	-0.4056	0.5303	0.0865
江西	JX	0.6547	2.4626	-0.0720	0.3477	-0.0471	0.2163	0.3689
山东	SD	-0.2302	0.7410	0.8591	0.4990	0.6201	0.6609	0.1423
河南	HEN	0.2890	0.5310	0.7310	0.3719	0.1696	0.5428	-2.0738
湖北	HUB	-1.3662	2.3555	2.1386	1.3467	1.1551	1.5242	6.9005
湖南	HUN	-0.5125	1.1427	1.1121	0.7877	0.8895	1.0464	0.5071
广东	GD	-0.1900	0.7480	1.2941	2.3088	0.1974	1.3000	7.0414
广西	GX	0.1292	0.6786	0.2498	0.2617	0.2422	0.2486	3.2561
海南	HAIN	0.8740	0.7196	1.7216	0.5335	-0.8064	0.4797	1.8936
重庆	CQ	1.5438	1.8653	0.4541	0.6509	0.5308	1.0504	-18.2828
四川	SC	0.4829	0.6644	0.5198	0.3458	0.1063	0.3343	-0.5194
贵州	GZ	2.0201	0.7801	-0.3350	0.5239	-1.4364	0.6542	-0.0689
云南	YN	-0.0417	0.7889	0.2975	0.4758	0.6070	0.5176	3.3224
西藏	XZ	-1.0156	0.7159	0.0552	0.7110	0.1640	0.1680	18.5316
陕西	SX	2.0203	1.3911	-0.0590	0.3709	-0.4658	0.8870	-14.3456
甘肃	GS	2.9996	2.0248	0.4698	0.5577	-1.8632	0.8776	-16.9531
青海	QH	7.9264	3.4815	-0.3430	0.2903	-0.6360	0.4211	-81.1137
宁夏	NX	1.3826	1.0418	0.6194	0.2291	0.3008	0.3118	-15.4467
新疆	XJ	-5.0802	6.2996	-1.3347	1.0483	-0.7818	0.5439	88.8826

注：在模型估计结果中，截距项均值为 -4.7742。

该变系数模型估计的 $R^2 = 0.7684$，说明模型的拟合程度较好，表明经济增长、工业品出厂价格变化、城镇居民收入增长在较大程度上能够解释居民消费价格指数变化情况。*D. W.* 统计量等于 2.0016，非常接近于 2，表明模型估计结果的残差序列不存在一阶序列自相关。但我们也应看到，R^2 值与 1 相比（$R^2 = 1$ 表示拟合效果很完美）仍然有一定差距，究其原因，主要是由于居民消费价格指数除了受经济增长、工业品出厂价格、城镇居民收入增长的影响外，还与货币供应、国际市场、市场预期、自身惯性等因素密切联系。如 2007 年以来我国出现明显通货膨胀压力，既有需求拉动、成本推动方面的原因，也有由结构性供应短缺和价格上涨引发的，还表现出某种程度的外部输入型特征，是经济增长、货币供应、居民收入和消费水平、上下游产品价格传导效应、国际市场等多种因素综合作用的结果。

从表 7－5 中分析各地变量回归系数可知，青海、天津、甘肃、陕西、山西、贵州、重庆、宁夏、黑龙江、辽宁、海南、安徽、福建和江西等地经济增长与居民消费价格指数呈现明显的正相关关系，回归系数均在 0.5 以上，说明这些地区经济较快增长会带来社会总需求明显增加和商品价格相应上涨。而新疆、湖北、西藏、湖南、山东、北京、广东、江苏、云南等地经济增长与居民消费价格指数则呈现负相关关系，这可能与技术进步、产能过剩、收入分配和社会保障体系不健全等因素有很大关系。进一步来说，若经济增长是建立在信息通信等高新技术产业快速增长的基础上，则技术进步必然带来劳动生产率提高和产品数量快速增加，库存增长过快将相应带来产品价格下降；若经济增长在很大程度上是由扩大投资规模刺激的，则造成产能过剩和市场需求不足并存的局面，也会造成产品价格下降。

湖北、海南、广东、福建、湖南、山东、河南、宁夏、内蒙古、四川等地工业品出厂价格指数与居民消费价格指数呈现明显正相关关系，回归系数均超过 0.5，而新疆、天津、浙江、安徽、青海、贵州、吉林、江西、山西、陕西、上海等地工业品出厂价格指数与居民消费价格指数则呈负相关关系，这反映出各地区企业在经营规模、管理水平、技术创新等方面存在明显差异，进而在消化上游产品价格上涨带来的成本增加能力方面也有所不同。

湖北、湖南、山东、云南、重庆、内蒙古、宁夏、广西、天津、广东、河南、西藏、四川、河北等地城镇居民收入增长与居民消费价格指数呈现正相关关系，城镇居民收入较快增长将会带来市场需求增加和商品价格上涨；而甘肃、黑龙江、贵州、上海、浙江、吉林、安徽、海南、新疆、青海、北京、陕西、山西、福建、江苏、辽宁、江西等地城镇居民收入增长并没有带来消费增加和价格上涨，这可能与北京、上海等地高房价挤压居民其他消费有很大关系，或者与甘肃、贵州、新疆等地居民收入水平仍然偏低和社会保障体系不健全密切相关，居民收入预期不稳定必然影响消费信心和市场价格上涨。

另外，近年来 CPI 涨幅高于全国平均水平的地区主要集中在中西部省份和粮食主产区（如表 7－6 所示），这是因为粮食价格在 CPI 构成中占比较高，为 1/3 左右，而且粮价是百价之基，市场粮价较大幅度上涨很可能带动猪肉、食用油等副食品价格也出现明显上涨，进而推动 CPI 明显上升。

表 7－6　2003～2008 年各省区居民消费价格同比涨幅比较

单位：%

年份	2003		2004		2005		2006		2007		2008	
排名	全　国	1.2	全　国	3.9	全　国	1.8	全　国	1.5	全　国	4.8	全　国	5.9
1	湖　南	2.4	云　南	6.0	湖　北	2.9	重　庆	2.4	青　海	6.6	青　海	10.1
2	河　北	2.2	河　南	5.4	内蒙古	2.4	四　川	2.3	贵　州	6.4	宁　夏	8.5
3	内蒙古	2.2	湖　南	5.1	广　西	2.4	山　西	2.0	广　西	6.1	甘　肃	8.2
4	湖　北	2.2	湖　北	4.9	山　西	2.3	西　藏	2.0	四　川	5.9	新　疆	8.1
5	青　海	2.0	四　川	4.9	湖　南	2.3	黑龙江	1.9	云　南	5.9	广　西	7.8
6	浙　江	1.9	安　徽	4.5	广　东	2.3	云　南	1.9	湖　南	5.6	贵　州	7.6

续表

年份	2003		2004		2005		2006		2007		2008	
7	山　西	1.8	广　西	4.4	福　建	2.2	宁　夏	1.9	甘　肃	5.5	山　西	7.2
8	辽　宁	1.7	海　南	4.4	江　苏	2.1	广　东	1.8	新　疆	5.5	河　南	7.0
9	安　徽	1.7	河　北	4.3	河　南	2.1	河　北	1.7	黑龙江	5.4	海　南	6.9
10	四　川	1.7	山　西	4.1	河　北	1.8	贵　州	1.7	河　南	5.4	陕　西	6.4
11	陕　西	1.7	吉　林	4.1	江　西	1.7	江　苏	1.6	宁　夏	5.4	湖　北	6.3
12	宁　夏	1.7	江　苏	4.1	山　东	1.7	湖　北	1.6	安　徽	5.3	河　北	6.2
13	河　南	1.6	福　建	4.0	四　川	1.7	青　海	1.6	福　建	5.2	安　徽	6.2
14	吉　林	1.2	贵　州	4.0	甘　肃	1.7	天　津	1.5	辽　宁	5.1	江　西	6.0
15	贵　州	1.2	浙　江	3.9	北　京	1.5	内蒙古	1.5	陕　西	5.1	湖　南	6.0
16	云　南	1.2	黑龙江	3.8	天　津	1.5	海　南	1.5	海　南	5.0	上　海	5.8
17	山　东	1.1	重　庆	3.7	吉　林	1.5	陕　西	1.5	吉　林	4.8	内蒙古	5.7
18	广　西	1.1	宁　夏	3.7	海　南	1.5	吉　林	1.4	江　西	4.8	云　南	5.7
19	甘　肃	1.1	山　东	3.6	西　藏	1.5	湖　南	1.4	湖　北	4.8	西　藏	5.7
20	天　津	1.0	辽　宁	3.5	宁　夏	1.5	河　南	1.3	河　北	4.7	黑龙江	5.6
21	江　苏	1.0	江　西	3.5	辽　宁	1.4	广　西	1.3	重　庆	4.7	广　东	5.6
22	黑龙江	0.9	青　海	3.2	安　徽	1.4	甘　肃	1.3	山　西	4.6	重　庆	5.6
23	西　藏	0.9	陕　西	3.1	云　南	1.4	新　疆	1.3	内蒙古	4.6	天　津	5.4
24	福　建	0.8	广　东	3.0	浙　江	1.3	辽　宁	1.2	山　东	4.4	江　苏	5.4
25	江　西	0.8	内蒙古	2.9	黑龙江	1.2	上　海	1.2	江　苏	4.3	山　东	5.3
26	广　东	0.6	西　藏	2.7	陕　西	1.2	安　徽	1.2	天　津	4.2	北　京	5.1
27	重　庆	0.6	新　疆	2.7	上　海	1.0	江　西	1.2	浙　江	4.2	吉　林	5.1
28	新　疆	0.4	天　津	2.3	贵　州	1.0	浙　江	1.1	广　东	3.7	四　川	5.1
29	北　京	0.2	甘　肃	2.3	重　庆	0.8	山　东	1.0	西　藏	3.4	浙　江	5.0
30	上　海	0.1	上　海	2.2	青　海	0.8	北　京	0.9	上　海	3.2	辽　宁	4.6
31	海　南	0.1	北　京	1.0	新　疆	0.7	福　建	0.8	北　京	2.4	福　建	4.6

注：按照各地区 CPI 涨幅高低顺序排列。

资料来源：根据《中国统计摘要（2009）》有关数据整理而成。

三　本章小结

价格是国民经济运行情况的综合反映，保持物价稳定是宏观调控四大基本目标之一，而区域经济发展不均衡、不协调是影响价格总水平平稳运行的重要因素，因此今后各地区必须认真落实科学发展观，坚持区别对待、分类指导的原则，因地制宜，因时而异，结合实际切实加强和改善价格总水平调控，促进区域经济协调发展和国民经济又好又快发展。

1. "十二五"时期应继续加快结构调整步伐

当前及今后一个时期，结构性矛盾仍然是经济运行中的突出问题，如投资和消费比例失调、地区间经济发展水平及居民收入差距过大、部分农产品产销区衔接不畅、一些地区煤电油运出现阶段性供应紧张、重要商品期（现）货市场发展不均衡等，这些结构性矛盾如果得不到切实有效的解决，必然在一定程度上引发或加大市场价格上涨压力，甚至局部地区还会出现较大幅度价格上涨。因此，"十二五"时期应继续加快结构调整步伐，如适度扩大投资规模和优化投资结构，坚决抑制产能过剩和重复建设，并千方百计扩大就业，努力提高居民收入和扩大消费需求，促进经济又好又快发展和市场价格基本稳定。

2. 价格总水平调控要体现区域差异性

改革开放以来，我国发生了几次比较严重的通货膨胀，形成原因一般包括以下几个方面：经济过热（投资和消费需求膨胀）、生产要素（劳动力、土地等）价格上涨和资源环保成本上升、价格体制改革、部分商品出现阶段性严重短缺（如农业减产）、货币流动性过剩、国际市场冲击等。但是，由于各地区在资源禀赋、经济增长、产业结构、居民收入水平和消费结构等方面存在着较大差异，以至于在通货膨胀发生成因、严重程度、传导机制等方面也不完全一致。因此，宏观调控措施不能搞"一刀切"，要体现出区域差异性，把握好调控的方向、节奏和力度，如对某些货币政策工具（存款准备金率、贷款利率、定向央行票据、特种存款、信贷窗口指导等）实行必要的区域差别化调整，以提高价格总水平调控的灵活性、针对性和有效性。

3. 调整收入分配格局，完善社会保障体系，增强城乡居民收入预期和价格上涨承受能力

居民收入和消费水平是影响居民消费价格变化最直接的因素。有关部门应切实调整收入分配格局，不断提高劳动报酬在初次分配中的比重，逐步提高最低工资标准，建立企业职工工资正常增长机制和支付保障机制，着力提高低收入群体收入水平。继续完善医疗、教育、住房和社会保障体制改革，尤其要下大力气解决好看病难、看病贵、教育乱收费、房价过高等关系广大人民群众切身利益的现实问题，降低城乡居民支出不确定性，防止其因价格过快上涨导致生活水平明显下降。

4. 大力发展农业生产，健全农产品流通体系，保持主要农产品价格基本稳定

农产品价格是影响各地区居民消费价格走势的重要因素。各地区要加快转变农业发展方式，加强农田水利设施、新型农业社会化服务建设和农业科技进步，推进农业结构战略性调整，加快落实全国新增千亿斤粮食生产能力建设规划，科学确定区域农业发展重点并形成优势突出和特色鲜明的产业带，着力提高农业综合生产能力。同时，坚持以市场需求为导向，完善农业信息收集和发布制度，发展农产品现代流通方式，加强生产、收购、储运、加工、销售各个环节的管理，加快形成流通成本低、运行效率高的农产品营销网络，保持主要农产品价格基本稳定。

参考文献

鄂永健：《中国地区间价格水平差距趋于收敛还是发散——基于省级面板数据的单位根检验》，《经济评论》2007 年第 5 期。

樊欢欢、张凌云：《Eviews 统计分析与应用》，机械工业出版社，2009。

刘海兵、刘丽：《基于 VAR 模型的 CPI 影响因素分析》，《云南财经大学学报》2009 年第 1 期。

宋金奇、舒晓惠：《PPI 与 CPI 的关系——基于误差修正模型的研究》，《价格理论与实践》2008 年第 10 期。

汪同三、胡祖光：《21 世纪数量经济学》，方志出版社，2007。

王元凯：《中国城乡价格水平差异研究——基于 1995 ~ 2005 年省级面板数据》，《统计研究》2008 年第 5 期。

吴剑飞：《中国实际产出波动与价格波动的关系：1992 ~ 2008》，《当代经济科学》2009 年第 5 期。

吴丽丽、尹煜：《投资、消费关系的协调与经济增长——来自中国区域面板数据的实证研究》，《财经问题研究》2009 年第 5 期。

张鸣芳等：《居民消费价格指数季节调整实证研究》，《财经研究》2004 年第 3 期。

第三篇

劳动力失业与收入不平等成本分析

第8章

中国劳动力失业成本实证分析

一　劳动力失业成本的价值化方法

劳动力失业是有成本的。对于失业者个人来说，失业首先意味着就业收入的丧失和工作经历与工作技能积累的中断。而且，失业者失业时间越长，其原有的工作技能丧失得就越多，也就更难以找到新的工作。失业会使得失业者心情沮丧，失去自尊心与自信心，会影响到他们日后的工作。社会是由个人构成的，失业者个人所遭受的也即社会所遭受的。同时，失业还意味着能够工作而且愿意工作的人被逐出生产领域，转向分配领域（主要为社会救济领域），这部分劳动力资源本可用于国民财富的生产，却要消费国民财富。即因为失业的存在，使得国民产出减少，国民非生产性支出增加。劳动力失业，无论是对于个人，还是对于社会，都是一种损失，都要支付成本。

1. 劳动力失业成本所包含的主要内容

根据对现有文献的掌握，劳动力失业成本主要包含以下几个方面的内容。

（1）失业者的就业收入损失。对失业者个人来说，失业最明显的成本是失业者的就业收入损失。虽然这部分就业收入损失可以通过失业津贴或其他政府转移支付等方式部分地得到补偿，但各国的经验表明，这些补偿要少于就业收入，只相当于就业收入的一半或稍多。

（2）失业者的人力资本损失。工作可以维持和提高劳动者的工作技能和工作态度，特别是科技进步日新月异的今天，长期失业不仅会浪费现有的工作技能，而且无法积累新的工作技能，这会使现在的失业者丧失在未来劳动力市场上的竞争力和生产力，进而丧失获得较高就业收入的机会。

（3）经济资源的浪费或产出的减少。对社会来说，失业的成本之一是资源的浪费或产出的减少。如果不存在失业，或者说如果人力资源得到充分有效利用，产出就会增加。然而，现实是，由于失业的存在，产出减少了。国际上通常用国内生产总值（GDP）的缺口来反映这种损失，即GDP的缺口=潜在的GDP-实际的GDP。

所谓潜在的GDP是指当非劳动力资源得到充分利用和劳动力处于充分就业状态时的GDP产出水平。对美国20世纪30年代大萧条时期的GDP缺口估计，美国失业率从1929年的3.2%上升到1933年的24.9%，结果使GDP减少了大约30%。由于资料的缺乏，我们不能准确地估计我国由于失业而产生的GDP损失，但是我们可以作一粗略的估计，2006年城镇失业人员为847万人，如果这些人员全部就业，按2006年我国全社会劳动生产率（27739元/人）计算，就可增加产出2690.1亿元①。

① 根据《中国统计年鉴（2007）》整理计算得出。

（4）失业津贴和社会救济支出。对社会来说，另一项成本是失业津贴和社会救济等方面的支出。各国每年要把相当一部分财富用于失业方面的支出，例如，1993 年欧洲国家用于失业的支出相当于 GNP（国民生产总值）的 2.92%，失业人员人均支出达到 10587 美元。我国 2006 年发放失业保险金 598.1 万人次，失业保险金额为 126 亿元人民币。而且，这些支出远远低于失业者的实际需要。如果以失业者每人每月 200 元计算，2006 年城镇失业下岗人员需要失业保险金 203 亿元①。这还只是直接用于失业人员一项的支出，还没有包括就业培训、就业介绍等的支出，而且也还没有包括农村地区的失业人员方面的支出。

（5）消费需求减少。首先，失业导致正常消费缩减。以 2006 年为例，如果失业人员全部获得就业，按照当年全国职工平均工资水平（21001 元/人）计算，那么就可增加工资收入 1779 亿元；假定其中 60% 用于消费，那么就能增加 1067 亿元②的直接消费需求。其次，庞大的失业造成人们对未来就业预期的悲观心理，导致居民消费倾向降低，储蓄倾向增强，消费需求不足。

此外，大量失业还导致贫困、疾病、犯罪、离婚等现象增加，这些都会间接影响经济的运行成本，虽然难以对其量化，但其重要性绝不容忽视。

2. 劳动力失业成本估算的方法

关于失业成本的估算方法，主要是失业对经济增长影响的估算，概括来讲，主要有以下几种方法。

（1）奥肯定律法。当代美国经济学家阿瑟·奥肯（Arthur Okun）首先提出了一种测量失业的社会成本或失业量与 GNP 差距

① 根据《中国统计年鉴（2007）》整理计算得出。
② 根据《中国统计年鉴（2007）》整理计算得出。

之间的关系的方法。这一方法后来被称为奥肯定律。据奥肯估算，失业率每提高1个百分点，相对于潜在的GNP来说，实际的GNP就要下降大约2个百分点（早先估算为3个百分点）。显然可见，高失业率所产生的经济损失是现代经济社会的最大浪费。经济学家们认为，奥肯定律只适用于估计周期性失业所引起的产量损失。周期性失业是指失业率与自然失业率的短期偏离，而自然失业率是指经济处在充分就业状态时的失业率。由于在短期内，增加就业可以不必进行新投资，利用现有的闲置资本设备，就可以增加产量。然而，在长期内，要降低自然失业率，就必须进行新投资，以便为新就业者提供资本装备。因此，奥肯定律的2∶1的比例不适合长期。

（2）分门别类加总法。这种方法是按因失业给各部门所造成的损失或支出，将其加总则可计算出失业对经济增长的影响。其内容主要包括失业者个人的收入损失，政府用于失业救济、失业培训等方面的支出，政府因失业而减少的税收收入，企业因失业所减少的利润等。欧洲诸多国家采用这种方法估算失业成本。这一方法的优点是简单易行，缺点是部分数据难以获得，因此也就很难准确计算出失业的总成本。

（3）全员劳动生产率法。这一方法是根据全社会就业人员数值和全社会总产出，计算出全社会单位就业人员平均产出，然后再由失业人员的数值，计算出失业人员全部就业或部分就业的产出。这一方法操作起来相对简单，并且相关数据也容易获得。

对于我国劳动力失业对经济增长影响的估算，由于分门别类法需要政府因失业而减少的税收数据，以及企业因失业而减少的利润数据，这些数据均难以获得，因此分门别类加总法难以采用。鉴于上述，估算我国劳动力失业对经济增长的影响，本章首先采用奥肯定律法和全员劳动生产率法。

二　1981 ~ 2007 年我国劳动力失业与经济增长关系的计量分析——奥肯定律法

奥肯（Okun A.，1928 - 1980）研究经济增长与失业率之间关系的目的在于测度潜在产出（potential output）。奥肯认为潜在产出是指在充分就业条件下整个经济所能生产出来的总产出，它确立在总需求正好处于自然失业率的基础上。奥肯定律即奥肯用来测量潜在产出的方法。奥肯把失业率作为一个变量，代表由于资源闲置而对产出产生的一切影响，失业率与自然失业率的偏差造成产出的损失再加上已达到的实际产出，就是所要的潜在产出。反向考虑，奥肯定律反映了失业率给 GDP 造成的损失（Okun，1969）。

1. 建立计量模型

根据奥肯定律，可将其改写为 $G_{rgdp} = \beta(U - U^*)$，其中，$G_{rgdp}$ 表示实际 GDP 增长率，$U - U^*$ 表示失业变化率，U^* 表示自然失业率。通过对实际 GDP 增长率和失业变化率的计量分析，可得出系数 β。要对 $G_{rgdp} = \beta(U - U^*)$ 进行计量分析，首先要建立计量模型，根据该公式我们可建立如下计量模型：

$$G_{rgdp}(t) = \alpha + \beta X(t) + \mu(t) \tag{1}$$

其中，$X(t) = U(t) - U^*(t)$

2. 数据

要对实际 GDP 增长率和失业变化率进行计量分析，首先就必须得到相应的数据。1981 ~ 2007 年中国实际 GDP 增长率和失业变化率见表 8 - 1。

3. 数据的平稳性

由于回归分析中所取数据均为时间序列数据，那么首先就需要检验数据的平稳性，如果时间序列非平稳，回归就没有意义。本章采用ADF平稳性检验方法（见表8－2）。

表8－1　1981～2007年中国实际GDP增长率、城镇登记失业率和失业变化率

年份	实际GDP增长率 G_{rgdp}（%，1978年不变价格）	城镇登记失业率U（%）	失业变化率U－U*（个百分点）
1981	5.24	3.8	0.81
1982	9.06	3.2	0.21
1983	10.85	2.3	－0.69
1984	15.18	1.9	－1.09
1985	13.47	1.8	－1.19
1986	8.85	2.0	－0.99
1987	11.58	2.0	－0.99
1988	11.28	2.0	－0.99
1989	4.06	2.6	－0.39
1990	3.84	2.5	－0.49
1991	9.18	2.3	－0.69
1992	14.24	2.3	－0.69
1993	13.96	2.6	－0.39
1994	13.08	2.8	－0.19
1995	10.92	2.9	－0.09
1996	10.01	3.0	0.01
1997	9.30	3.1	0.11
1998	7.83	3.1	0.11
1999	7.62	3.1	0.11
2000	8.43	3.1	0.11
2001	8.30	3.6	0.61
2002	9.08	4.0	1.01
2003	10.03	4.3	1.31
2004	10.09	4.2	1.21
2005	10.43	4.2	1.21
2006	11.65	4.1	1.11
2007	11.93	4.0	1.01

数据来源：《中国统计年鉴（2008）》。其中，实际GDP增长率是根据1978年不变价格与上年比计算出来的；自然失业率是根据1981～2007年城镇登记失业率平均数计算得出（约为2.99%）；失业变化率则根据相应年份的城镇登记失业率与自然失业率的差计算得出。

表 8－2　G_{rgdp}、X 的单位根检验（ADF 方法）结果

序列	1% 的临界值	ADF 值
G_{rgdp}	－3.7529	－3.9450
X	－4.3743	－5.1791

从表 8－2 的检验结果可以看出，各变量数据是平稳的，并在 1% 的显著性水平上均拒绝了零假设，即不存在单位根。因此，可以进行回归分析。

4. 数据的计量分析

在对式 $G_{rgdp}(t) = \alpha + \beta X(t) + \mu(t)$ 进行的回归分析中，存在着残差序列自相关性问题。对此，我们采用科克伦—奥科特迭代法来消除自相关性，得到的最终回归结果为：

$$G_{rgdp} = -3.785X \quad [ar(1) = 0.841] \qquad (2)$$
$$(-2.640) \qquad\qquad (6.048)$$

即失业率增加 1 个百分点，实际 GDP 增长率就减少 3.785 个百分点。这一数值比较大。模型的拟合度也不好。究其原因，主要在于我国城镇登记失业率数据方面存在较大问题。首先，城镇登记失业率数据本身的统计存在很大的不准确性。其次，即使城镇登记失业率数据本身准确，用它来代表整个社会的失业率也是极不全面的，因为我国农村的隐性失业问题比较严重。然而，无论选用哪些数据，最终得出的结果是失业变动率与实际经济增长率均存在负相关关系，这一点却是毫无异议的。

需要指出的是，奥肯定律本身是有一定的适用条件的，具体来说，奥肯定律隐含的三个重要前提适应条件为：发达的市场体制，相对稀缺的劳动力资源，失业的公开化存在形式。然而在我国当前的这一段时期，却有与奥肯定律适用条件很不相同的三个特征：很不完善的市场经济体制；相对过剩的劳动力资源；大量的隐性失业，公布的城镇失业率难以代表整体失业率。因此，用奥肯定律来研究当前我国的失业与经济增长的关系，显然是不合适的。

三　我国劳动力失业对经济增长的影响——全员劳动生产率法

根据全社会就业人员数值和全社会总产出，计算出全社会单位就业人员平均产出，然后再由失业人员的数值，计算出失业人员全部就业或部分就业的产出。根据这一方法，本章分别计算出 1978 ~ 2007 年我国因失业所损失的国民产出和 2007 年我国各地区因失业所损失的国民产出。计算结果如表 8 – 3 所示。

表 8 – 3　1978 ~ 2007 年我国因失业所损失的国民产出

年份	城镇登记失业人员（万人）	城镇登记失业率（%）	损失的国内生产总值		所损失国内生产总值占当年产值的比例（%）
			亿元（当年价格）	亿元（1978 年价格）	
1978	530	5.3	48.12	48.12	1.32
1979	567.6	5.4	56.21	54.27	1.38
1980	541.5	4.9	58.11	54.06	1.28
1981	439.5	3.8	49.17	44.73	1.01
1982	379.4	3.2	44.59	40.65	0.84
1983	271.4	2.3	34.85	31.45	0.58
1984	235.7	1.9	35.25	30.30	0.49
1985	238.5	1.8	43.12	33.62	0.48
1986	264.4	2	52.98	39.46	0.52
1987	276.6	2	63.19	44.75	0.52
1988	296.2	2	82.01	51.81	0.55
1989	377.9	2.6	116.06	67.54	0.68
1990	383.2	2.5	110.48	60.77	0.59
1991	352.2	2.3	117.14	60.29	0.54
1992	363.9	2.3	148.11	70.46	0.55
1993	420.1	2.6	222.19	91.79	0.63
1994	476.4	2.8	340.40	116.57	0.71
1995	519.6	2.9	464.09	139.77	0.76
1996	552.8	3	570.65	161.48	0.80

续表

年份	城镇登记失业人员（万人）	城镇登记失业率（%）	损失的国内生产总值		所损失国内生产总值占当年产值的比例（%）
			亿元(当年价格)	亿元(1978 年价格)	
1997	576.8	3.1	652.42	181.86	0.83
1998	571	3.1	682.27	191.89	0.81
1999	575	3.1	722.25	205.76	0.81
2000	595	3.1	818.93	228.65	0.83
2001	681	3.6	1022.60	279.78	0.93
2002	770	4.0	1256.53	341.72	1.04
2003	800	4.3	1459.83	387.00	1.07
2004	827	4.2	1758.24	435.91	1.10
2005	839	4.2	2027.29	484.35	1.11
2006	847	4.1	2349.47	541.81	1.11
2007	830	4.0	2690.09	589.74	1.08

数据来源：作者根据《中国统计年鉴（2008)》相关数据整理计算。

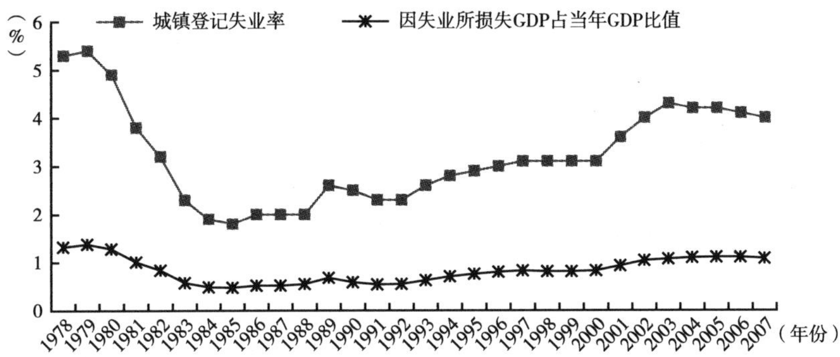

图 8－1　1978～2007 年我国城镇登记失业率与因失业所损失 GDP 比例变动趋势

从表 8－3 和图 8－1 可以看出，1978～2007 年我国城镇登记失业率与因失业所损失 GDP 比例之间成正相关关系。1979 年城镇登记失业率最高，为 5.4%，当年因失业所损失 GDP 占当年 GDP 比例也最高，为 1.38%；1985 年城镇登记失业率最低，为 1.8%，当年因失业所损失 GDP 占当年 GDP 比例也最低，为 0.48%。但这一关系在区域分布上则看不到，见表 8－4 和图 8－2。

表 8-4 2007 年我国各省区因失业所损失的国民产出

省 区	城镇登记失业人员（万人）	城镇登记失业率（%）	损失的国内生产总值 亿元（当年价格）	所损失国内生产总值占当年产值的比例（%）
北 京	10.6	1.8	89.44	0.96
天 津	15.0	3.6	175.00	3.46
河 北	29.3	3.8	112.60	0.82
山 西	16.1	3.2	59.57	1.04
内蒙古	18.5	4.0	103.95	1.71
辽 宁	44.5	4.3	236.97	2.15
吉 林	23.9	3.9	115.39	2.18
黑龙江	31.5	4.3	133.97	1.90
上 海	26.7	4.2	371.26	3.05
江 苏	39.3	3.2	241.03	0.94
浙 江	28.6	3.3	148.58	0.79
安 徽	27.2	4.1	55.62	0.76
福 建	14.9	3.9	68.72	0.74
江 西	24.3	3.4	60.98	1.11
山 东	43.5	3.2	214.51	0.83
河 南	33.1	3.4	86.01	0.57
湖 北	54.1	4.2	180.75	1.96
湖 南	44.4	4.3	108.90	1.18
广 东	36.2	2.5	212.73	0.68
广 西	18.5	3.8	39.86	0.67
海 南	5.4	3.5	15.95	1.30
重 庆	14.1	4.0	32.54	0.79
四 川	34.5	4.2	75.91	0.72
贵 州	12.1	4.0	14.57	0.53
云 南	14.0	4.2	25.56	0.54
西 藏	—	—	—	—
陕 西	21.0	4.0	59.59	1.09
甘 肃	9.5	3.3	18.70	0.69
青 海	3.7	3.8	10.56	1.35
宁 夏	4.4	4.3	12.69	1.43
新 疆	11.7	3.9	51.45	1.46

数据来源：作者根据《中国统计年鉴（2008）》相关数据整理计算。

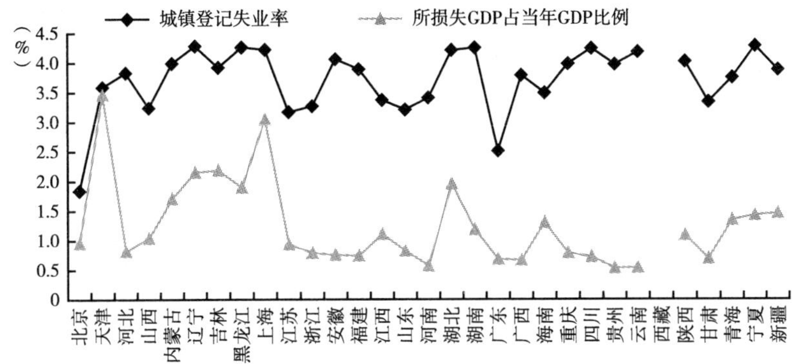

图 8－2　2007 年我国各省区城镇登记失业率与因失业所损失 GDP 占当年 GDP 比例变动趋势

从表 8－4 和图 8－2 可以看出，我国各地区城镇登记失业率与因失业所损失 GDP 占当年 GDP 比例之间不存在正相关关系，也看不出有明显的其他关系。2007 年，城镇登记失业率最高的几个省份辽宁、黑龙江、湖南和宁夏均为 4.3%，其因失业所损失 GDP 比率大小不等，都不是最高值，但在各地区中绝对不会是最低值，而属于较高值；2007 年，城镇登记失业率最低的北京为 1.8%，其因失业所损失 GDP 比率为 0.96%，也不是最低值，但在各地区中绝对不会是最高值，而属于较低值。出现这种状况的很大一个原因在于各地区经济发展的不平衡以及各地区数据统计存在的差异。

由于此处的失业率用城镇登记失业率代表，考虑到农村的隐性失业，我国的实际失业率应高于城镇登记失业率。因此，上述所得出的因失业所损失的产出数值应小于实际失业所造成的产出损失。无论是采用奥肯定律方法，还是采用全员劳动生产率方法，用城镇登记失业率代替全社会失业率都成为影响数据相对准确性的一个问题。

从上文可知，由于数据的统计问题，仅从失业的角度考察其对经济增长的影响是有很大局限性的。因此，我们需转换思路，通过考察就业对经济增长的影响来间接考察失业对经济增长的影响。下文将分别采用柯布—道格拉斯生产函数、三次产业就业和增长状况来分析就业对经济增长的影响，进而分析相关失业和经济增长状况。

四 我国劳动力失业与经济增长关系的计量分析——柯布—道格拉斯生产函数法

本部分通过对典型的柯布—道格拉斯生产函数所构造的计量模型测算 1978 ~ 2006 年全国劳动力就业与经济增长的数量关系以及 2006 年全国 29 个省（直辖市、自治区）劳动力就业与经济增长的数量关系，并进一步从侧面测算失业与经济增长的数量关系。

1. 1978 ~ 2006 年我国劳动力失业与经济增长关系的计量分析

（1）建立模型。要分析城乡收入差距与经济增长的关系，必须建立计量模型。在本部分，我们采用典型的柯布—道格拉斯生产函数：

$$Y(t) = A(t)L(t)^{\alpha 1}K(t)^{\beta 1}\mu(t) \tag{3}$$

其中，$A(t)$ 为常数，$\alpha 1 > 0$，$\beta 1 > 0$，$\alpha 1 + \beta 1 = 1$

为了消除时间序列回归后产生的异方差性和多重共线性而又不改变原来的协整关系，分别对它们取自然对数，则

$$\ln Y(t) = \alpha 1 \ln L(t) + \beta 1 \ln K(t) + \mu(t) \tag{4}$$

（2）数据。要进行计量分析，就要得到计量模型中所需数据。1978 ~ 2006 年中国实际 GDP、资本存量和从业人员数据见表 8 - 5。

（3）数据的平稳性及协整检验。由于回归分析中所取数据均为时间序列数据，那么首先就需要检验数据的平稳性，如果时间序列非平稳，则要通过差分变换来检验它们的单整阶数。如果单整阶数相同，则需要检验序列间是否存在协整关系。因为如果不存在协整关系，回归就没有意义。本章采用 ADF 平稳性检验和回归方程残差单位根协整检验方法。

表 8－5　1978～2006 年中国实际 GDP、资本存量和从业人员数据

年份	实际 GDP(亿元) Y	资本存量(亿元) K	从业人员(万人) L
1978	3645.22	5789.99	40152
1979	3922.25	6275.03	41024
1980	4228.75	6833.43	42361
1981	4450.47	7306.95	43725
1982	4853.54	7847.15	45295
1983	5380.29	8487.73	46436
1984	6196.81	9353.73	48197
1985	7031.28	10414.01	49873
1986	7653.29	11574.97	51282
1987	8539.80	12954.05	52783
1988	9503.13	14420.26	54334
1989	9889.27	15339.06	55329
1990	10268.92	16247.13	64749
1991	11211.50	17467.37	65491
1992	12808.09	19277.08	66152
1993	14596.65	21819.48	66808
1994	16506.00	24916.52	67455
1995	18309.27	28431.53	68065
1996	20141.76	32235.84	68950
1997	22014.35	36052.27	69820
1998	23738.81	40185.37	70637
1999	25547.66	44455.64	71394
2000	27701.66	49099.32	72085
2001	30000.98	54290.34	73025
2002	32725.69	60529.97	73740
2003	36006.57	68511.53	74432
2004	39637.85	77752.2	75200
2005	43773.17	88801.71	75825
2006	48871.43	101533	76400

* 单豪杰：《中国资本存量 K 的再估算：1952～2006 年》，《数量经济技术经济研究》2008 年第 10 期，第 17～31 页。

数据说明：对于 Y，本章所使用的数据是 GDP，主要取自《中国统计年鉴（2008）》并按照相关指数换算为 1978 年不变价格，以消除通胀因素的影响；对于 L，本章直接取自于《中国统计年鉴（2008）》的社会从业人员；对于 K，本章计量分析中的 K 是一个存量，而我国统计年鉴所提供的数据则是每年新增的固定资产投资或者固定资产形成总额，均为流量。如何对 K 进行估算，是经济学中的一个难点，也是一项复杂的工作，本章关于资本存量的数据取自单豪杰关于中国资本存量数据的估算*，资本存量的计算方法采用的是国际通行的永续盘存法，并按 1952 年不变价格计算。

表 8-6 lnY、lnK、lnL 及差分后的单位根检验（ADF 方法）结果

序列	5%的临界值	ADF 值	序列	5%的临界值	ADF 值
ln$Y$	-2.9919	-0.4626	Δln$Y$	-3.6329	-3.8030
ln$L$	-2.9719	-2.0816	Δln$L$	-3.5875	-5.5288
ln$K$	-2.9810	2.5743	Δln$K$	-3.5950	-4.0499

从检验结果可以看出，各变量取对数后数据是非平稳的，如果直接进行回归，将会造成伪回归，而它们的一阶差分序列在5%的显著性水平上均拒绝了零假设，即不存在单位根，也就是四个变量对数形式的一阶差分序列都是平稳的。进一步，如果 ln$Y$ 和 ln$K$、ln$L$ 之间存在协整关系，我们才可以对它们进行回归分析。

本章采用对回归方程残差序列进行单位根检验的方法来看它们是否存在协整关系。表 8-7 列出了相关检验结果。

表 8-7 回归方程残差序列的单位根检验（ADF 方法）结果

	t 统计量	概率		t 统计量	概率
ADF 值	-4.499	0.0015	5%临界值	-2.981	
1%临界值	-3.711				

从上述检验结果可以看出，回归方程的残差序列在1%的显著水平上拒绝原假设，接受不存在单位根的结论。因此，可以确定回归方程的残差序列是平稳序列。上述结果表明：ln$Y$ 和 ln$L$、ln$K$ 之间存在协整关系。

根据上述检验结果，可以得出结论：ln$Y$、ln$L$ 和 ln$K$ 都不是平稳序列，但经过一阶差分后在99%的置信度下是平稳的，即序列为一阶单整，并且存在一阶协整关系，即它们存在长期均衡关系。

（4）数据的计量分析。在对式（4）$\ln Y(t) = \alpha 1 \ln L(t) + \beta 1 \ln K(t) + \mu(t)$ 进行回归的分析中，存在着残差序列自相关性问题。

对此，我们采用科克伦—奥科特迭代法来消除自相关性，得到的最终回归结果为：

$$\ln\hat{Y} = 0.128\ln L + 0.872\ln K \quad [ar(1) = 1.489, ar(2) = -0.621]$$
$$(4.980) \quad (34.124) \qquad\qquad (12.748) \qquad\qquad (-5.247) \qquad (5)$$
$$R^2 = 0.999 \qquad D.W. = 1.623$$

从结果看，各系数的估计值都很显著，且通过了 D. W. 一阶自相关性检验以及偏相关系数和 B - G 高阶自相关性检验。

同时也可看出，1978 ~ 2006 年期间我国劳动力就业人员与经济增长成正相关关系，劳动力就业人员每增加 1%，经济增长就要增加 0.128%。从另一方面来说，劳动力就业人数每减少 1%，经济增长就降低 0.128%。

2. 2006 年全国各省区劳动力失业与经济增长关系的计量分析

（1）计量模型。计量模型仍采用（4）式结构，只是变量名作稍许变化，则：

$$\ln Y1(t) = \alpha 2\ln L1(t) + \beta 2\ln K1(t) + \mu(t) \qquad (6)$$

（2）数据。2006 年，29 个省、直辖市、自治区（除去四川和重庆），实际 GDP、资本存量和从业人员数据见表 8 - 8。

表 8 - 8　2006 年 29 个省区实际 GDP、资本存量和从业人员数据

省　区	GDP(亿元)Y1	资本存量(亿元)K1	从业人员(万人)L1
北　京	7861.04	7696.85	920.00
天　津	4344.27	1935.78	427.00
河　北	11515.76	5732.05	3467.00
山　西	4714.99	2034.89	1476.00
内蒙古	4841.82	4233.62	1041.00
辽　宁	9214.21	1463.33	1979.00
吉　林	4275.12	2033.72	1099.00
黑龙江	6201.45	2088.82	1626.00
上　海	10366.37	12086.67	856.00

续表

省　区	GDP(亿元)$Y1$	资本存量(亿元)$K1$	从业人员(万人)$L1$
江　苏	21645.08	12870.11	3878.00
浙　江	15742.51	6785.17	3203.00
安　徽	6131.10	1215.61	3485.00
福　建	7584.36	2106.92	1868.00
江　西	4670.53	5232.03	2107.00
山　东	22077.36	11663.12	5111.00
河　南	12362.79	6174.16	5662.00
湖　北	7581.32	3063.39	2676.00
湖　南	7508.87	2489	3658.00
广　东	26159.52	11162.72	4702.00
广　西	4828.51	1623.83	2703.00
海　南	1031.85	479.84	378.00
贵　州	2270.89	1128.53	2216.00
云　南	3981.31	275.91	2461.00
西　藏	291.01	189.75	140.00
陕　西	4520.07	3345.37	1883.00
甘　肃	2276.70	2398.23	1348.00
青　海	639.50	409.89	268.00
宁　夏	710.76	409.34	300.00
新　疆	3045.26	2146.32	764.00

注：对于 $Y1$，本章所使用的数据是 GDP，主要取自各省区市 2008 年统计年鉴；对于 $L1$，本章直接取自各省区市 2008 年统计年鉴的社会从业人员；对于 $K1$，本章关于资本存量的数据取自单豪杰关于中国资本存量数据的估算，资本存量的计算方法采用的是国际通行的永续盘存法，并按 1952 年不变价格计算。

（3）数据计量分析。在对式（6）$\ln Y1(t) = \alpha 2\ln L1(t) + \beta 2\ln K1(t) + \mu(t)$ 进行回归分析后，得到式（7）回归结果：

$$\begin{gathered}\ln\hat{Y}1 = 0.541\ln L1 + 0.491\ln K1 \\ (9.444) \qquad (9.429) \\ R^2 = 0.890 \qquad D.W. = 1.961\end{gathered} \tag{7}$$

从结果看，模型拟合度还可以，也通过了各种统计指标的检验。

同时也可看出，2006 年我国 29 个省（市、区）劳动力就业人员与经济增长成正相关关系，劳动力就业人员每增加 1%，经济增长就要增加 0.541%。从另一方面来说，劳动力就业人数每减少 1%，经济增长就降低 0.541%。

五　结论

综上所述，可总结如下。

（1）失业不仅会降低经济增长速度，而且还会给社会造成一系列负面影响。

（2）无论采用奥肯定律法、全员劳动生产率法和柯布—道格拉斯生产函数法测算失业对经济增长的关系，二者均为负相关关系；不同的测算方法，得出不同的数量关系；奥肯定律法所得数值最大，但最不准确，奥肯定律法不适合当前的中国；全员劳动生产率法所得数值大于柯布—道格拉斯生产函数法。

参考文献

邹薇、胡翾：《中国经济对奥肯定律的偏离与失业问题研究》，《世界经济》2003 年第 6 期。

中国劳动咨询网：《如何减少失业成本？》，http：//www.51labour.com/。

时晟蓉：《中国经济增长与失业关系的实证分析及对策》，《理论与现代化》2008 年第 1 期。

丁艺：《基于奥肯定律的中国失业与经济增长问题探讨》，《经济研究导刊》2008 年第 19 期。

肖圣鹏、王爱荣：《我国经济增长与失业关系的实证分析》，《山东经济》2008 年第 2 期。

国家统计局：《中国统计年鉴（2007）》、《中国统计年鉴（2008）》，中国统计出版社。

RT McCutcheon，MR Lieuw Kie Song and A Fitchett，“The Real and Opportunity Costs of Unemployment.”

第9章

中国三次产业就业（失业）与经济增长分析

本章通过考察三次产业就业和经济增长的关系，进而分析三次产业未来的就业（失业）和经济增长状况。

一 1978～2007年我国三次产业就业与三次产业增长的变动分析

本部分侧重考察三次产业就业人员与三次产业国内生产总值的关系及其变动趋势，见表9－1至表9－2，图9－1至图9－4。

表9－1 1978～2007年中国就业人员与国内生产总值

年份	就业人员（万人）				国内生产总值（亿元，当年价格）			
	全国	第一产业	第二产业	第三产业	全国	第一产业	第二产业	第三产业
1978	40153	28318	6945	4890	3645.2	1027.5	1745.2	872.5
1979	41025	28634	7214	5177	4062.6	1270.2	1913.5	878.9
1980	42361	29122	7707	5532	4545.6	1371.6	2192.0	982.0
1981	43725	29777	8003	5945	4891.6	1559.5	2255.5	1076.6
1982	45295	30859	8346	6090	5323.4	1777.4	2383.0	1163.0

续表

年份	就业人员(万人)				国内生产总值(亿元,当年价格)			
	全国	第一产业	第二产业	第三产业	全国	第一产业	第二产业	第三产业
1983	46436	31151	8679	6606	5962.7	1978.4	2646.2	1338.1
1984	48197	30868	9590	7739	7208.1	2316.1	3105.7	1786.3
1985	49873	31130	10384	8359	9016.0	2564.4	3866.6	2585.0
1986	51282	31254	11216	8811	10275.2	2788.7	4492.7	2993.8
1987	52783	31663	11726	9395	12058.6	3233.0	5251.6	3574.0
1988	54334	32249	12152	9933	15042.8	3865.4	6587.2	4590.3
1989	55329	33225	11976	10129	16992.3	4265.9	7278.0	5448.4
1990	64749	38914	13856	11979	18667.8	5062.0	7717.4	5888.4
1991	65491	39098	14015	12378	21781.5	5342.2	9102.2	7337.1
1992	66152	38699	14355	13098	26923.5	5866.6	11699.5	9357.4
1993	66808	37680	14965	14163	35333.9	6963.8	16454.4	11915.7
1994	67455	36628	15312	15515	48197.9	9572.7	22445.4	16179.8
1995	68065	35530	15655	16880	60793.7	12135.8	28679.5	19978.5
1996	68950	34820	16203	17927	71176.6	14015.4	33835.0	23326.2
1997	69820	34840	16547	18432	78973.0	14441.9	37543.0	26988.1
1998	70637	35177	16600	18860	84402.3	14817.6	39004.2	30580.5
1999	71394	35768	16421	19205	89677.1	14770.0	41033.6	33873.4
2000	72085	36043	16219	19823	99214.6	14944.7	45555.9	38714.0
2001	73025	36513	16284	20228	109655.2	15781.3	49512.3	44361.6
2002	73740	36870	15780	21090	120332.7	16537.0	53896.8	49898.9
2003	74432	36546	16077	21809	135822.8	17381.7	62436.3	56004.7
2004	75200	35269	16920	23011	159878.3	21412.7	73904.3	64561.3
2005	75825	33970	18084	23771	183217.4	22420.0	87364.6	73432.9
2006	76400	32561	19225	24614	211923.5	24040.0	103162.0	84721.4
2007	76990	31444	20629	24917	249529.9	28095.0	121381.3	100053.5

数据来源:《中国统计年鉴（2008)》。

表9-2　1978~2007年中国就业人员与国内生产总值构成

年份	就业人员构成(合计=100)			国内生产总值构成(合计=100)				
	第一产业	第二产业	第三产业	第一产业	第二产业	工业	建筑业	第三产业
1978	70.5	17.3	12.2	28.2	47.9	44.1	3.8	23.9
1979	69.8	17.6	12.6	31.3	47.1	43.6	3.5	21.6
1980	68.7	18.2	13.1	30.2	48.2	43.9	4.3	21.6
1981	68.1	18.3	13.6	31.9	46.1	41.9	4.2	22.0
1982	68.1	18.4	13.5	33.4	44.8	40.6	4.2	21.8
1983	67.1	18.7	14.2	33.2	44.4	39.9	4.5	22.4

续表

年份	就业人员构成(合计=100)			国内生产总值构成(合计=100)				
	第一产业	第二产业	第三产业	第一产业	第二产业	工业	建筑业	第三产业
1984	64.0	19.9	16.1	32.1	43.1	38.7	4.4	24.8
1985	62.4	20.8	16.8	28.4	42.9	38.3	4.6	28.7
1986	60.9	21.9	17.2	27.2	43.7	38.6	5.1	29.1
1987	60.0	22.2	17.8	26.8	43.6	38.1	5.5	29.6
1988	59.3	22.4	18.3	25.7	43.8	38.4	5.4	30.5
1989	60.1	21.6	18.3	25.1	42.8	38.1	4.7	32.1
1990	60.1	21.4	18.5	27.1	41.3	36.7	4.6	31.6
1991	59.7	21.4	18.9	24.5	41.8	37.1	4.7	33.7
1992	58.5	21.7	19.8	21.8	43.4	38.1	5.3	34.8
1993	56.4	22.4	21.2	19.7	46.6	40.2	6.4	33.7
1994	54.3	22.7	23.0	19.8	46.6	40.4	6.2	33.6
1995	52.2	23.0	24.8	19.9	47.2	41.0	6.0	32.9
1996	50.5	23.5	26.0	19.7	47.5	41.4	6.1	32.8
1997	49.9	23.7	26.4	18.3	47.5	41.6	5.9	34.2
1998	49.8	23.5	26.7	17.6	46.2	40.3	5.9	36.2
1999	50.1	23.0	26.9	16.5	45.8	40.0	5.8	37.7
2000	50.0	22.5	27.5	15.1	45.9	40.3	5.6	39.0
2001	50.0	22.3	27.7	14.4	45.1	39.7	5.4	40.5
2002	50.0	21.4	28.6	13.7	44.8	39.4	5.4	41.5
2003	49.1	21.6	29.3	12.8	46.0	40.5	5.5	41.2
2004	46.9	22.5	30.6	13.4	46.2	40.8	5.4	40.4
2005	44.8	23.8	31.4	12.2	47.7	42.2	5.5	40.1
2006	42.6	25.2	32.2	11.3	48.7	43.1	5.6	40.0
2007	40.8	26.8	32.4	11.3	48.6	43.0	5.6	40.1

数据来源:《中国统计年鉴(2008)》。

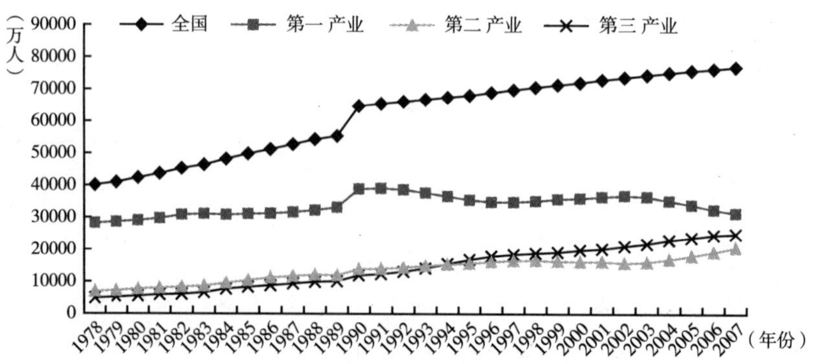

图 9-1 1978~2007 年我国三次产业就业人员数量

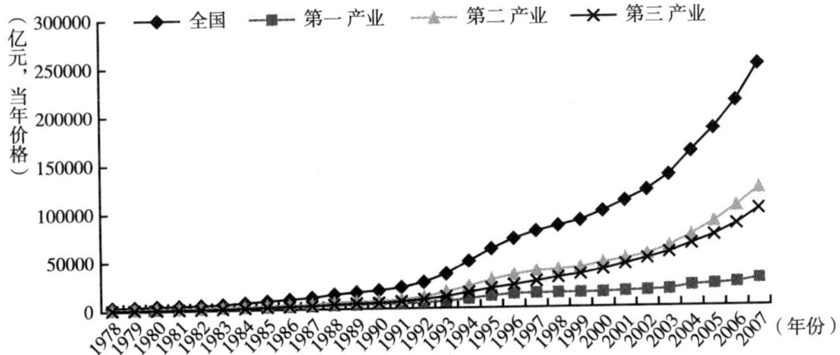

图 9－2　1978～2007 年我国三次产业国内生产总值

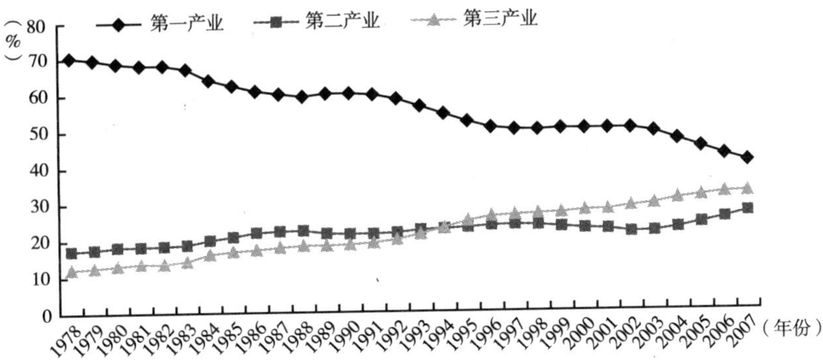

图 9－3　1978～2007 年我国三次产业就业人员比例构成

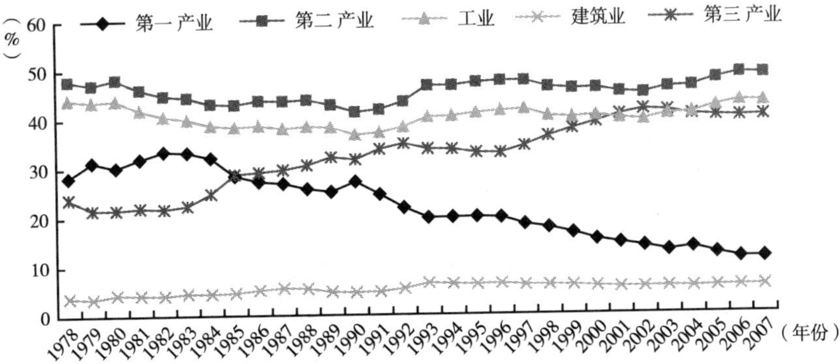

图 9－4　1978～2007 年我国三次产业国内生产总值比例构成

从表9-1和表9-2和图9-1至图9-4可以看出，1978~2007年间三次产业的就业总量及其结构和国内生产总值总量及其结构特征如下。

第一产业就业总量及其比重在三次产业中始终最大，第一产业就业总量的变动可分为两个阶段，即第一阶段1978~1991年和第二阶段1992年至今。除去1984年有少许下降外，第一阶段第一产业的就业总量基本呈增长态势，增长幅度不是很大，并在1991年达到最大值；第二阶段第一产业的就业总量基本呈下降态势，虽然1997~2002年之间也曾有缓慢的增长，但总的来说第一产业的就业总量呈下降态势，下降幅度也不是很大；另外，第一产业的国内生产总值总量呈不断增长态势，但增长速度缓慢；第一产业在国民经济三次产业结构中的就业和产值比重，除少数年份增长（就业比重1989年和1999年略微增长，产值比重1979、1981、1982、1990、1994、1995及2004年少许增长）外，总的来说呈下降态势，且下降幅度也较快。

第二产业就业总量，1978~2007年间，除1989、1999、2000和2002年略微下降外，基本呈不断增长态势；第二产业就业在国民经济三次产业中的比重，1978~2007年间，除1989~1991、1998~2002年略微下降外，基本呈增长态势。总的来说，第二产业就业总量和比重基本呈增长趋势，但增长速度缓慢。1978~2007年间，第二产业国内生产总值总量呈增长态势，且增长速度较快；第二产业国内生产总值在国民经济三次产业结构中的比重呈波状变动，其中，1979、1981~1985、1987、1989~1990、1998~1999、2001~2002、2007年的比重有所降低，下降幅度大小不一，其余年份比重有所增长，总的来说，第二产业国内生产总值在国民经济三次产业结构中的比重变化不大，但其国内生产总值总量及其比重在三次产业中均最大。

第三产业就业总量，1978~2007年间，除1994年略微下降外，基本呈不断增长态势，并在1994年首次超过第二产业的就业人数；第三产业就业在国民经济三次产业中的比重，1978~2007年间，除

1982年略微下降外，基本呈不断增长态势，并在1994年首次超过第二产业的就业人数。总的来说，第三产业就业总量和比重基本呈增长趋势，且增长速度较快。1978～2007年间，第三产业国内生产总值总量呈增长态势，且增长速度较快，并在1985年首次超过第一产业的国内生产总值；第三产业国内生产总值在国民经济三次产业结构中的比重呈波动增长，其中，1979、1982、1990、1993～1996、2003～2006年份的比重有所下降，下降幅度大小不一，其余年份比重有所增长，总的来说，第三产业国内生产总值在国民经济三次产业结构中的比重呈增长态势，且增长幅度较大，并在1985年首次超过第一产业的国内生产总值。值得注意的是，自2001年以来，第三产业的产值比重变动很小。

总的说来，随着经济的发展，第一产业就业数量和比重及产值比重基本呈下降趋势，产值数量呈增长态势；第二产业就业数量和比重及产值数量均不断增加，但产值比重变化不大；第三产业就业和产值的数量和比重均呈增长态势，尤其是就业增长更为明显。从另一角度来说，在未来较长的经济发展过程中，随着经济不断发展，经济结构不断优化，就就业数量来说，第一产业不可能再吸纳更多的就业，相反，它将不断地向第二、三产业转移劳动力。第一产业是隐形失业最大的产业；第二、三产业将成为吸纳劳动力的主要产业，尤其是第三产业。

二　未来我国三次产业的就业与增长——基于三次产业劳动生产效率的国际比较

本部分通过对中、美、日三国三次产业的劳动生产效率即人均就业人员国内生产总值（本章采用每万人就业人员国内生产总值这一指标）的比较来分析未来我国三次产业的就业与经济增长的关系，见表9-3至表9-9和图9-5至图9-7。

表 9－3 1978～2007 年中国每万人就业人员国内生产总值

单位：亿元/万人

年份	全国	第一产业	第二产业	第三产业
1978	0.09	0.04	0.25	0.18
1979	0.10	0.04	0.27	0.17
1980	0.11	0.05	0.28	0.18
1981	0.11	0.05	0.28	0.18
1982	0.12	0.06	0.29	0.19
1983	0.13	0.06	0.30	0.20
1984	0.15	0.08	0.32	0.23
1985	0.18	0.08	0.37	0.31
1986	0.20	0.09	0.40	0.34
1987	0.23	0.10	0.45	0.38
1988	0.28	0.12	0.54	0.46
1989	0.31	0.13	0.61	0.54
1990	0.29	0.13	0.56	0.49
1991	0.33	0.14	0.65	0.59
1992	0.41	0.15	0.82	0.71
1993	0.53	0.18	1.10	0.84
1994	0.71	0.26	1.47	1.04
1995	0.89	0.34	1.83	1.18
1996	1.03	0.40	2.09	1.30
1997	1.13	0.41	2.27	1.46
1998	1.19	0.42	2.35	1.62
1999	1.26	0.41	2.50	1.76
2000	1.38	0.41	2.81	1.95
2001	1.50	0.43	3.04	2.19
2002	1.63	0.45	3.42	2.37
2003	1.82	0.48	3.88	2.57
2004	2.13	0.61	4.37	2.81
2005	2.42	0.66	4.83	3.09
2006	2.77	0.74	5.37	3.44
2007	3.24	0.89	5.88	4.02

数据来源：作者根据《中国统计年鉴（2008）》相关数据整理计算。

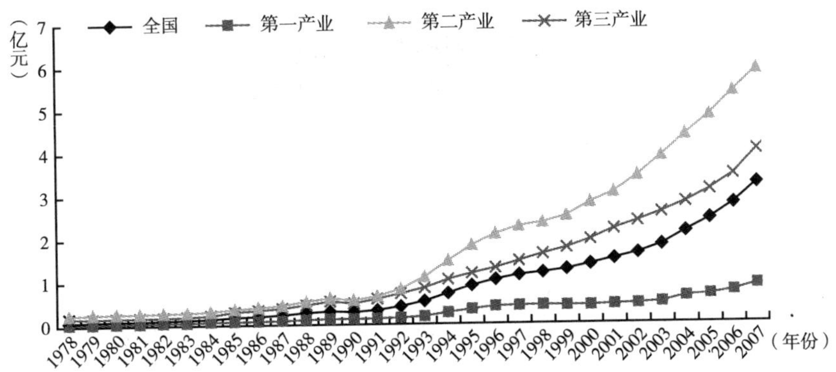

图 9－5　1978～2007 年我国万人均就业人员国内生产总值

1. 我国三次产业的劳动生产效率及其变动趋势

从表 9－3 和图 9－5 可以看出，1978～2007 年间，我国三次产业的万人均就业人员国内生产总值特征如下。

总的来说，三次产业万人均就业人员国内生产总值均呈较快速增长态势，但各个产业情况又不尽相同：第一产业万人均就业人员国内生产总值最低，2007 年万人均就业人员国内生产总值为 1978 年的 22.25 倍，比 1978 年增加了 0.85 亿元；第二产业万人均就业人员国内生产总值最高，2007 年万人均就业人员国内生产总值为 1978 年的 23.52 倍，比 1978 年增加了 5.63 亿元；第三产业万人均就业人员国内生产总值介于第一、二产业之间，2007 年万人均就业人员国内生产总值为 1978 年的 22.33 倍，比 1978 年增加了 3.84 亿元。从增长速度来看，三次产业相差不大，第二产业略高于第一、三产业，但从万人均就业人员国内生产总值的绝对增长值看，第一产业增长最少，远远低于第二、三产业，第二产业增长最多，第三产业介于第一、二产业之间，但远远高于第一产业。换句话说，在国民经济三次产业中，第一产业的劳动生产率最低，第二产业的劳动生产率最高，第三产业的劳动生产率介于第一、二产业之间。

表 9-4 1980～2007 年美国每万人就业人员国内生产总值（人民币，汇率参照附表）

单位：亿元/万人

年份	全国	第一产业	第二产业	第三产业
1980	4.25	5.53	4.71	4.06
1981	5.37	7.83	6.05	5.09
1982	6.30	8.58	7.06	6.01
1983	7.09	6.72	7.94	6.84
1984	8.87	11.45	9.78	8.54
1985	11.71	15.85	12.71	11.34
1986	14.30	18.50	15.33	13.93
1987	15.92	20.84	17.42	15.43
1988	16.67	20.03	18.33	16.16
1989	17.70	24.40	19.54	17.11
1990	23.49	32.43	25.86	22.75
1991	27.36	33.67	29.87	26.66
1992	29.86	40.19	32.51	29.08
1993	32.22	38.95	35.48	31.37
1994	50.00	66.16	55.82	48.43
1995	49.51	54.89	55.53	48.04
1996	51.16	67.71	57.07	49.57
1997	53.00	63.75	59.38	51.40
1998	54.36	59.03	60.95	52.80
1999	56.27	51.82	63.00	54.84
2000	58.41	54.83	65.75	56.83
2001	60.29	51.28	66.16	59.17
2002	62.83	50.51	70.36	61.48
2003	65.93	60.00	74.85	64.28
2004	69.52	78.03	79.84	67.42
2005	72.06	74.00	84.22	69.70
2006	73.18	67.19	87.04	70.60
2007	72.39	88.79	84.65	69.92

数据来源：作者根据美国商务部经济分析局相关数据整理计算，http：//www.bea.gov/industry/iedguide.htm#GPO。

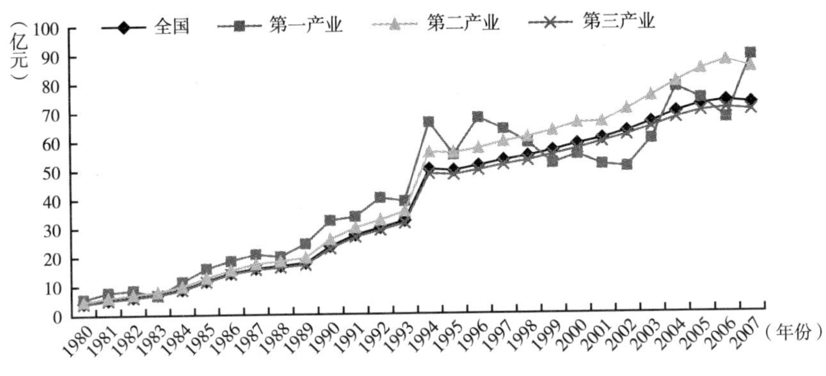

图 9－6　1980～2007 年美国万人均就业人员国内生产总值

2. 发达国家美国和日本三次产业劳动生产率及变动趋势

从表 9－4 和图 9－6 可以看出，1980～2007 年间美国三次产业的万人均就业人员国内生产总值特征如下。

总的来说，美国三次产业万人均就业人员国内生产总值均呈较快速增长态势，但各个产业情况不尽相同：第一产业万人均就业人员国内生产总值最高，2007 年万人均就业人员国内生产总值为 1980 年的 16.06 倍，比 1980 年增加了 83.26 亿元；第二产业万人均就业人员国内生产总值介于第一、三产业之间，2007 年人均就业人员国内生产总值为 1980 年的 17.97 倍，比 1980 年增加了 79.94 亿元；第三产业万人均就业人员国内生产总值最低，2007 年万人均就业人员国内生产总值为 1980 年的 17.22 倍，比 1980 年增加了 65.86 亿元。从增长速度来看，三次产业相差不大，第二产业略高于第一、三产业，但从万人均就业人员国内生产总值的绝对增长值看，第一产业增长最多，其次为第二、三产业，第二产业介于第一、三产业之间，第三产业增长最少。换句话说，在国民经济三次产业中，第一产业的劳动生产率最高，第三产业的劳动生产率最低，第二产业的劳动生产率介于第一、三产业之间。

表 9-5 1980~2007 年日本每万人就业人员国内生产总值（人民币，汇率参照附表）

单位：亿元/万人

年份	全国	第一产业	第二产业	第三产业
1980	2.91	0.98	3.03	3.21
1981	3.62	1.19	3.79	3.97
1982	3.70	1.22	3.85	4.06
1983	4.14	1.42	4.18	4.57
1984	5.14	1.85	5.24	5.62
1985	6.98	2.38	7.10	7.66
1986	12.04	4.11	12.18	13.20
1987	15.46	5.03	15.83	16.81
1988	18.42	5.83	18.97	19.98
1989	18.31	6.02	18.96	19.70
1990	23.55	7.85	24.81	24.95
1991	29.19	9.58	30.14	31.07
1992	32.58	10.69	32.39	35.28
1993	39.01	12.56	37.62	42.72
1994	63.86	22.02	59.46	70.85
1995	68.42	21.61	63.22	76.05
1996	59.45	19.46	55.27	65.75
1997	53.95	17.30	49.96	59.73
1998	49.21	16.71	45.77	54.08
1999	56.16	19.44	51.83	61.95
2000	59.98	19.99	55.68	65.72
2001	52.84	17.25	47.73	58.33
2002	51.41	17.50	46.82	56.61
2003	55.48	19.30	51.95	60.35
2004	60.27	21.43	58.96	64.51
2005	58.80	20.04	58.36	62.55
2006	54.51	17.75	53.91	57.89
2007	51.99	17.33	51.41	55.29

数据来源：作者根据《日本统计年鉴（2008）》相关数据整理计算。

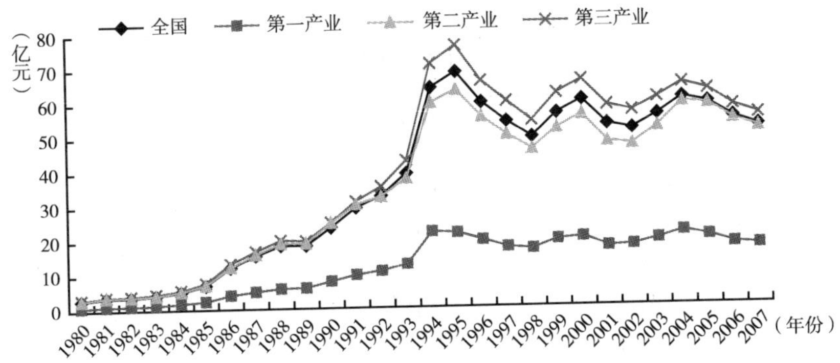

图9－7　1980～2007年日本万人均就业人员国内生产总值

从表9－5和图9－7可以看出，1980～2007年间日本三次产业的万人均就业人员国内生产总值特征如下。

总的来说，三次产业万人均就业人员国内生产总值均呈较快速增长态势，但各个产业情况不尽相同：第一产业万人均就业人员国内生产总值最低，2007年万人均就业人员国内生产总值为1980年的17.68倍，比1980年增加了16.35亿元；第二产业万人均就业人员国内生产总值介于第一、三产业之间，2007年万人均就业人员国内生产总值为1980年的16.97倍，比1980年增加了48.38亿元；第三产业万人均就业人员国内生产总值最高，2007年万人均就业人员国内生产总值为1980年的17.22倍，比1980年增加了52.08亿元。从增长速度来看，三次产业相差不大，第二产业略高于第一、三产业，但从万人均就业人员国内生产总值的绝对增长值看，第一产业增长最少，远远低于第二、三产业，第三产业增长最多，第二产业介于第一、三产业之间，但远远高于第一产业。换句话说，在国民经济三次产业中，第一产业的劳动生产率最低，第三产业的劳动生产率最高，第二产业的劳动生产率介于第一、三产业之间。

表 9－6 1980～2007 年中、美、日三次产业劳动生产率比（汇率参照附表）

年份	美/中劳动生产率比				美/日劳动生产率比				日/中劳动生产率比			
	总体	第一产业	第二产业	第三产业	总体	第一产业	第二产业	第三产业	总体	第一产业	第二产业	第三产业
1980	38.64	110.60	16.82	22.56	1.46	5.64	1.55	1.26	26.45	19.60	10.82	17.83
1981	48.82	156.60	21.61	28.28	1.48	6.58	1.60	1.28	32.91	23.80	13.54	22.06
1982	52.50	143.00	24.34	31.63	1.70	7.03	1.83	1.48	30.83	20.33	13.28	21.37
1983	54.54	112.00	26.47	34.20	1.71	4.73	1.90	1.50	31.85	23.67	13.93	22.85
1984	59.13	143.13	30.56	37.13	1.73	6.19	1.87	1.52	34.27	23.13	16.38	24.43
1985	65.06	198.13	34.35	36.58	1.68	6.66	1.79	1.48	38.78	29.75	19.19	24.71
1986	71.50	205.56	38.33	40.97	1.19	4.50	1.26	1.06	60.20	45.67	30.45	38.82
1987	69.22	208.40	38.71	40.61	1.03	4.14	1.10	0.92	67.22	50.30	35.18	44.24
1988	59.54	166.92	33.94	35.13	0.90	3.44	0.97	0.81	65.79	48.58	35.13	43.43
1989	57.10	187.69	32.03	31.69	0.97	4.05	1.03	0.87	59.06	46.31	31.08	36.48
1990	81.00	249.46	46.18	46.43	1.00	4.13	1.04	0.91	81.21	60.38	44.30	50.92
1991	82.91	240.50	45.95	45.19	0.94	3.51	0.99	0.86	88.45	68.43	46.37	52.66
1992	72.83	267.93	39.65	40.96	0.92	3.76	1.00	0.82	79.46	71.27	39.50	49.69
1993	60.79	216.39	32.25	37.35	0.83	3.10	0.94	0.73	73.60	69.78	34.20	50.86
1994	70.42	254.46	37.97	46.57	0.78	3.00	0.94	0.68	89.94	84.69	40.45	68.13
1995	55.63	161.44	30.34	40.71	0.72	2.54	0.88	0.63	76.88	63.56	34.55	64.45
1996	49.67	169.28	27.31	38.13	0.86	3.48	1.03	0.75	57.72	48.65	26.44	50.58
1997	46.90	155.49	26.16	35.21	0.98	3.68	1.19	0.86	47.74	42.20	22.01	40.91
1998	45.68	140.55	25.94	32.59	1.10	3.53	1.33	0.98	41.35	39.79	19.48	33.38
1999	44.66	126.39	25.20	31.16	1.00	2.67	1.22	0.89	44.57	47.41	20.73	35.20
2000	42.33	133.73	23.40	29.14	0.97	2.74	1.18	0.86	43.46	48.76	19.81	33.70
2001	40.19	119.26	21.76	27.02	1.14	2.97	1.39	1.01	35.23	40.12	15.70	26.63
2002	38.55	112.24	20.57	25.94	1.22	2.89	1.50	1.09	31.54	38.89	13.69	23.89
2003	36.23	125.00	19.29	25.01	1.19	3.11	1.44	1.07	30.48	40.21	13.39	23.48
2004	32.64	127.92	18.27	23.99	1.15	3.64	1.35	1.05	28.30	35.13	13.49	22.96
2005	29.78	112.12	17.44	22.56	1.23	3.69	1.44	1.11	24.30	30.36	12.08	20.24
2006	26.42	90.80	16.21	20.52	1.34	3.79	1.61	1.22	19.68	23.99	10.04	16.83
2007	22.34	99.76	14.40	17.39	1.39	5.12	1.65	1.26	16.05	19.47	8.74	13.75

资料来源：作者根据《中国统计年鉴（2008）》、美国商务部经济分析局相关数据 http://www.bea.gov/industry/iedguide.htm#GPO 和《日本统计年鉴（2008）》相关数据整理计算。

表9－7　1980～2007年中、美、日三次产业劳动生产率绝对差距
（万元，人民币，汇率参照附表）

年份	美－中劳动生产率绝对差				美－日劳动生产率绝对差				日－中劳动生产率绝对差			
	总体	第一产业	第二产业	第三产业	总体	第一产业	第二产业	第三产业	总体	第一产业	第二产业	第三产业
1980	4.14	5.48	4.43	3.88	1.34	4.55	1.68	0.85	2.8	0.93	2.75	3.03
1981	5.26	7.78	5.77	4.91	1.75	6.64	2.26	1.12	3.51	1.14	3.51	3.79
1982	6.18	8.52	6.77	5.82	2.60	7.36	3.21	1.95	3.58	1.16	3.56	3.87
1983	6.96	6.66	7.64	6.64	2.95	5.30	3.76	2.27	4.01	1.36	3.88	4.37
1984	8.72	11.37	9.46	8.31	3.73	9.60	4.54	2.92	4.99	1.77	4.92	5.39
1985	11.53	15.77	12.34	11.03	4.73	13.47	5.61	3.68	6.80	2.30	6.73	7.35
1986	14.1	18.41	14.93	13.59	2.26	14.39	3.15	0.73	11.84	4.02	11.78	12.86
1987	15.69	20.74	16.97	15.05	0.46	15.81	1.59	－1.38	15.23	4.93	15.38	16.43
1988	16.39	19.91	17.79	15.7	－1.75	14.20	－0.64	－3.82	18.14	5.71	18.43	19.52
1989	17.39	24.27	18.93	16.57	－0.61	18.38	0.58	－2.59	18.00	5.89	18.35	19.16
1990	23.2	32.3	25.3	22.26	－0.06	24.58	1.05	－2.20	23.26	7.72	24.25	24.46
1991	27.03	33.53	29.22	26.07	－1.83	24.09	－0.27	－4.41	28.86	9.44	29.49	30.48
1992	29.45	40.04	31.69	28.37	－2.72	29.50	0.12	－6.20	32.17	10.54	31.57	34.57
1993	31.69	38.77	34.38	30.53	－6.79	26.39	－2.14	－11.35	38.48	12.38	36.52	41.88
1994	49.29	65.9	54.35	47.39	－13.86	44.14	－3.64	－22.42	63.15	21.76	57.99	69.81
1995	48.62	54.55	53.70	46.86	－18.91	33.28	－7.69	－28.01	67.53	21.27	61.39	74.87
1996	50.13	67.31	54.98	48.27	－8.29	48.25	1.80	－16.18	58.42	19.06	53.18	64.45
1997	51.87	63.34	57.11	49.94	－0.95	46.45	9.42	－8.33	52.82	16.89	47.69	58.27
1998	53.17	58.61	58.6	51.18	5.15	42.32	15.18	－1.28	48.02	16.29	43.42	52.46
1999	55.01	51.41	60.5	53.08	0.11	32.38	11.17	－7.11	54.9	19.03	49.33	60.19
2000	57.03	54.42	62.94	54.88	－1.57	34.84	10.07	－8.89	58.60	19.58	52.87	63.77
2001	58.79	50.85	63.12	56.98	7.45	34.03	18.43	0.84	51.34	16.82	44.69	56.14
2002	61.20	50.06	66.94	59.11	11.42	33.01	23.54	4.87	49.78	17.05	43.40	54.24
2003	64.11	59.52	70.97	61.71	10.45	40.70	22.90	3.93	53.66	18.82	48.07	57.78
2004	67.39	77.42	75.47	64.61	9.25	56.60	20.88	2.91	58.14	20.82	54.59	61.70
2005	69.64	73.34	79.39	66.61	13.26	53.96	25.86	7.15	56.38	19.38	53.53	59.46
2006	70.41	66.45	81.67	67.16	18.67	49.44	33.13	12.71	51.74	17.01	48.54	54.45
2007	69.15	87.90	78.77	65.90	20.40	71.46	33.24	14.63	48.75	16.44	45.53	51.27

数据来源：作者根据《中国统计年鉴（2008）》、美国商务部经济分析局相关数据 http://www.bea.gov/industry/iedguide.htm#GPO 和《日本统计年鉴（2008）》相关数据整理计算。

3. 我国同美国和日本三次产业劳动生产效率的比较

从表 9－6 和表 9－7 可以看出，同美国和日本比较，1980～2007 年间我国三次产业的人均就业人员国内生产总值特征如下。

总的来说，我国三次产业人均就业人员国内生产总值均大大低于美、日，但各个产业情况不尽相同。就相对差距而言，我国第一产业人均就业人员国内生产总值同美、日差距最大，其次为第三产业和第二产业。从变动趋势看，我国第一产业人均就业人员国内生产总值同美、日的差距成先扩大后缩小趋势。1980 年，美国第一、二、三产业人均就业人员国内生产总值分别为我国的 110.60 倍、16.82 倍、22.56 倍，日本第一、二、三产业人均就业人员国内生产总值分别为我国的 19.60 倍、10.82 倍、17.83 倍，到了 2007 年，美国第一、二、三产业人均就业人员国内生产总值分别为我国的 99.76 倍、14.40 倍、17.39 倍，日本第一、二、三产业人均就业人员国内生产总值分别为我国的 19.47 倍、8.74 倍、13.75 倍，同 1980 年相比，差距有所缩小。

就绝对差距而言，我国第一产业人均就业人员国内生产总值同美国差距最大，其次为第二产业和第三产业；我国第一产业人均就业人员国内生产总值同日本差距最小，其次为第二产业和第三产业。从变动趋势看，我国第一产业人均就业人员国内生产总值同美国的差距成不断扩大趋势，我国第一产业人均就业人员国内生产总值同日本的差距成先扩大后缩小趋势。1980 年，美国第一、二、三产业人均就业人员国内生产总值分别比我国多 5.48 万、4.43 万、3.88 万元，日本第一、二、三产业人均就业人员国内生产总值分别比我国多 0.93 万、2.75 万、3.03 万元；到了 2007 年，美国第一、二、三产业人均就业人员国内生产总值分别比我国多 87.9 万、78.77 万、65.9 万元，日本第一、二、三产业人均就业人员国内生产总值分别比我国多 16.44 万、45.53 万、51.27 万元，同 1980 年相比，差距扩大。

从上述比较可以看出，我国三次产业的劳动生产率同美、日有着很大的差距，尤其是第一产业差距更大。要达到美、日的劳动生产率水平，需要一个长期过程。在这一过程中，产业结构需不断调整和优化，就业结构也要随之变动，越来越多的劳动力要从第一产业中解放出来，加入到第二、三产业尤其是第三产业中去。将我国的就业人员与国内生产总值构成同美国和日本相比较，就可以更为清楚地看到这一点。

表 9－8　1978～2007 年美国就业人员与国内生产总值构成

单位：%

年份	就业人员构成(合计＝100)			国内生产总值构成(合计＝100)		
	第一产业	第二产业	第三产业	第一产业	第二产业	第三产业
1978	1.71	26.21	72.09	2.61	28.36	69.03
1979	1.68	26.18	72.14	2.75	28.44	68.80
1980	1.71	25.14	73.15	2.22	27.90	69.88
1981	1.65	24.74	73.60	2.41	27.85	69.74
1982	1.61	23.35	75.04	2.19	26.18	71.63
1983	1.70	22.62	75.68	1.61	25.33	73.05
1984	1.52	22.96	75.52	1.96	25.31	72.73
1985	1.35	22.49	76.16	1.83	24.41	73.76
1986	1.28	21.79	76.93	1.66	23.36	74.98
1987	1.29	21.23	77.48	1.68	23.23	75.09
1988	1.31	21.05	77.64	1.57	23.14	75.29
1989	1.23	20.61	78.16	1.69	22.76	75.55
1990	1.21	20.05	78.75	1.67	22.07	76.26
1991	1.21	19.31	79.48	1.49	21.08	77.44
1992	1.17	18.84	79.99	1.57	20.52	77.91
1993	1.16	18.56	80.28	1.40	20.43	78.17
1994	1.13	18.58	80.29	1.49	20.74	77.77
1995	1.13	18.54	80.32	1.26	20.79	77.95
1996	1.10	18.45	80.45	1.46	20.58	77.97
1997	1.11	18.38	80.51	1.33	20.59	78.07
1998	1.08	18.28	80.64	1.17	20.50	78.33
1999	1.10	17.97	80.93	1.01	20.12	78.86
2000	1.06	17.95	80.99	1.00	20.20	78.80
2001	1.14	17.36	81.50	0.97	19.05	79.98
2002	1.13	16.56	82.31	0.91	18.54	80.54
2003	1.15	16.06	82.79	1.04	18.24	80.72
2004	1.08	15.93	82.98	1.22	18.30	80.48
2005	1.05	15.91	83.04	1.07	18.60	80.33
2006	1.01	15.86	83.14	0.92	18.86	80.21
2007	0.99	15.50	83.51	1.22	18.13	80.66

数据来源：作者根据美国商务部经济分析局相关数据整理计算，http：//www.bea.gov/industry/iedguide.htm#GPO。

表 9－9　1978～2007 年日本就业人员与国内生产总值构成

单位：%

年份	就业人员构成(合计＝100)			国内生产总值构成(合计＝100)		
	第一产业	第二产业	第三产业	第一产业	第二产业	第三产业
1978	11.7	34.4	53.7	4.5	37.9	57.6
1979	11.2	34.3	54.3	4.2	37.8	58.0
1980	10.4	34.8	54.6	3.5	36.2	60.3
1981	10.0	34.7	55.1	3.3	36.3	60.4
1982	9.7	34.2	55.7	3.2	35.6	61.1
1983	9.3	34.1	56.3	3.2	34.5	62.2
1984	8.9	34.2	56.6	3.2	34.9	61.9
1985	8.8	34.3	56.5	3.0	34.9	62.0
1986	8.5	33.9	57.3	2.9	34.3	62.8
1987	8.3	33.3	58.1	2.7	34.1	63.2
1988	7.9	33.6	58.0	2.5	34.6	62.9
1989	7.6	33.8	58.2	2.5	35.0	62.6
1990	7.2	33.6	58.7	2.4	35.4	62.2
1991	6.7	33.9	58.9	2.2	35.0	62.7
1992	6.4	34.1	59.1	2.1	33.9	64.0
1993	5.9	33.7	59.9	1.9	32.5	65.6
1994	5.8	33.4	60.3	2.0	31.1	66.9
1995	5.7	32.9	61.0	1.8	30.4	67.8
1996	5.5	32.7	61.3	1.8	30.4	67.8
1997	5.3	32.5	61.6	1.7	30.1	68.2
1998	5.3	31.5	62.7	1.8	29.3	68.9
1999	5.2	31.1	63.1	1.8	28.7	69.6
2000	5.1	30.7	63.7	1.7	28.5	69.8
2001	4.9	30.0	64.5	1.6	27.1	71.2
2002	4.7	29.1	65.3	1.6	26.5	71.9
2003	4.6	28.3	66.1	1.6	26.5	71.9
2004	4.5	27.5	66.9	1.6	26.9	71.6
2005	4.4	27.0	67.4	1.5	26.8	71.7
2006	4.3	27.0	67.7	1.4	26.7	71.9
2007	4.2	26.8	67.7	1.4	26.5	72.0

数据来源：《日本统计年鉴（2008）》。

4. 我国同美国和日本三次产业就业人员与国内生产总值构成的比较

从表 9－8、表 9－9 中可以看出，1978～2007 年间，我国同美国和日本相比三次产业就业人员与国内生产总值的构成特征如下。

无论是美国还是日本，国民经济三次产业中，三次产业的就业人员比重与国内生产总值比重有着较严格的正相关关系，即就业人员比重越大，所对应的产业国内生产总值比重就越大；相反，则反之。在美国和日本，第一产业就业人员比重最低，其产值比重也最小；第三产业就业人员比重最高，其产值比重也最大；第二产业的就业人员比重介于第一、三产业之间，其产值比重也介于第一、三产业之间。而我国的情况则不同，我国三次产业的就业人员比重与国内生产总值比重之间不存在这种正相关关系，相反，而是成反相关关系，尤其是近年来，这一关系更为明显。1978 年以来，我国第一产业就业人员比重最高，但其产值比重却最低；我国第二产业就业人员比重最低，但其产值比重却最高；第三产业的就业人员比重介于第一、二产业之间，其产值比重也介于第一、二产业之间。从发达国家经济发展的经验来看，我国三次产业就业人员比重和其产值比重存在严重的不协调，这种不协调将在今后的产业调整和优化中逐步实现协调。

从各个产业看，第一产业无论是就业人员比重还是国内生产总值比重我国都远远高于美国和日本，尤其是就业人员比重更是大大高于美、日；第二产业就业人员比重在 2007 年与日本相当，高于美国 11 个百分点，第二产业国内生产总值比重也远远高于美、日；第三产业无论是就业人员比重还是国内生产总值比重，我国都远远低于美、日。

这些差别表明，要达到美、日的经济发展水平，未来三次产业的就业结构和国内生产总值结构均要有很大调整。第一产业不可能再吸收更多的劳动力，相反，它需要不断释放劳动力到其他产业，第一产业劳动力人数和比重都将大大下降；第二产业不可能再吸收更多的劳动力，目前，我国已达到后工业化时期，工业内部结构将不断优化，依靠要素投入的粗放增长方式正在转变，以工业为主的第二产业吸收劳动力数量逐渐减少，幅度变化不大，但其产业比重将会有一定下降；第三产业则是吸纳就业的最大产业，在三次产业中，其产值比重也将达到最大。

三 未来我国三次产业就业（失业）与经济增长

综上可知，我国国民经济三次产业中，就就业或失业状况来讲，第一产业是潜在失业最为严重的产业，在未来，第一产业就业人数无论是总量还是比重均将大大下降，而第三产业则将成为吸纳第一产业剩余劳动力和其他剩余劳动力的主要产业，第三产业就业人数无论是总量还是比重均将大大提高，第二产业就业人数和比重变化不大，会有一定下降。就三次产业的增长状况来讲，三次产业产值的绝对量均会增长，增长幅度最大的为第三产业，其次为第二、一产业；三次产业比重的变动差别很大，第一产业比重会大幅下降，第二产业变化不大，有一定下降，第三产业会大幅提高。就三次产业的劳动生产率状况而言，三次产业的劳动生产率绝对值均会大幅提高，劳动生产率最高的为第二或第三产业，但增长幅度最大的为第一产业，因为从该产业中转移出的劳动力最多，其劳动生产率自然提高得最快。

四 结论

综上所述，可总结为如下几个方面。

（1）目前，在我国国民经济三次产业中，第一产业就业数量和比重最大，产值及其比重也最低，隐性失业最为严重，劳动生产率最低；第二产业就业数量和比重最小，产值及其比重却最大，劳动生产率最高；第三产业就业数量和比重介于第一、二产业之间，产值及其比重、劳动生产率均介于第一、二产业之间。第一产业隐性失业严重，劳动生产率低下，也是造成目前我国农民收入水平难以提高的重要原因，而没有农民收入水平的普遍提高，中国经济就不可能持续健康稳定发展。

（2）在达到发达国家经济发展水平的未来，就就业或失业状况来讲，第一产业就业人数无论是总量还是比重均将大大下降，而第三产业则将成为吸纳第一产业剩余劳动力和其他剩余劳动力的主要产业，第三产业就业人数无论是总量还是比重均将大大提高，第二产业就业人数和比重变化不大。就三次产业的增长状况来讲，三次产业产值的绝对量均会增长，增长幅度最大的为第三产业，其次为第二、一产业；三次产业比重的变动差别很大，第一产业比重会大幅下降，第二产业变化不大，第三产业会大幅提高。

附录

附表9-1　中国历年人民币汇率（中间价）

单位：人民币元

年份	100美元	100日元	年份	100美元	100日元
1980	149.84	0.6635	1994	861.87	8.4370
1981	170.50	0.7735	1995	835.10	8.9225
1982	189.25	0.7607	1996	831.42	7.6352
1983	197.57	0.8318	1997	828.98	6.8600
1984	232.70	0.9780	1998	827.91	6.3488
1985	293.66	1.2457	1999	827.83	7.2932
1986	345.28	2.0694	2000	827.84	7.6864
1987	372.21	2.5799	2001	827.70	6.8075
1988	372.21	2.9082	2002	827.70	6.6237
1989	376.51	2.7360	2003	827.70	7.1466
1990	478.32	3.3233	2004	827.68	7.6552
1991	532.33	3.9602	2005	819.17	7.4484
1992	551.46	4.3608	2006	797.18	6.8570
1993	576.20	5.2020	2007	760.40	6.4632

资料来源：《中国统计年鉴（2008）》、《中国金融年鉴（1984）》。

第10章

中国收入不平等成本分析

一　引言

改革开放以来，我国在经济建设上取得了举世瞩目的成就。但是，随着我国经济持续增长和人均GDP水平不断提高，现实中也出现了一些社会不平等方面的问题，主要表现为居民收入差异过大、城乡和地区收入差异过大等问题，这些不平等问题会引发一些社会问题，最终会影响到国民经济的持续健康发展和社会主义和谐社会的构建。因此，探讨社会不平等问题及其对于经济增长的影响十分必要。

社会不平等包含诸多内容，如收入不平等、人力资本不平等、教育不平等、男女不平等，等等，从根本上讲，收入不平等在最大程度上决定了其他诸多方面的不平等，加之学科领域和篇幅所限，本章主要探讨居民收入不平等问题。居民收入不平等会对社会造成一系列问题，包括居民收入不平等所影响的经济增长问题，以及居民收入差距过大所导致的贫困、犯罪等现象的增加，这些也均会间接影响到经济的运行成本，虽然很难对其量化，但其重要性同样不容忽视。本章主要研究收入不平等对经济增长的影响。

二　收入不平等对经济增长影响的研究文献综述

本章将社会不平等对经济增长的影响最终归结为居民收入不平等对经济增长的影响问题。关于居民收入不平等对经济增长影响的研究主要有如下几种观点。

1. 居民收入不平等不利于经济增长

马克思对古典经济学进行了批判性的总结，运用其发展的马克思主义唯物史观和辩证法，揭示了资本主义收入分配的不平等造成需求畸形发展，造成资本主义无法解决的生产的无限扩大与有效购买力的不断缩小之间的矛盾，导致资本主义经济危机。资本主义世界 1929 年大危机之后，凯恩斯也发现了这一基本矛盾，提出了有效需求不足是资本主义经济危机的根源。

收入不平等不利于经济增长的数理模型可分为三大类，即社会政治模型、政治经济模型和信用市场不完善模型。根据社会—政治方法（Alesina 和 Perotti，1996），资源分配的高度不公平容易导致人们心理失衡，诱使更多的人从事正常市场外的社会活动，如寻租、犯罪，甚至暴力革命等。Zak 和 Knack（2001）指出，这些行为使得市场具有很大的不确定性和风险性，从而降低私人投资的积极性，进而阻碍经济的增长。在政治经济模型中，收入不平等对经济增长产生负面影响的主要原因是政府扭曲了资源配置。在一个社会中，收入分配越是集中，政府越是倾向于引进会导致扭曲的再分配措施，而过高的收入调节税会降低私人生产投资的积极性，最终使得经济增长速度放慢。信用市场不完善模型强调收入不平等对个人实物资本和人力资本积聚的影响。Galor 和 Zeira（1993）研究发现，当借贷约束存在时，资源的初始分布对人力资本的积聚非常重要。在财富分配极为不平等的情形下，由于市场不完善，人们不能自由借贷，只有少数人能够进行人力资本投资，最终导致增长率降低。

上述这些研究拓宽了收入分配影响经济增长的渠道，深入研究了包括市场需求、社会动荡和政治经济、信用市场不完善在内的多种机制，研究得出的结论均是收入分配不平等通过这些机制对经济增长产生了负面影响。除了上述学者外，具有代表性的还有 Persson 和 Tabellini（1994）、Benabou（1996）、Benhabib 和 Rustichini（1996）等。

在实证研究方面，Alesina 和 Rodrik（1994）、Persson 和 Tabellini（1994）、Clarke（1995），以及 Deininger 和 Squire（1998）采用了跨国数据，得出的结论都表明收入不平等对经济增长有负面影响。国内一些学者大都采用截面数据或时序数据验证不平等和增长之间的关系，多数的结论是二者成负相关关系，如杨俊、张宗益、李晓羽（2005），吴向鹏（2005），陆铭、陈钊（2005）等。

2. 居民收入不平等可促进经济增长

20 世纪 50～60 年代，经济学家关注的焦点是收入分配通过消费和储蓄渠道影响经济增长。他们认为，由于富人的储蓄率比其他阶层高，储蓄和投资也就主要来源于富裕阶层，因此，收入分配不平等有利于提高储蓄和投资率，从而有利于促进经济增长。例如 Lewis（1954）、Kaldor（1957）、Pasinetti（1962）都认为收入不平等通过储蓄和投资渠道能够促进经济增长。

Aghion 等（1999）对收入不平等促进经济增长的原因作了全面概括。首先是建立在马克思主义理论基础上，由于富人的边际储蓄倾向高于穷人的边际储蓄倾向，投资率和储蓄率又成正相关关系，而投资和经济增长也成正相关关系，因此，经济越是不平等，储蓄和投资就越高，经济增长也就越快。其次，由于投资的不可分性，而且投资本身就是一笔巨大的沉没成本，如果没有运作良好的资本市场，财富集聚在少数人手中就更有可能开展有利于经济增长的活动，如投资私人生产、投资教育等等，从而促进经济更快增长。最后一个原因是公平和效率之间的替代以及由此而产生的与职工的工作效率之间的关系。Mirrlees（1971）研究发现，如果产出取决于经济人工作的努力程度，那么工资的平均分布就可能会挫伤工人额外工作的积极性，从而会减少生产系统的效率。

在实证研究方面，近些年，一部分实证研究发现收入分配不平等与经济增长成正相关关系，如 Li 和 zou（1998）、Forbes（2000）和 Castello（2004）等。他们运用固定效应模型或动态广义矩估计方法（GMM）发现不平等对经济增长有正面影响。

3. 居民收入不平等对经济增长的影响不确定或倒 U 形

Barro（2000）研究发现，没有证据表明不平等对经济增长有什么影响。Marta Bengoa Calvo 等（2004）运用拉姆齐模型并利用拉丁美洲 16 个国家的面板数据证明了收入不平等与经济增长之间的二次型关系。尹恒等（2005）运用政治经济模型研究表明，当经济处于均衡时，增长率与税率呈倒 U 形关系，经济增长率随税率增加先升后降，在政治经济均衡时，税率和收入不平等呈正相关关系，因此，收入不平等同经济增长之间有不同程度的库兹涅茨倒 U 形关系。

收入不平等对经济增长的影响究竟是正面的还是负面的争论，到目前为止学术界还没有达成一致，似乎不同的结论主要来自于所使用的经济计量方法，即所收集的是什么样的数据，所分析的是什么样的国家以及以什么样的方式对收入不平等进行衡量。

三　城乡基尼系数与经济增长的实证分析

1. 建立模型

本章采用国际上通行的衡量居民收入不平等的指标——基尼系数，鉴于我国城乡二元经济结构，本章分别用农村和城市基尼系数表示收入不平等，而对于经济增长，本章采用人均 GDP 增长率。下面，就收入不平等对经济增长的影响做计量分析。为了消除时间序列回归后产生的异方差性和多重共线性，而又不改变原来的协整关系，分别对它们取自然对数。为此，建立如下计量模型：

$$\ln g_{gdp}(t) = \alpha + \beta \ln gini1(t) + \gamma \ln gini2(t) + \mu(t) \qquad (1)$$

其中，g_{gdp} 表示人均 GDP 增长率，$gini1$ 表示农村居民基尼系数，$gini2$ 表示城镇居民基尼系数。下面我们对中国的这一关系进行分析。

2. 数据

要对人均 GDP 增长率、农村居民基尼系数和城镇居民基尼系数进行计量分析，首先就必须得到相应的数据。1978 ~ 2006 年中国人均 GDP 增长率、农村居民基尼系数和城镇居民基尼系数见表 10 - 1。

表 10 - 1 1978 ~ 2006 年中国人均 GDP 增长率、农村居民基尼系数和城镇居民基尼系数

年份	人均 GDP 增长率(%)	农村居民基尼系数	城镇居民基尼系数
1978	0. 101855	0. 2124	0. 16
1979	0. 061474	0. 237	0. 16
1980	0. 064973	0. 2407	0. 16
1981	0. 039036	0. 2406	0. 15
1982	0. 074631	0. 2317	0. 15
1983	0. 092627	0. 2461	0. 15
1984	0. 136742	0. 2439	0. 16
1985	0. 119321	0. 2267	0. 19
1986	0. 072394	0. 3042	0. 19
1987	0. 098077	0. 3045	0. 20
1988	0. 095037	0. 3026	0. 23
1989	0. 024799	0. 3099	0. 23
1990	0. 023261	0. 3099	0. 23
1991	0. 076999	0. 3072	0. 24
1992	0. 128492	0. 3134	0. 25
1993	0. 126617	0. 3292	0. 27
1994	0. 118098	0. 321	0. 30
1995	0. 097263	0. 3415	0. 28
1996	0. 088615	0. 3229	0. 28
1997	0. 081841	0. 3285	0. 29
1998	0. 068036	0. 3369	0. 30

续表

年份	人均 GDP 增长率(%)	农村居民基尼系数	城镇居民基尼系数
1999	0.066920	0.3361	0.295
2000	0.075802	0.3536	0.3089
2001	0.075165	0.3603	0.3121
2002	0.083537	0.3646	0.3057
2003	0.093422	0.368	0.3221
2004	0.094331	0.3692	0.3263
2005	0.097852	0.3751	0.3097
2006	0.110000	0.3737	0.3052

数据来源：(1) 人均 GDP 增长率按不变价格（上年 =1）计算，《中国统计年鉴（2008)》。

(2) 农村居民基尼系数，1978、1980 ~ 2006 年数据来源于《中国农业统计年鉴（2007)》，1979 年数据来源：赵人伟、李实、卡尔・李思勤主编《中国居民收入分配再研究：经济改革和发展中的收入分配》，中国财政经济出版社，1999，第 48 页。

(3) 城镇居民基尼系数，1978、1980 ~ 2000 年数据来源：国家统计局：《从基尼系数看贫富差距》，《中国国情国力》2001 年第 1 期；1979 年数据来源：任才方、程学斌：《从城镇居民收入看分配差距》、《经济研究参考》1996 年第 F7 期；2001 ~ 2003 年数据来源：程永宏：《改革以来全国总体基尼系数的演变及其城乡分解》，《中国社会科学》2007 年第 4 期；2004 ~ 2006 年数据，笔者根据相应年份中国统计年鉴计算得出。

3. 数据的平稳性及协整检验

由于回归分析中所取数据均为时间序列数据，那么首先就需要检验数据的平稳性，如果时间序列非平稳，则要通过差分变换来检验它们的单整阶数。如果单整阶数相同，则需要检验序列间是否存在协整关系。因为如果不存在协整关系，回归就没有意义。本章采用 ADF 平稳性检验和回归方程残差单位根协整检验方法。

表 10 - 2　$\ln g_{gdp}$、$\ln gini1$ 和 $\ln gini2$ 及差分后的单位根检验（ADF 方法）结果

序列	1% 的临界值	ADF 值	序列	1% 的临界值	ADF 值
$\ln g_{gdp}$	-3.724	-3.653	$\Delta\ln g_{gdp}$	-2.680	-4.410
$\ln gini1$	-4.324	-2.958	$\Delta\ln gini1$	-2.653	-6.480
$\ln gini2$	-4.356	-0.790	$\Delta\ln gini2$	-3.700	-4.499

从表 10 - 2 的检验结果可以看出，$\ln g_{gdp}$、$\ln gini1$ 和 $\ln gini2$ 变量是非平稳的，如果直接进行回归，将会造成伪回归，而它们的一阶差

分序列在1%的显著性水平上均拒绝了零假设，即不存在单位根，也就是三个变量对数形式的一阶差分序列都是平稳的。进一步，如果 $\ln g_{gdp}$、$\ln gini1$ 和 $\ln gini2$ 之间存在协整关系，我们才可以对它们进行回归分析。

本章采用对回归方程残差序列进行单位根检验的方法来看它们是否存在协整关系。表10－3列出了相关检验结果。

表10－3 回归方程残差序列的单位根检验（ADF方法）结果

	t统计量	概　率		t统计量	概　率
ADF值	－5.020	0.0005	5%临界值	－2.992	
1%临界值	－3.738				

从上述检验结果可以看出，回归方程的残差序列在1%的显著水平上拒绝原假设，接受不存在单位根的结论。因此可以确定回归方程的残差序列是平稳序列。上述结果表明：$\ln g_{gdp}$、$\ln gini1$ 和 $\ln gini2$ 之间存在协整关系。

根据上述检验结果，可以得出结论：$\ln g_{gdp}$、$\ln gini1$ 和 $\ln gini2$ 都不是平稳序列，但经过一阶差分后在99%的置信度下是平稳的，序列为一阶单整，并且存在一阶协整关系，即它们存在长期均衡关系。

4. 数据的计量分析

在对式（1）$\ln g_{gdp}(t) = \alpha + \beta \ln gini1(t) + \gamma \ln gini2(t) + \mu(t)$ 进行的回归分析中，存在着残差序列自相关性问题。对此，我们采用科克伦—奥科特迭代法来消除自相关性，得到的最终回归结果为：

$$
\begin{aligned}
\ln g_{gdp} = & -2.055 \ln gini1 + 1.426 \ln gini2 \\
& (-2.044) \qquad (2.234) \\
& [ar(1) = 0.741, ar(2) = -0.531] \qquad (2) \\
& (4.053) \qquad (-2.897) \\
R^2 = 0.512 \quad & D.W. = 1.924
\end{aligned}
$$

从回归结果看，该计量模型拟合度不是很好，GDP 增长率有 51% 可以通过农村和城市基尼系数来解释，并且有趣的是：1978 ~ 2006 年期间，农村基尼系数每增长 1%，经济增长率就降低约 2.1 个百分点，而城市基尼系数每增长 1%，经济增长率就增加约 1.4 个百分点，如果农村和城市基尼系数同时增加 1%，经济增长率将降低 0.7 个百分点。也就是说，我国人均 GDP 增长率与农村居民基尼系数成负相关关系，与城镇居民基尼系数成正相关关系，并且农村居民基尼系数对经济增长的负向影响更大些。

可以这样解释这一问题，我国城乡居民收入差距较大，城镇居民收入水平约为农村居民收入水平的 3 倍左右，城市居民消费水平高（绝对水平远高于农村，相对比例低于农村），储蓄水平也高（绝对水平远高于农村，相对比例也高于农村）；而农村居民消费水平低（绝对水平远低于城镇，相对比例高于城镇），储蓄水平更低（绝对水平远低于城镇，相对比例也低于城镇）。在此情况下，城镇收入不平等有一定程度的加大。由于城镇居民收入较高，其储蓄率高于农村居民，并且城镇居民的边际储蓄率要高于农村，因此城镇居民收入的不平等在一定程度上有利于提高储蓄率，从而促进经济增长。而农村居民收入水平低，消费率与边际消费率均高于城镇，因此，农村居民收入不平等的加大，会对我国当前投资回报率较低而消费不足尤其是农村消费不足的局面雪上加霜，从而不利于经济增长，并且农村和城镇居民基尼系数同样增加一个百分点，农村居民基尼系数对经济增长的负向影响要大于城镇居民基尼系数对经济增长的正向影响。这也从另一个侧面说明了农村经济尤其是农村消费对于我国整个经济的重要影响。因此，发展农村经济，提高农民的收入水平，进而提高他们的消费水平，是我国今后相当长时期内的重任。下文将进一步分析我国城乡收入差距与经济增长的关系。

四　城乡收入差距与经济增长关系的实证分析

1. 1978～2006 年全国城乡收入差距与经济增长关系的实证分析

（1）建立模型。要分析城乡收入差距与经济增长的关系，必须建立计量模型。在本部分，我们在典型的柯布—道格拉斯生产函数中引入城乡收入差距变量（城乡实际收入差）X，原来的模型就变为：

$$Y(t) = A(t)L(t)^{\alpha}K(t)^{\beta}X(t)^{\gamma}u(t) \tag{3}$$

其中，$A(t)$ 为常数，$\alpha > 0$，$\beta > 0$，$\alpha + \beta = 1$，γ 不定。

为了消除时间序列回归后产生的异方差性和多重共线性，而又不改变原来的协整关系，分别对它们取自然对数，则

$$\ln Y(t) = \alpha \ln L(t) + \beta \ln K(t) + \gamma \ln X(t) + \mu(t) \tag{4}$$

（2）数据。要进行计量分析，就要得到计量模型中所需的数据。1978～2006 年中国 GDP、资本存量、从业人员和城乡实际收入差距数见表 10－4。

表 10－4　1978～2006 年中国实际 GDP、资本存量、从业人员和城乡实际收入绝对差距数据

年份	实际 GDP（亿元）Y	资本存量（亿元）K	从业人员（万人）L	城乡实际收入差距（元）X
1978	3645.22	5789.99	40152	209.80
1979	3922.25	6275.03	41024	222.70
1980	4228.75	6833.43	42361	259.20
1981	4450.47	7306.95	43725	236.60
1982	4853.54	7847.15	45295	220.90
1983	5380.29	8487.73	46436	212.70
1984	6196.81	9353.73	48197	241.30
1985	7031.28	10414.01	49873	240.40
1986	7653.29	11574.97	51282	441.30

续表

年份	实际 GDP（亿元）Y	资本存量（亿元）K	从业人员（万人）L	城乡实际收入差距(元) X
1987	8539. 80	12954. 05	52783	450. 40
1988	9503. 13	14420. 26	54334	429. 30
1989	9889. 27	15339. 06	55329	461. 50
1990	10268. 92	16247. 13	64749	497. 40
1991	11211. 50	17467. 37	65491	558. 90
1992	12808. 09	19277. 08	66152	630. 00
1993	14596. 65	21819. 48	66808	717. 30
1994	16506. 00	24916. 52	67455	787. 90
1995	18309. 27	28431. 53	68065	796. 60
1996	20141. 76	32235. 84	68950	776. 70
1997	22014. 35	36052. 27	69820	788. 50
1998	23738. 81	40185. 37	70637	842. 50
1999	25547. 66	44455. 64	71394	958. 40
2000	27701. 66	49099. 32	72085	1050. 90
2001	30000. 98	54290. 34	73025	1170. 60
2002	32725. 69	60529. 97	73740	1390. 50
2003	36006. 57	68511. 53	74432	1552. 90
2004	39637. 85	77752. 2	75200	1678. 30
2005	43773. 17	88801. 71	75825	1849. 90
2006	48871. 43	101533	76400	2060. 00

* 单豪杰：《中国资本存量 K 的再估算：1952 ~ 2006 年》，《数量经济技术经济研究》2008 年第 10 期，第 17 ~ 31 页。

注：(1) 对于 Y，本章所使用的数据是 GDP，主要取自《中国统计年鉴（2008）》并按照相关指数换算为 1978 年不变价格，以消除通胀因素的影响。(2) 对于 L，本章直接取自于《中国统计年鉴》2008 年的社会从业人员。(3) 对于 K，本章计量分析中的 K 是一个存量，而我国统计年鉴所提供的数据则是每年新增的固定资产投资或者固定资产形成总额，均为流量。如何对 K 进行估算，是经济学中的一个难点，也是一项复杂的工作，本章关于资本存量的数据取自单豪杰关于中国资本存量数据的估算*，资本存量的计算方法采用的是国际通行的永续盘存法，并按 1952 年不变价格计算。(4) 对于城乡居民实际收入差 X，本章数据来源于曾国安和胡晶晶《论 20 世纪 70 年代末以来中国城乡居民收入差距的变化及其对城乡居民消费水平的影响》一文。文中分别用各自的价格指数对城镇居民家庭人均可支配收入和农村居民家庭人均纯收入进行了调整，并将两者相减。具体来说，1978 ~ 1985 年，城镇居民人均可支配收入使用城镇居民消费价格指数（1978 年 = 100）进行调整，而农村居民人均纯收入由于缺乏 1985 年以前的农村居民消费价格指数，则使用全国商品零售物价指数（1978 年 = 100）进行调整；1986 ~ 2006 年，城镇居民人均可支配收入使用城镇居民消费价格指数（1985 年 = 100）进行调整，农村居民人均纯收入使用农村居民消费价格指数（1985 年 = 100）进行调整。

（3）数据的平稳性及协整检验。由于回归分析中所取数据均为时间序列数据，那么首先就需要检验数据的平稳性，如果时间序列非平稳，则要通过差分变换来检验它们的单整阶数。如果单整阶数相同，则需要检验序列间是否存在协整关系。因为如果不存在协整关系，回归就没有意义。本章采用 ADF 平稳性检验和回归方程残差单位根协整检验方法。

表 10－5　lnY、lnK、lnL、lnX 及差分后的单位根检验（ADF 方法）结果

序列	5% 的临界值	ADF 值	序列	5% 的临界值	ADF 值
$\ln Y$	－2.9919	－0.4626	$\Delta\ln Y$	－3.6329	－3.8030
$\ln L$	－2.9719	－2.0816	$\Delta\ln L$	－3.5875	－5.5288
$\ln K$	－2.9810	2.5743	$\Delta\ln K$	－3.5950	－4.0499
$\ln X$	－2.9719	0.1216	$\Delta\ln X$	－3.5875	－5.2472

从表 10－5 的检验结果可以看出，各变量取对数后数据是非平稳的，如果直接进行回归，将会造成伪回归，而它们的一阶差分序列在 5% 的显著性水平上均拒绝了零假设，即不存在单位根，也就是四个变量对数形式的一阶差分序列都是平稳的。进一步，如果 $\ln Y$ 和 $\ln K$、$\ln L$、$\ln X$ 之间存在协整关系，我们才可以对它们进行回归分析。

本章采用对回归方程残差序列进行单位根检验的方法来看它们是否存在协整关系。表 10－6 列出了相关检验结果。

表 10－6　回归方程残差序列的单位根检验（ADF 方法）结果

	t 统计量	概　率		t 统计量	概　率
ADF 值	－3.6521	0.0129	5% 临界值	－3.0049	
1% 临界值	－3.7696				

从上述检验结果可以看出，回归方程的残差序列在 5% 的显著水平上拒绝原假设，接受不存在单位根的结论。因此可以确定回归方程的残差序列是平稳序列。上述结果表明：$\ln Y$ 和 $\ln L$、$\ln K$、$\ln X$ 之间

存在协整关系。

根据上述检验结果，可以得出结论：$\ln Y$、$\ln L$、$\ln K$ 和 $\ln X$ 都不是平稳序列，但经过一阶差分后在 95% 的置信度下是平稳的，序列为一阶单整，并且存在一阶协整关系，即它们存在长期均衡关系。

（4）数据的计量分析。在对式（4）$\ln Y(t) = \alpha \ln L(t) + \beta \ln K(t) + \gamma \ln X(t) + \mu(t)$ 进行回归的分析中，存在着残差序列自相关性问题。对此，我们采用科克伦—奥科特迭代法来消除自相关性，得到的最终回归结果为：

$$\begin{aligned}
\ln\hat{Y} &= 0.082\ln L + 0.918\ln K - 0.038\ln X \\
&\quad\ (2.779)\qquad (31.260)\qquad (-2.666) \\
&\quad [ar(1) = 1.579, ar(2) = -0.694] \qquad\qquad (5) \\
&\qquad\qquad (14.269)\qquad\qquad (-6.188) \\
R^2 &= 0.999 \qquad D.W. = 1.637
\end{aligned}$$

从结果看，各系数的估计值都较显著，且通过了 D. W. 一阶自相关性检验以及偏相关系数和 B - G 高阶自相关性检验。

同时也可看出，1978 ~ 2006 年间我国城乡居民实际收入差与经济增长成负相关关系，城乡居民实际收入差距每增加 1%，经济增长就要降低 0.038 个百分点。虽然城乡居民实际收入差距对经济增长的负向作用不是很大，但由于我国 GDP 基数较大，因此，其减少的绝对数量还是不可小视的。

2. 1978 ~ 2007 年城乡居民收入差距与城乡居民消费水平的关系

前文主要分析了城乡收入差距对经济增长的影响，本部分主要对中国城乡收入水平和消费水平做较深入的统计分析，并在此基础上探讨城乡收入差距对经济增长的影响。

（1）城乡收入差距的变动。首先从数据入手，见表 10 - 7，1978 年以来城乡居民收入差距的变动。

表 10－7 1978 年以来城乡居民收入差距的变动

（本表按当年价格计算）

年份	城镇居民家庭人均可支配收入（元）	农村居民家庭人均纯收入（元）	城乡人均名义收入差距	
			绝对差距（元）	相对差距（倍）
1978	343.4	133.6	209.8	2.57
1979	405.0	160.2	244.8	2.53
1980	477.6	191.3	286.3	2.50
1981	500.4	223.4	277.0	2.24
1982	535.3	270.1	265.2	1.98
1983	564.6	309.8	254.8	1.82
1984	652.1	355.3	296.8	1.84
1985	739.1	397.6	341.5	1.86
1986	900.9	423.8	477.1	2.13
1987	1002.1	462.6	539.5	2.17
1988	1180.2	544.9	635.3	2.17
1989	1373.9	601.5	772.4	2.28
1990	1510.2	686.3	823.9	2.20
1991	1700.6	708.6	992.0	2.40
1992	2026.6	784.0	1242.6	2.58
1993	2577.4	921.6	1655.8	2.80
1994	3496.2	1221.0	2275.2	2.86
1995	4283.0	1577.7	2705.3	2.71
1996	4838.9	1926.1	2912.8	2.51
1997	5160.3	2090.1	3070.2	2.47
1998	5425.1	2162.0	3263.1	2.51
1999	5854.0	2210.3	3643.7	2.65
2000	6280.0	2253.4	4026.6	2.79
2001	6859.6	2366.4	4493.2	2.90
2002	7702.8	2475.6	5227.2	3.11
2003	8472.2	2622.2	5850.0	3.23
2004	9421.6	2936.4	6485.2	3.21
2005	10493.0	3254.9	7238.1	3.22
2006	11759.5	3587.0	8172.5	3.28
2007	13785.8	4140.4	9645.4	3.33

数据来源：《新中国五十五年统计资料汇编》，《中国统计年鉴（2008）》。

由上表可知，1978 年以来，城镇居民收入水平和农村居民收入水平均有较大幅度提高。按当年价格计算，城镇居民人均可支配收入从 1978 年的 343.4 元增加到 2007 年的 13785.8 元；农村居民人均纯收入从 1978 年的 133.6 元增加到 2007 年的 4140.4 元。2007 年城镇居民人均可支配收入约为 1978 年的 40 倍，2007 年农村居民人均纯收入约为 1978 年的 31 倍。城乡居民收入都在不断增长，但与此同时，城乡居民之间的收入差距也在不断扩大。

衡量城乡居民的收入差距主要是城乡居民收入之差（绝对差距）和城乡居民收入之比（相对差距）这两个指标。如表 10－7 所示，无论是城乡居民收入之差，还是城乡居民收入之比，都呈扩大态势。除了 20 世纪 80 年代初城乡居民收入差距和 90 年代中后期城乡居民相对收入差距有所缩小之外，在其余年份，城乡居民收入差距均呈扩大态势。到 2007 年，城乡居民绝对收入差距达到 9645.4 元，相对收入差距也已扩大到 3.3 倍。

综上可知，1978 年以来，城乡居民收入差距呈绝对收入差距和相对收入差距双扩大态势，而且两种收入差距都非常大。如果将城乡居民所获得的社会保障等转移性收入以及城乡居民所享受到的其他公共物品的差异等因素考虑进去，中国城乡居民的实际收入差距将会更大。

（2）城乡消费水平差距的变动。居民的收入水平及其增长在很大程度上决定着居民消费水平及其增长，城乡居民的收入差距也在很大程度上决定着城乡居民的消费水平差距。衡量城乡居民消费水平差距的指标主要有城乡居民消费支出在全国居民消费支出中所占的比重、城乡居民消费水平、城乡居民恩格尔系数以及城乡居民耐用消费品普及率等。中国的这些相应指标分别见表 10－8 至表 10－11。

表 10-8 1978 年以来城乡居民消费支出在全国居民消费支出中占比的变化

年份	全国人口（万人）	全国居民消费支出（亿元）	城镇			
			人口（万人）	居民消费支出（亿元）	占全国人口的比重（%）	占全国居民消费支出的比重（%）
1978	96259	1759.1	17245	666.7	17.92	37.9
1979	97542	2011.5	18495	758.6	18.96	37.7
1980	98705	2331.2	19140	920.2	19.39	39.5
1981	100072	2627.9	20171	1024.1	20.16	39.0
1982	101654	2902.9	21480	1115.4	21.13	38.4
1983	103008	3231.1	22274	1220.6	21.62	37.8
1984	104357	3742.0	24017	1429.9	23.01	38.2
1985	105851	4687.4	25094	1877.8	23.71	40.1
1986	107507	5302.1	26366	2242.9	24.52	42.3
1987	109300	6126.1	27674	2697.2	25.32	44.0
1988	111026	7868.1	28661	3694.1	25.81	47.0
1989	112704	8812.6	29540	4266.9	26.21	48.4
1990	114333	9450.9	30195	4767.8	26.41	50.4
1991	115823	10730.6	31203	5648.6	26.94	52.6
1992	117171	13000.1	32175	7166.6	27.46	55.1
1993	118517	16412.1	33173	9554.1	27.99	58.2
1994	119850	21844.2	34169	12968.9	28.51	59.4
1995	121121	28369.7	35174	17098.1	29.04	60.3
1996	122389	33955.9	37304	20048.8	30.48	59.0
1997	123626	36921.5	39449	22345.7	31.91	60.5
1998	124761	39229.3	41608	24757.3	33.35	63.1
1999	125786	41920.4	43748	27336.3	34.78	65.2
2000	126743	45854.6	45906	30707.2	36.22	67.0
2001	127627	49213.2	48064	33422.2	37.66	67.9
2002	128453	52571.3	50212	36299.6	39.09	69.0
2003	129227	56834.4	52376	40528.7	40.53	71.3
2004	129988	63833.5	54283	46282.9	41.76	72.5
2005	130756	71217.5	56212	51989.3	42.99	73.0
2006	131448	80476.9	57706	59370.2	43.90	73.8
2007	132129	93317.2	59379	69403.5	44.94	74.4

续表

年份	乡村				
	人口（万人）	居民消费支出（亿元）	占全国人口的比重（%）	占全国居民消费支出的比重（%）	库兹涅茨指数
1978	79014	1092.4	82.08	62.1	2.80
1979	79047	1252.9	81.04	62.3	2.59
1980	79565	1411.0	80.61	60.5	2.71
1981	79901	1603.8	79.84	61.0	2.53
1982	80174	1787.5	78.87	61.6	2.33
1983	80734	2010.5	78.38	62.2	2.20
1984	80340	2312.1	76.99	61.8	2.07
1985	80757	2809.6	76.29	59.9	2.15
1986	81141	3059.2	75.48	57.7	2.26
1987	81626	3428.9	74.68	56.0	2.32
1988	82365	4174.0	74.19	53.0	2.55
1989	83164	4545.7	73.79	51.6	2.64
1990	84138	4683.1	73.59	49.6	2.83
1991	84620	5082.0	73.06	47.4	3.01
1992	84996	5833.5	72.54	44.9	3.24
1993	85344	6858.0	72.01	41.8	3.58
1994	85681	8875.3	71.49	40.6	3.67
1995	85947	11271.6	70.96	39.7	3.71
1996	85085	13907.1	69.52	41.0	3.28
1997	84177	14575.8	68.09	39.5	3.27
1998	83153	14472.0	66.65	36.9	3.42
1999	82038	14584.1	65.22	34.8	3.51
2000	80837	15147.4	63.78	33.0	3.58
2001	79563	15791.0	62.34	32.1	3.50
2002	78241	16271.7	60.91	31.0	3.47
2003	76851	16305.7	59.47	28.7	3.65
2004	75705	17550.6	58.24	27.5	3.68
2005	74544	19228.2	57.01	27.0	3.59
2006	73742	21106.7	56.10	26.2	3.60
2007	72750	23913.7	55.06	25.6	3.56

注：考虑到城乡人口占比的变化，库兹涅茨指数可更准确地反映城乡居民消费水平的变化，本表库兹涅茨指数的计算公式是：库兹涅茨指数 =（城镇居民消费在全国居民消费总额中的占比/城镇居民人数在全国总人口中的占比）/（农村居民消费在全国居民消费总额中的占比/农村居民人数在全国总人口中的占比）。如果库兹涅茨指数小于1，则意味着城镇居民平均消费水平低于农村居民；如果库兹涅茨指数等于1，则意味着城乡居民平均消费水平没有差别；如果库兹涅茨指数超过1，则说明城镇居民平均消费水平高于农村居民，库兹涅茨指数越大表明城镇居民平均消费水平越高于农村居民。

数据来源：《新中国五十五年统计资料汇编》，《中国统计年鉴（2008）》。

表 10－9　1978 年以来城乡居民消费水平差距的变化

年份	绝对数(元)			城乡消费水平差距	
	全体居民	农村居民	城镇居民	城镇－农村(元)	城镇/农村(倍)
1978	184	138	405	267	2.9
1979	208	159	425	266	2.7
1980	238	178	489	311	2.7
1981	264	201	521	320	2.6
1982	288	223	536	313	2.4
1983	316	250	558	308	2.2
1984	361	287	618	331	2.2
1985	446	349	765	416	2.2
1986	497	378	872	494	2.3
1987	565	421	998	577	2.4
1988	714	509	1311	802	2.6
1989	788	549	1466	917	2.7
1990	833	560	1596	1036	2.9
1991	932	602	1840	1238	3.1
1992	1116	688	2262	1574	3.3
1993	1393	805	2924	2119	3.6
1994	1833	1038	3852	2814	3.7
1995	2355	1313	4931	3618	3.8
1996	2789	1626	5532	3906	3.4
1997	3002	1722	5823	4101	3.4
1998	3159	1730	6109	4379	3.5
1999	3346	1766	6405	4639	3.6
2000	3632	1860	6850	4990	3.7
2001	3869	1969	7113	5144	3.6
2002	4106	2062	7387	5325	3.6
2003	4411	2103	7901	5798	3.8
2004	4925	2301	8679	6378	3.8
2005	5463	2560	9410	6850	3.7
2006	6138	2847	10423	7576	3.6
2007	7081	3265	11855	8590	3.6

注：(1) 城乡消费水平对比，没有剔除城乡价格不可比的因素。(2) 居民消费水平指按常住人口计算的居民消费平均支出。

数据来源：《中国统计年鉴（2008)》。

表10-10　1978年以来城乡居民家庭恩格尔系数的变动

年份	城镇居民家庭恩格尔系数(%)	农村居民家庭恩格尔系数(%)	城乡恩格尔系数差距(个百分点)
1978	57.5	67.7	-10.2
1979	57.2	64	-6.8
1980	56.9	61.8	-4.9
1981	56.7	59.9	-3.2
1982	58.6	60.7	-2.1
1983	59.2	59.4	-0.2
1984	58	59.2	-1.2
1985	53.3	57.8	-4.5
1986	52.4	56.4	-4.0
1987	53.5	55.8	-2.3
1988	51.4	54	-2.6
1989	54.5	54.8	-0.3
1990	54.2	58.8	-4.6
1991	53.8	57.6	-3.8
1992	53.0	57.6	-4.6
1993	50.3	58.1	-7.8
1994	50.0	58.9	-8.9
1995	50.1	58.6	-8.5
1996	48.8	56.3	-7.5
1997	46.6	55.1	-8.5
1998	44.7	53.4	-8.7
1999	42.1	52.6	-10.5
2000	39.4	49.1	-9.7
2001	38.2	47.7	-9.5
2002	37.7	46.2	-8.5
2003	37.1	45.6	-8.5
2004	37.7	47.2	-9.5
2005	36.7	45.5	-8.8
2006	35.8	43.0	-7.2
2007	36.3	43.1	-6.8

数据来源：《新中国五十五年统计资料汇编》，《中国统计年鉴（2008）》。

表 10－11 城镇与农村居民家庭平均每百户年底耐用消费品拥有量比较

品 名	1990 年		1995 年		2000 年		2007 年	
	城镇	农村	城镇	农村	城镇	农村	城镇	农村
洗衣机(台)	78.41	9.12	88.97	16.90	90.50	28.58	96.77	45.94
电冰箱(台)	42.33	1.22	66.22	5.15	80.10	12.31	95.03	26.12
空调机(台)	0.34	—	8.09	0.18	30.80	1.32	95.08	8.54
摩托车(辆)	1.94	0.89	6.29	4.91	18.80	21.94	24.81	48.52
电话机(部)	—	—	—	—	—	26.38	90.52	68.36
移动电话(部)	—	—	—	—	19.50	4.32	165.18	77.84
彩色电视机(台)	59.04	4.72	89.79	16.92	116.60	48.74	137.79	94.38
照相机(台)	19.22	0.70	30.56	1.42	38.40	3.12	45.06	4.30
家用电脑(台)	—	—	—	—	9.70	0.47	45.06	3.68

数据来源：《中国统计年鉴（2008）》。

由表 10－8 可知，1978 年以来，城乡居民消费支出在全国居民消费支出中所占比重发生了巨大变化。城镇居民消费支出在全国居民消费支出中所占比重不断上升，1978 年为 37.9%，2007 年上升到 74.4%；而农村居民消费支出在全国居民消费支出中所占比重则不断下降，1978 年为 62.1%，2007 年则降至 25.6%。显然可见，城乡居民消费水平差距呈持续扩大态势，特别是 1990 年城镇居民消费支出在全国居民消费支出中所占比重超过了农村居民消费支出在全国居民消费支出中所占比重，更显示出占全国人口大多数的农村居民相对消费水平的下降。从库兹涅茨指数的变化同样可以看出，我国城乡居民消费水平差距很大，且呈长期扩大趋势。

1978 年以来，城乡居民消费水平呈不断提高之势。如表 10－9 所示，按名义价格计算城镇居民消费水平从 1978 年的 405 元增加到 2007 年的 11855 元；农村居民消费水平从 1978 年的 138 元增加到 2007 年的 3265 元。2007 年城镇居民消费水平约为 1978 年的 29 倍，农村居民消费水平约为 1978 年的 24 倍。从总体来看，城乡居民消费水平都呈现出长期增长的趋势。

与此同时，城乡居民消费水平差距也呈扩大态势。城乡居民消费水平的绝对差距和相对差距可以分别通过城乡居民消费水平之差和城乡居民消费水平之比来反映。如表10－9所示，自1978年以来，我国城乡居民消费水平之差基本呈不断扩大态势。2007年，城乡居民消费水平之差为8590元。城乡居民消费水平之比则经历了一个缩小—扩大—再缩小—再扩大的变化过程。1978年城乡居民消费水平的相对差距较大，城乡居民消费水平之比高达2.9。此后，城乡居民消费水平的相对差距开始缩小，20世纪80年代中期城乡居民消费水平的相对差距达到最低点，1985年城乡居民消费水平之比降至2.2。20世纪80年代中期至90年代中期，城乡居民消费水平的相对差距逐步扩大，1995年城乡居民消费水平之比上升到3.8，达到了1978年以来的峰值。在1996～1997年的短短两年间城乡居民消费水平之比大幅度下降，降至3.4，随后，城乡居民消费水平的相对差距又开始在波动中不断扩大，到2007年城乡居民消费水平之比上升到3.6，远远超过了1978年的水平。

恩格尔系数不仅是反映居民消费结构的重要指标，还是反映居民消费水平和生活水平的重要指标。如表10－10所示，1978年以来，城乡居民家庭的恩格尔系数均有大幅度下降，这表明城乡居民的生活水平均有大幅度提高。其中，城镇居民家庭的恩格尔系数从1978年的57.5%下降到2007年的36.3%，农村居民家庭的恩格尔系数从1978年的67.7%下降到2007年的43.1%。1978年以来，农村居民家庭的恩格尔系数始终高于城镇居民家庭的恩格尔系数。从1978年的恩格尔系数来看，农村居民处于贫困水平，城镇居民处于温饱水平；从2007年的恩格尔系数来看，城乡生活水平差距依然较大。

从城乡居民恩格尔系数的差异度来看，除20世纪80年代中期和末期差异度很小之外，其他时期差异度都很大，特别是20世纪90年代中期以来，差异度基本上都在 8 个百分点以上。这说明我国城乡居民消费水平和生活水平一直存在很大的差距。

城乡居民耐用消费品普及率（每百户居民家庭拥有的耐用消费品的数量）的差距既可衡量城乡居民消费水平的差距，也可反映城乡居民生活质量的差距。城乡居民耐用消费品普及率差距一直都很大。1978 年以来，城镇居民消费结构不断升级，先后经历了从百元级消费到千元级消费，再到万元级消费，现在已过渡到十万元级的消费，家用轿车等正越来越多、越来越快地进入寻常城镇居民家庭；而农村居民从百元级的消费过渡到千元级的消费历经 20 多年时间还没完成，像电冰箱、洗衣机、移动电话等这些城镇居民已经饱和了的消费品，农村居民的普及率仍然很低。如表 10 - 11 所示，1990 年，城镇居民洗衣机和彩电普及率约是农村居民的 8.6 倍和 12.5 倍。到 2007 年，城镇居民洗衣机、电冰箱、空调机、电话机、移动电话、彩电、照相机、家用电脑等普及率分别为农村居民的 2.1 倍、3.6 倍、11.1 倍、1.3 倍、2.1 倍、1.5 倍、10.5 倍和 12.2 倍。由此可见，虽然城乡居民洗衣机、电话机、移动电话、彩电等耐用消费品的普及率的差距不断缩小，但电脑、空调机等千元级耐用消费品的普及率的差距依然很大，而像摄像机等万元级耐用消费品和家用轿车等十万元级耐用消费品的普及率，城乡之间的差距就更大了。

综上所述，城乡居民收入水平决定了城乡居民消费水平，这就从根本上决定了城乡居民消费水平的差距和消费水平的变化趋势与城乡居民收入差距的状况和变化趋势。

（3）城乡居民消费水平差距对经济增长的影响。从前文可知，城乡居民收入水平差距决定了城乡居民消费水平差距，而城乡居民消费水平差距影响到总的消费水平，从而影响到消费需求，进而影响到投资需求，最终影响到经济增长。从表 10 - 12 可以看出，城乡居民收入差距最小（城乡居民消费水平差距应最小）的上海、北京和天津，其经济发展水平（人均 GDP）最高，而城乡差距最大的贵州省其经济发展水平最低。这一点也可以从附表 10－1、附表 10－2，1978～2008 年全国 31 个省区的城乡相对收入和绝对收入差距中看出。

表 10－12　2007 年中国各省区城乡收入差距比较

省　区	地区人均生产总值(元)	城镇人均可支配收入(元)	农村人均纯收入(元)	城乡收入绝对差距(元)	城乡收入相对差距(倍)
北　京	58204	21988.71	9439.63	12549.08	2.33
天　津	46122	16357.35	7010.06	9347.29	2.33
河　北	19877	11690.47	4293.43	7397.04	2.72
山　西	16945	11564.95	3665.66	7899.29	3.15
内蒙古	25393	12377.84	3953.10	8424.74	3.13
辽　宁	25729	12300.39	4773.43	7526.96	2.58
吉　林	19383	11285.52	4191.34	7094.18	2.69
黑龙江	18478	10245.28	4132.29	6112.99	2.48
上　海	66367	23622.73	10144.62	13478.11	2.33
江　苏	33928	16378.01	6561.01	9817.00	2.50
浙　江	37411	20573.82	8265.15	12308.67	2.49
安　徽	12045	11473.58	3556.27	7917.31	3.23
福　建	25908	15506.05	5467.08	10038.97	2.84
江　西	12633	11451.69	4044.70	7406.99	2.83
山　东	27807	14264.70	4985.34	9279.36	2.86
河　南	16012	11477.05	3851.60	7625.45	2.98
湖　北	16206	11485.80	3997.48	7488.32	2.87
湖　南	14492	12293.54	3904.20	8389.34	3.15
广　东	33151	17699.30	5624.04	12075.26	3.15
广　西	12555	12200.44	3224.05	8976.39	3.78
海　南	14555	10996.87	3791.37	7205.50	2.90
重　庆	14660	12590.78	3509.29	9081.49	3.59
四　川	12893	11098.28	3546.69	7551.59	3.13
贵　州	6915	10678.40	2373.99	8304.41	4.50

续表

省　区	地区人均生产总值(元)	城镇人均可支配收入(元)	农村人均纯收入(元)	城乡收入绝对差距(元)	城乡收入相对差距(倍)
云　南	10540	11496.11	2634.09	8862.02	4.36
西　藏	12109	11130.93	2788.20	8342.73	3.99
陕　西	14607	10763.34	2644.69	8118.65	4.07
甘　肃	10346	10012.34	2328.92	7683.42	4.30
青　海	14257	10276.06	2683.78	7592.28	3.83
宁　夏	14649	10859.33	3180.84	7678.49	3.41
新　疆	16999	10313.44	3182.97	7130.47	3.24

数据来源：《中国统计年鉴（2008）》。

消费、投资和出口三大需求被喻为拉动经济增长的三驾马车。中国社会科学院相关研究数据显示，从世界各国经济发展的一般规律来看，消费是拉动经济增长的最终动力，对经济增长的贡献率一般应为80%左右，但在中国，消费需求对经济增长的贡献率明显偏低，见表10－13。不剔除物价因素，2003年以来，消费需求对经济增长的贡献率还不到40%。消费需求不足的原因有多种解释，但其中极为重要的原因就是城乡居民消费水平差距大，占据全国绝大多数的农村人口的消费水平很低。

农村居民消费水平低限制了总消费需求水平，造成消费需求相对不足。中国农村人口占总人口的55%以上，农村消费市场本应是中国消费市场的主要组成部分，但由于城乡居民收入差距不断扩大，造成农村消费市场疲软乏力，导致国内需求难以启动，加剧了消费市场供求矛盾，降低了企业的经济效益和社会效益，最终影响到整个国民经济持续、快速、健康的发展。1981年，中国最终消费支出对国内生产总值的贡献率高达93.4%，而到2007年却只有39.4%。农村居民的平均消费倾向和边际消费倾向均很高，这意味着只要农村居民收入能有较大幅度提高，消费市场就必然会较大幅度扩展。从农村居民

表 10 - 13　三大需求对国内生产总值增长的贡献率和拉动

（本表按不变价格计算）

年份	最终消费支出		资本形成总额		货物和服务净出口	
	贡献率(%)	拉动(百分点)	贡献率(%)	拉动(百分点)	贡献率(%)	拉动(百分点)
1978	39.4	4.6	66.0	7.7	-5.4	-0.6
1979	87.3	6.6	15.4	1.2	-2.7	-0.2
1980	71.8	5.6	26.5	2.1	1.8	0.1
1981	93.4	4.9	-4.3	-0.2	10.9	0.5
1982	64.7	5.9	23.8	2.2	11.5	1.0
1983	74.1	8.1	40.4	4.4	-14.5	-1.6
1984	69.3	10.5	40.5	6.2	-9.8	-1.5
1985	85.5	11.5	80.9	10.9	-66.4	-8.9
1986	45.0	4.0	23.2	2.0	31.8	2.8
1987	50.3	5.8	23.5	2.7	26.2	3.1
1988	49.6	5.6	39.4	4.5	11.0	1.2
1989	39.6	1.6	16.4	0.7	44.0	1.8
1990	47.8	1.8	1.8	0.1	50.4	1.9
1991	65.1	6.0	24.3	2.2	10.6	1.0
1992	72.5	10.3	34.2	4.9	-6.8	-1.0
1993	59.5	8.3	78.6	11.0	-38.1	-5.3
1994	30.2	4.0	43.8	5.7	26.0	3.4
1995	44.7	4.9	55.0	6.0	0.3	—
1996	60.1	6.0	34.3	3.4	5.6	0.6
1997	37.0	3.4	18.6	1.7	44.4	4.2
1998	57.1	4.4	26.4	2.1	16.5	1.3
1999	74.7	5.7	23.7	1.8	1.6	0.1
2000	65.1	5.5	22.4	1.9	12.5	1.0
2001	50.0	4.1	50.1	4.2	-0.1	—
2002	43.6	4.0	48.8	4.4	7.6	0.7
2003	35.3	3.5	63.7	6.4	1.0	0.1
2004	38.7	3.9	55.3	5.6	6.0	0.6
2005	38.2	4.0	37.7	3.9	24.1	2.5
2006	38.7	4.5	42.0	4.9	19.3	2.2
2007	39.4	4.7	40.9	4.9	19.7	2.3

数据来源：《中国统计年鉴（2008）》。

低下的耐用消费品普及率也可以看出，农村消费市场存在着巨大的潜力。但是，如果城乡居民收入差距不断扩大的现状得不到改变，农村消费市场将仍然难以得到较大扩展。

消费需求不足会限制投资需求的增长。一切需求最终都归结为消费者的需要。消费需求具有最终意义，投资需求具有“引致性”和“派生性”。正是由于最终的消费需求，才引致和派生出投资需求，没有最终意义上的消费需求，就不会有最终的投资需求。因此，城乡居民收入差距所导致的农村居民低下的消费水平不但会限制总消费需求的增长，还会间接影响投资需求的增长。而投资需求的快速增长又要以消费需求的强劲增长做支撑，如果消费需求增长不足，投资需求增长不仅难以持续，还会造成产能过剩，降低资源配置效率，影响到居民福利水平的提高，最终影响到我国经济的持续增长。

此外，城乡居民长期存在的消费水平的差距和这种差距扩大的趋势，对于产业结构的升级、城乡社会稳定、城乡和谐也有不利影响，而这对中国经济增长也会产生不利影响。

五　我国居民收入不平等对经济增长的影响

尽管有关收入不平等对经济增长的影响争论不休，但笔者认为，收入不平等对经济增长主要起消极作用。近年来，我国居民收入分配差距扩大已经对经济增长产生较明显的消极影响。

（1）造成潜在不稳定的政治和社会环境。收入差距过大容易引发各种犯罪行为和社会矛盾，导致局部或较大范围的社会不稳定，给投资和经济发展带来不利影响。

（2）抑制了消费需求，造成总需求不足，从而制约经济增长。当前，我国宏观经济一个很大的问题是总需求不足，尤其是农村市场消费不足。农村市场之所以消费不足，很大一个原因就是城乡收入差距过大，农民收入水平低。在当今的中国，农民人口仍占据多数，但农民收入水平低，造成消费水平低、消费不足，降低了我国的总需求水平，影响到我国的经济增长。

（3）延滞了需求结构的转换和产业结构升级。经济增长是一个结构转换过程，其中一个重要方面就是需求结构和产业结构的升级。收入分配状况会通过需求结构影响生产结构。目前，我国高收入者占总人口比例很小，但由于人口基数大，其绝对量还是很庞大的，其购买力可以支撑某些新兴产业的快速发展。因此，收入不平等对一些新兴产业发展的制约还不太明显。但是，从长远看，收入不平等的扩大终归会限制新兴产业的市场需求，从而影响整个经济持续增长。

六　政策建议

居民收入水平决定居民消费水平。要缩小居民消费水平差距，尤其是缩小城乡居民消费水平差距，就要缩小城乡居民收入差距，而要缩小城乡居民收入差距，就必须推进城乡协调发展。政府需采取多种措施缩小城乡居民收入差距的扩大，从而缩小城乡居民消费水平差距的扩大。具体来看，政府可以采取以下政策措施。

（1）取消城乡分割的户籍管理制度，促进农村劳动力向城市转移。

（2）加大农业支持力度，促进农民收入稳定增长。

（3）加大对农村地区的公共投资，增加农村公共物品的供给。

（4）加大对农村地区的公共教育投资，建立针对农民子女接受教育的经济扶持制度，让更多农村居民接受更多更高质量的教育。

（5）建立并完善农村养老、医疗以及最低收入居民基本生活保障制度，加大对农民的转移支付力度，尤其是要强化医疗救助、灾害救助和老年基本生活保障制度建设。

（6）进一步推动农村家电补贴政策的实施，拓宽农村消费补贴范围，提高农村居民消费水平。

通过缩小城乡居民收入差距的扩大来缩小城乡居民消费水平差距的扩大，通过增加农村居民的收入来提高农村居民消费水平，从而促进消费需求和投资需求不断增长，推动产业结构升级和经济持续增长。

参考文献

Alesina A.，Perotti R.，"Income Distribution，Political Instability and Investment"，*European Economic Review*，81（1996）：1170－89.

Clarke GRG，"More Evidence on Income Distribution and Growth"，*Journal of Development Economics*，147（1995）：403－27.

Li H.，Zou H.，"Income Inequality is not Harmful for Growth：Theory and Evidence"，*Review of Development Economics*，2（1998）：318－34.

Persson T.，Tabellini G.，"Is Inequality Harmful for Growth?"，*American Economic Review*，84（1994）：600－621.

刘宇：《收入差距与经济增长：速度与质量——对国外文献的比较与评论》，《经济评论》2008年第6期。

刘生龙：《收入不平等与经济增长的关系》，《经济科学》2007年第3期。

刘生龙：《收入不平等对经济增长的倒U型影响：理论和实证》，《财经研究》2009年第2期。

路征：《经济增长与收入分配互动机制研究综述》，《华东经济管理》2008年第10期。

曹景林、祁欣：《居民收入分配不平等对经济增长影响的定量分析》，《现代财经》2008年第10期。

陈昌兵：《收入分配影响经济增长的内在机制》，《当代经济科学》2008年第6期。

刘荣添、叶民强：《中国城乡收入差异的库兹涅茨曲线研究——基于各省份面板数据（1978～2004年）的实证分析》，《经济问题探索》2006年第6期。

曾国安、胡晶晶：《论20世纪70年代末以来中国城乡居民收入差距的变化及其对城乡居民消费水平的影响》，《经济评论》2008年第1期。

单豪杰：《中国资本存量K的再估算：1952～2006年》，《数量经济技术经济研究》2008年第10期。

袁晓玲、杨万平：《政府、居民消费与中国经济增长的因果关系》，《当代经济科学》2008年第5期。

国家统计局：《中国统计年鉴（2007）》、《中国统计年鉴（2008）》，中国统计出版社。

附录

附表 10－1　1978～2008 年中国各省区城乡相对收入差距（当年价格）比较

省　区	1978	1979	1980	1981	1982	1983	1984	1985	1986	1987	1988
北　京	1.63	1.66	1.73	1.42	1.30	1.14	1.04	1.17	1.30	1.29	1.35
天　津	2.18	2.38	1.90	1.82	1.77	1.47	1.44	1.55	1.68	1.58	1.49
河　北	3.02	2.30	2.28	1.97	1.81	1.51	1.51	1.64	1.88	1.92	1.98
山　西	2.97	—	2.44	2.23	1.91	1.64	1.53	1.66	2.08	2.14	2.15
内蒙古	3.00	2.13	2.25	1.74	1.57	1.46	1.49	1.88	2.03	2.11	1.83
辽　宁	2.20	—	1.81	1.66	1.58	1.21	1.33	1.51	1.65	1.66	1.72
吉　林	—	—	—	—	—	0.98	1.03	1.36	1.65	1.63	1.57
黑龙江	—	—	—	—	—	—	—	1.87	1.74	1.87	1.81
上　海	1.93	1.61	1.60	1.43	1.23	1.23	1.06	1.33	1.38	1.36	1.32
江　苏	1.89	—	1.99	1.74	1.57	1.40	1.40	1.55	1.62	1.60	1.53
浙　江	2.01	—	2.23	1.83	1.53	1.54	1.50	1.65	1.81	1.69	1.76
安　徽	—	—	—	1.72	1.68	1.60	1.73	1.72	2.05	2.15	2.21
福　建	2.75	—	2.62	1.95	1.94	1.90	1.69	1.85	2.22	2.11	2.02
江　西	2.17	—	2.13	1.78	1.58	1.45	1.49	1.55	1.84	1.84	1.92
山　东	3.87	2.59	2.31	1.97	1.75	1.49	1.62	1.83	1.90	1.91	1.99
河　南	2.87	—	2.12	1.72	1.86	1.55	1.55	1.70	2.00	1.97	2.15
湖　北	3.05	2.03	2.44	2.10	1.68	1.71	1.51	1.67	1.91	2.07	2.27
湖　南	2.41	—	2.17	2.09	1.82	1.79	1.85	1.92	2.06	2.16	2.43
广　东	2.26	1.87	1.72	1.72	1.65	1.80	1.92	1.93	2.02	2.05	1.96
广　西	2.42	—	2.62	2.10	1.99	1.84	2.26	2.26	2.48	2.54	2.73
海　南	—	—	—	1.45	—	1.98	—	1.92	1.77	1.96	1.95
重　庆	—	—	—	—	—	—	—	—	—	—	—
四　川	2.90	2.37	2.08	1.86	1.74	1.91	2.03	2.21	2.51	2.57	2.52
贵　州	2.42	2.13	2.13	2.08	2.06	2.15	2.12	2.37	2.72	2.67	2.77
云　南	2.64	2.89	2.80	2.51	2.12	2.00	1.96	2.22	2.58	2.71	2.70
西　藏	—	—	—	—	—	—	—	2.79	3.00	3.61	3.80
陕　西	2.33	—	2.86	2.41	2.07	2.07	2.10	2.20	2.72	2.75	2.57
甘　肃	4.14	3.75	2.63	2.82	2.72	2.30	2.59	2.51	2.75	2.94	2.88
青　海	—	—	—	2.19	2.11	1.85	2.16	2.19	2.37	2.41	2.08
宁　夏	2.99	2.58	2.61	2.36	2.28	1.94	2.10	2.29	2.33	2.49	2.29
新　疆	1.60	—	2.16	2.04	—	1.78	1.79	1.92	2.14	2.16	2.21

续表

省 区	1989	1990	1991	1992	1993	1994	1995	1996	1997	1998
北 京	1.30	1.38	1.43	1.63	1.88	2.12	1.93	2.06	2.13	2.14
天 津	1.45	1.53	1.58	1.71	1.88	2.17	2.05	1.99	2.04	2.09
河 北	2.13	2.25	2.27	2.74	2.90	2.87	2.35	2.16	2.17	2.11
山 西	2.29	2.14	2.48	2.59	2.73	2.90	2.74	2.38	2.30	2.21
内蒙古	2.20	1.90	2.50	2.22	2.43	2.58	2.37	2.14	2.22	2.20
辽 宁	1.91	1.85	1.90	1.96	1.99	2.15	2.11	1.96	1.96	1.79
吉 林	1.78	1.40	1.86	2.03	2.19	2.01	1.97	1.79	1.92	1.76
黑龙江	2.13	1.59	1.89	1.72	1.91	1.86	1.91	1.73	1.77	1.89
上 海	1.43	1.14	1.24	1.36	1.58	1.71	1.69	1.69	1.60	1.62
江 苏	1.57	1.53	1.76	2.02	2.19	2.06	1.89	1.71	1.76	1.78
浙 江	1.78	1.76	1.77	1.93	2.08	2.28	2.10	2.01	2.00	2.05
安 徽	2.42	2.51	3.33	3.15	3.10	3.13	2.91	2.81	2.54	2.56
福 建	2.23	2.29	2.30	2.32	2.35	2.33	2.20	2.08	2.21	2.20
江 西	1.94	1.77	1.84	1.99	2.21	2.28	2.20	2.02	1.93	2.08
山 东	2.14	2.16	2.21	2.46	2.64	2.61	2.49	2.34	2.26	2.19
河 南	2.22	2.19	2.32	2.73	2.82	2.88	2.68	2.38	2.36	2.26
湖 北	2.21	2.13	2.54	2.78	3.13	2.86	2.67	2.34	2.22	2.22
湖 南	2.67	2.40	2.59	2.83	3.16	3.37	3.30	2.82	2.56	2.63
广 东	2.18	2.21	2.41	2.66	2.77	2.92	2.76	2.56	2.47	2.51
广 西	2.70	2.26	2.45	2.88	3.25	3.60	3.31	2.96	2.73	2.74
海 南	2.04	2.37	2.53	2.75	3.10	3.01	3.14	2.82	2.53	2.40
重 庆	—	—	—	—	—	—	—	—	—	3.18
四 川	2.73	2.67	2.87	3.16	3.47	3.50	3.46	3.08	2.83	2.87
贵 州	2.96	3.22	3.42	3.75	3.99	4.09	3.62	3.31	3.42	3.42
云 南	2.73	2.80	2.97	3.36	3.93	4.30	4.04	4.05	4.04	4.36
西 藏	3.86	2.59	2.99	3.09		4.11		4.84		
陕 西	2.86	2.58	2.81	3.07	3.22	3.34	3.44	3.27	3.14	3.00
甘 肃	3.10	2.78	3.07	3.49	3.64	3.67	3.58	3.05	3.03	2.88
青 海	2.49	2.00	2.39	2.99	3.16	3.24	3.22	3.27	3.03	2.98
宁 夏	2.37	2.46	2.65	3.08	3.41	3.44	3.39	2.58	2.54	2.39
新 疆	2.24	1.98	2.13	2.64	3.12	3.35	3.66	3.60	3.22	3.13

续表

省　区	1999	2000	2001	2002	2003	2004	2005	2006	2007	2008
北　京	2.17	2.25	2.30	2.31	2.48	2.53	2.40	2.41	2.33	2.32
天　津	2.24	2.25	2.27	2.18	2.26	2.28	2.27	2.29	2.33	2.46
河　北	2.20	2.28	2.30	2.49	2.54	2.51	2.62	2.71	2.72	2.80
山　西	2.45	2.48	2.76	2.90	3.05	3.05	3.08	3.15	3.15	3.20
内蒙古	2.38	2.52	2.81	2.90	3.09	3.12	3.06	3.10	3.12	3.10
辽　宁	1.96	2.27	2.27	2.37	2.47	2.42	2.47	2.54	2.58	2.58
吉　林	1.98	2.38	2.45	2.72	2.77	2.61	2.66	2.68	2.69	2.60
黑龙江	2.12	2.29	2.38	2.54	2.66	2.49	2.57	2.58	2.48	2.39
上　海	2.02	2.09	2.19	2.13	2.23	2.36	2.26	2.26	2.33	2.33
江　苏	1.87	1.89	1.95	2.05	2.18	2.20	2.33	2.42	2.50	2.54
浙　江	2.13	2.18	2.28	2.37	2.45	2.45	2.45	2.49	2.49	2.45
安　徽	2.67	2.74	2.81	2.85	3.19	3.01	3.21	3.29	3.23	3.09
福　建	2.22	2.30	2.46	2.60	2.68	2.73	2.77	2.84	2.84	2.90
江　西	2.22	2.39	2.47	2.75	2.81	2.71	2.75	2.76	2.83	2.74
山　东	2.28	2.44	2.53	2.58	2.67	2.69	2.73	2.79	2.86	2.89
河　南	2.33	2.40	2.51	2.82	3.10	3.02	3.02	3.01	2.98	2.97
湖　北	2.35	2.44	2.49	2.78	2.85	2.78	2.83	2.87	2.87	2.82
湖　南	2.73	2.83	2.95	2.90	3.03	3.04	3.05	3.10	3.15	3.06
广　东	2.51	2.67	2.76	2.85	3.05	3.12	3.15	3.15	3.15	3.08
广　西	2.74	3.13	3.43	3.63	3.72	3.77	3.72	3.57	3.78	3.83
海　南	2.56	2.46	2.62	2.82	2.80	2.75	2.70	2.89	2.90	2.87
重　庆	3.40	3.32	3.41	3.45	3.65	3.67	3.65	4.03	3.59	3.48
四　川	2.97	3.10	3.20	3.14	3.16	3.06	2.99	3.11	3.13	3.07
贵　州	3.62	3.73	3.86	3.99	4.20	4.25	4.34	4.59	4.50	4.20
云　南	4.30	4.28	4.43	4.50	4.50	4.76	4.54	4.47	4.36	4.27
西　藏	5.28	5.58	5.60	5.52	5.18	4.89	4.54	3.67	3.99	3.93
陕　西	3.20	3.55	3.68	3.97	4.06	4.01	4.03	4.10	4.07	4.10
甘　肃	3.30	3.44	3.57	3.87	3.98	3.98	4.08	4.18	4.30	4.03
青　海	3.21	3.47	3.76	3.70	3.76	3.74	3.75	3.82	3.83	3.80
宁　夏	2.55	2.85	3.04	3.16	3.20	3.11	3.23	3.32	3.41	3.51
新　疆	3.61	3.49	3.74	3.70	3.41	3.34	3.22	3.24	3.24	3.26

附表 10－2　1978～2008 年中国各省区城乡绝对收入差距（当年价格）比较

单位：元

省　区	1978	1979	1980	1981	1982	1983	1984	1985	1986	1987	1988
北　京	140. 6	164. 95	210. 9	152. 74	130. 85	70. 97	29. 5	132. 64	244. 42	265. 47	374. 37
天　津	209. 92	246. 4	249	242. 52	250. 72	192. 31	224. 17	310. 97	434. 61	438. 09	438. 5
河　北	184. 74	177. 1	224. 78	198. 08	194. 14	150. 58	174. 24	245. 52	358. 84	410. 6	533. 88
山　西	199. 79	—	223. 92	221. 1	205. 8	175. 7	178. 1	236. 98	372. 7	429. 9	505. 8
内蒙古	200. 71	186. 07	225. 81	177. 31	164. 74	149. 24	180. 84	316. 23	391. 58	430. 85	416. 02
辽　宁	198. 1	—	220. 88	201. 5	195. 1	96. 2	158. 7	236. 46	348. 7	393. 1	504. 4
吉　林	—	—	—	—	—	—	12. 35	148. 94	298. 76	328. 54	359. 62
黑龙江	—	—	—	—	—	—	—	344. 16	354	414. 5	450. 7
上　海	270	218	239. 65	193	123	128	49	269. 08	356	377. 8	422
江　苏	135. 9	—	215. 26	190. 32	175. 2	141. 4	177. 7	273. 16	349. 13	378. 54	421. 23
浙　江	167	—	268. 82	237	184	192. 1	222. 6	355. 4	494. 7	502. 9	686. 6
安　徽	—	—	—	178. 06	183. 42	183. 83	236. 11	264. 44	418. 26	495. 54	589. 2
福　建	235. 68	—	277. 9	219. 82	251. 36	271. 56	237. 25	336. 86	510. 14	535. 88	622. 69
江　西	164. 66	—	204. 56	176. 3	155. 22	136. 8	164. 5	206. 13	334. 24	362. 58	449. 6
山　东	290. 25	253. 3	253. 88	243. 88	224. 9	176. 43	243. 64	339. 44	404. 2	469. 41	579. 76
河　南	189. 6	—	180. 82	154. 16	185. 49	150. 06	165. 65	231. 58	333. 95	366. 55	460. 82
湖　北	218. 46	164. 7	243. 8	238. 99	195. 29	212. 02	198. 34	282. 92	406. 22	491. 06	630. 33
湖　南	189. 48	—	256. 21	263. 38	234. 6	248. 3	296. 8	365. 54	464. 74	546. 5	739. 57
广　东	229. 83	193. 63	198. 2	235. 29	249. 65	318. 3	393. 07	458. 81	555. 69	676. 19	774. 43
广　西	169. 7	—	281. 36	225. 1	233. 32	220. 94	337. 12	380. 49	467. 78	545. 04	734. 72
海　南	—	—	—	133	521	294	—	372	355	484	537. 4
重　庆	—	—	—	—	—	—	—	—	—	—	—

续表

省　区	1978	1979	1980	1981	1982	1983	1984	1985	1986	1987	1988
四　川	221.3	213.1	203.1	191	189	234.6	294.2	379.93	511.1	578.5	681.1
贵　州	153.26	148.57	182.37	225.23	236.6	258.46	295.19	394.44	520.8	570.46	704.14
云　南	203.8	237.2	270.33	268.31	260.71	265.84	297.83	413.95	533.65	624.77	728.79
西　藏	—	—	—	—	—	—	—	631.03	687	908.6	1046.6
陕　西	177	—	264.51	249.8	233.7	251.9	289.5	354.74	514.9	575.5	635.9
甘　肃	309.13	306.47	250.11	289.12	299.32	277.52	350.79	385.55	493.86	574.42	639.02
青　海	—	—	—	227.08	247.28	214.06	327.08	406.42	506.14	554.72	532.96
宁　夏	230.18	219.2	286.1	273.22	292.41	256.02	329.97	413.71	505.6	568.66	611.82
新　疆	119.83	—	229.11	246.2	—	240.7	286.3	363.05	478.66	524.53	602.46

省　区	1989	1990	1991	1992	1993	1994	1995	1996	1997	1998
北　京	366.38	489.98	618.03	984.52	1664.18	2684	3011.3	3770.11	4151.46	4519.68
天　津	457.47	569.92	676.48	929.38	1296.16	2146.43	2523.13	2968.01	3364.69	3714.84
河　北	667.48	775.65	831.92	1189.5	1530.52	2069.99	2252.65	2387.81	2672.67	2679.34
山　西	662.5	687.4	842.3	995.84	1239.18	1681.47	2097.68	2145.49	2251.62	2240.13
内蒙古	575.29	547.8	776.68	822.72	1115.17	1528.39	1654.63	1829.51	2164.47	2371.52
辽　宁	677.1	714.8	808.9	953.84	1153.22	1639.39	1950.01	2057.23	2216.6	2037.44
吉　林	485.34	324.03	647.06	829.57	1061.5	1289.48	1565.23	1679.93	2004.28	1823.04
黑龙江	602.8	451.1	654.2	681.08	931.21	1203.3	1608.91	1586.41	1782.42	2015.4
上　海	595.1	274.7	482.6	800.68	1570.33	2452.53	2946.17	3332.38	3161.89	3366.2
江　苏	496.66	504.69	702.23	1077.64	1506.87	1947.37	2177.52	2156.49	2495.6	2641.05
浙　江	786.3	833	932.2	1260.06	1880.09	2841.72	3255.16	3492.79	3674.52	4022.16
安　徽	731.86	815.4	1039	1234.24	1523.44	2074.46	2492.58	2905.07	2790.47	2907.37
福　建	857.37	984.69	1102.4	1298.72	1628.73	2094.85	2458.39	2680.43	3357.94	3539.23
江　西	523.32	517.98	592.9	759.9	1049.02	1554.87	1839.11	1910.6	1964.02	2203.42

续表

省　区	1989	1990	1991	1992	1993	1994	1995	1996	1997	1998
山　东	718. 56	786. 02	923. 56	1171. 59	1562. 41	2124. 72	2548. 98	2803. 98	2898. 69	2927. 28
河　南	557. 91	625. 95	710. 2	1019. 53	1266. 85	1708. 75	2067. 46	2176. 24	2359. 72	2355. 32
湖　北	690. 75	756. 35	966. 01	1205. 31	1667. 05	2183. 37	2517. 43	2500. 44	2570. 95	2654. 16
湖　南	934. 31	927. 25	1094. 34	1355. 01	1835. 9	2732. 64	3274. 03	3259. 82	3172. 64	3369. 36
广　东	1131. 21	1260. 15	1609. 08	2169	2957. 57	4185. 52	4739. 5	4974. 31	5094. 01	5312. 58
广　西	821. 14	808. 56	955. 94	1372. 13	2003. 23	2874. 09	3345. 77	3330. 23	3234. 99	3440. 34
海　南	698. 7	953. 8	1117. 9	1475. 32	2079. 63	2615. 65	3250. 71	3180. 33	2933. 03	2834. 57
重　庆	—	—	—	—	—	—	—	5042	3679. 46	3746. 11
四　川	854. 9	932. 2	1100. 8	1366. 99	1722. 38	2364. 42	2844. 62	3029. 3	3082. 56	3337. 88
贵　州	845. 15	964. 26	1128. 04	1393. 53	1733. 1	2433. 69	2844. 86	2944. 54	3143. 41	3230. 89
云　南	827. 25	973. 9	1130. 6	1457. 9	1978. 1	2649. 19	3074. 11	3748. 65	4182. 79	4655. 48
西　藏	1135. 7	1035. 3	1404. 54	1731. 52	—	3037. 86	—	5202. 98	—	—
陕　西	805. 3	838. 2	964	1158. 96	1448. 69	1879. 22	2346. 78	2644. 54	2728	2814. 64
甘　肃	766. 8	765. 72	922. 4	1218. 28	1451. 7	1934. 43	2272. 22	2253. 34	2407. 33	2616. 51
青　海	682. 25	559. 3	769. 55	1203. 08	1454. 71	1943. 45	2290. 05	2660. 41	2678. 76	2815. 33
宁　夏	713. 74	843. 1	975. 11	1229. 7	1534. 21	2118. 86	2384. 01	2214. 32	2324. 04	2391. 21
新　疆	677. 56	672. 35	791. 28	1211. 5	1645. 37	2223. 47	3026. 94	3359. 86	3340. 32	3400. 69
省　区	1999	2000	2001	2002	2003	2004	2005	2006	2007	2008
北　京	4956. 16	5745. 09	6552. 28	7065. 42	8281. 02	9467. 54	10306. 65	11702. 02	12549. 1	14062. 98
天　津	4238. 73	4518. 1	5011	5058. 86	5746. 91	6447. 66	7058. 65	8055. 19	9347. 3	11511. 72
河　北	2923. 53	3182. 26	3381. 22	3994. 48	4385. 66	4780. 21	5625. 49	6502. 76	7397. 1	8645. 64
山　西	2570. 01	2818. 51	3434. 95	4084. 56	4705. 83	5313. 26	6023. 21	6846. 8	7899. 3	9021. 86
内蒙古	2767. 63	3090. 85	3562. 49	3965	4745. 2	5516. 59	6147. 89	7016. 09	8412. 7	9775. 82
辽　宁	2397. 61	3002. 19	3239. 11	3773. 22	4306. 18	4700. 46	5417. 35	6279. 21	7527	8816. 22

续表

省区	1999	2000	2001	2002	2003	2004	2005	2006	2007	2008
吉林	2219.41	2787.5	3158.26	3959.16	4474.77	4841.01	5426.62	6133.97	7094.2	7896.76
黑龙江	2429.24	2764.68	3145.57	3695.36	4170	4465.51	5051.21	5629.91	6113	6725.71
上海	5522.54	6121.61	7012.56	7026.2	8213.59	9616.52	10397.23	11529.21	13478.1	15234.64
江苏	3043	3205.13	3590.4	4197.84	5023.16	5728.03	7042.27	8271.06	9817	11323.03
浙江	4479.55	5025.46	5882.37	6775.2	7790.53	8602.28	9633.77	10930.3	12308.6	13468.77
安徽	3164.3	3358.95	3648.8	3914.8	4650.53	5012.13	5829.68	6801.95	7917.3	8787.91
福建	3768.41	4201.76	4932.38	5650.56	6265.64	7085.97	7870.91	8918.48	10038.3	11765.43
江西	2591.08	2968.28	3274.42	4029.14	4443.92	4772.84	5490.76	6091.62	7407	8169.21
山东	3259.36	3830.77	4296.58	4666.66	5249.41	5930.4	6814.19	7823.94	9279.4	10663.97
河南	2583.96	2780.46	3169.52	4029.7	4690.42	5151.7	5797.37	6549.26	7625.5	8776.86
湖北	2995.72	3255.94	3503.78	4344.42	4755.18	5132.75	5686.74	6383.25	7488.3	8496.52
湖南	3687.87	4021.53	4481.06	4560.66	5141.3	5779.68	6406.27	7115.07	8389.3	9308.74
广东	5496.92	6107.07	6645.39	7225.3	8325.83	9261.75	10079.44	10935.78	12075.3	13333.11
广西	3571.24	3969.93	4721.43	5302.72	5690.54	6384.79	6792	7128.25	8976.3	10455.66
海南	3250.81	3176.02	3612.34	4399.52	4671.15	4918.18	5119.94	6139.63	7205.5	8217.83
重庆	4159.34	4383.54	4749.91	5140.46	5879.12	6710.55	7434.14	8695.91	9081.5	10241.39
四川	3634.39	3990.67	4373.47	4503.2	4811.97	5190.97	5583.16	6347.71	7551.6	8512.19
贵州	3570.92	3748.01	4040.21	4454.18	5004.53	5600.45	6274.13	7132.01	8304.4	8961.87
云南	4741.08	4846.04	5264.01	5631.96	5946.47	7006.68	7224.1	7819.39	8862	10147.6
西藏	5599.17	6095.52	6465.16	6616.82	7074.65	7244.77	7353.28	6506.08	8342.7	9305.68
陕西	3198.16	3680.34	3992.93	4734.54	5130.65	5625.97	6219.42	7007.5	8118.6	9721.44
甘肃	3117.93	3487.55	3874.31	4561.14	4984.14	5524.54	6106.92	6786.49	7683.4	8245.61
青海	3236.74	3679.46	4296.42	4501.62	4951.22	5361.97	5906.35	6641.95	7592.3	8579.16
宁夏	2718.71	3188.1	3721.07	4150.04	4487.18	4897.77	5584.74	6417.16	7678.5	9250.08
新疆	3846.56	4026.76	4684.64	5036.34	5067.34	5258.52	5507.95	6133.97	7130.4	7929.2

数据来源：全国各省区 1979 ~ 2009 年统计年鉴。

第四篇

基于成本收益模型的价值化

第11章

成本收益模型国内外的进展

目前，成本收益分析技术在国外政府决策中得到了较为广泛的应用，尤其是在环境评估、政府的项目投资方面。但目前国内尚没有见到针对国内实际开发的可供应用的成本收益分析模型，本篇的目标就是针对中国实际开发可供实际应用的成本收益分析技术。

一　成本收益分析模型演变概要

成本收益分析的产生和发展，从理论上看是同福利经济学、效用理论、资源分配理论、工程经济学、运筹学、系统分析等理论和学科的发展相联系的，从实践上看是同西方国家政府公共投资的增加、公用事业的发展分不开的。

1844年，法国工程师J. 杜普伊（1804～1866）发表的《公共工程的效用计量》一文，被认为是最早提出成本收益分析思想的文献。他所提出的“消费者剩余”的理论又被认为是成本收益分析的理论基础之一。但是那时仅仅是理论上的进步，实际中的运用起源于1936年美国政府制定的洪水控制法。在这部洪水控制法中曾原则规定水利项目经济上的可行性是指“各种可能产生的收益应当超过估计的成本”，要求在水利建设中进行成本收益分析。但当时在理论及方法上都很不成熟。

1950 年，美国联邦特别机构河域委员会发表的《河域项目经济分析的建议》，第一次把实用项目分析与福利经济学两个平行独立发展的学科结合起来，为成本收益分析的进一步发展提供了基础。此后，成本收益分析有了较快的发展，60 年代以后得到了迅速的推广，被西方发达国家广泛应用于各种民用和军用项目。常见的案例有：水利电力设施、交通工程、环境工程、教育卫生支出、公共福利设施以及国防、空间计划等。

在 20 世纪 60 ~ 70 年代，除美国以外，英国、加拿大、法国等国家的政府和联合国的某些机构都陆续发表了一些有关成本收益分析的手册、指南和参考材料，学术性著作也纷纷出现。1972 年，联合国工业发展组织赞助编写和出版的《项目评价准则》，是成本收益分析文献中的重要参考材料之一。

40 年代开始，不少西方学者还致力于在发展中国家推广应用，并在实践中进一步丰富和发展了成本收益分析方法。在这方面被公认取得重大突破的西方学者是 I. M. D. 李特尔和 J. A. 米尔利斯。有些西方学者甚至认为在发展中国家由于公共成分一般比发达国家占有更大的比重，因而成本收益分析将会有更大的用处，尤其对社会主义国家公有制的计划经济最为适用。

二　成本分析法在行政管制方面的争论

在行政管制方面的争论在各国均有体现，但是最为显著的是美国学者之间的争论。美国桑斯坦（Sunstein，1995，1996）对美国 1995 年第 104 届国会在公法方面的修订作了深刻的分析。他认为 104 届国会对以前的公法作了彻底的修正，成本收益分析模型贯穿任何一部公法之中；要求行政机构根据执行成本收益分析的原则制定规章（包括标准、准章、措施、办法），成本收益分析也成为衡量管制绩效的标准。成本收益分析的理念是市场理念，强调的是效率，因而如果将成本收益分析理解为管制的一种准宪法修正案，将是政府理念的一个极大转变，可以说是管制制度的一种根本性改革。

理查德・A. 波斯纳（Richard A. Posner，2000）、哈恩（Hahn，1996，2000，2002）、桑斯坦（Sunstein，2000）、哈恩和桑斯坦（Hahn and Sunstein，2002）认为，在关于提高市场效率、保护健康、安全和环境质量的争论中，成本收益分析在立法与管制中起着非常重要的作用。成本收益分析探讨的是，某项政策从总体上看是否对稀缺资源进行了合理的配置，判断的标准是市场效率。成本收益分析提供了衡量市场效率的基本方法，它既有实证分析的市场基础，又有规范分析的价值取向，它可以解释现有政策的效率程度，又可以预测未来政策的走势。

但以科莱曼（Kelman）、库普（Copp）、纳斯鲍穆（Nussbaum）、里查德森（Richardson）为主要代表人物，他们怀疑成本收益分析的有效性。这些批评主要分为三个方面：一是个人意愿支付的标准不好确定，二是未能考虑收入分配问题，三是许多变量难以量化。

三　成本收益分析计算方法的发展

在进行多方案比较时，一般采用三种方法：

（1）在成本相同的情况下，比较收益的大小；

（2）在收益相同的情况下，比较成本的大小；

（3）当成本与收益都不相同的情况下，以成本与收益的比率和变化关系来确定。

由于理论上和实际计量上的困难以及客观情况的千差万别，各种对成本收益分析的规定都很谨慎。对条文只作原则性的规定，有些只是建议性的，允许有各种不同的计算方法，但要求明确给出这种计算的假定和依据，以便讨论和抉择。学者 Eijgenraam et al.（2000）建立了一个分析制造业项目的成本收益分析框架，这个计算框架被认为是较为成熟的框架，他提供了直接效应、间接效应，外部性以及分布效应的计算。Jeroen de Joode 等（2004）在此基础上引入了不确定性，发展出收支相抵概率的方法来处理不确定性。

第 12 章

成本收益模型全国模型的构建

——以环境管制为例

从 20 世纪 70 年代末中国经济（特别是工业）开始快速增长，与此同时中国环境总体情况不断恶化；随着人民生活水平的不断提高，人民开始越来越注重环境保护与健康。在这种背景下，有越来越大的声音要求政府加强环境保护的力度。正如金碚（2009）所说，“在一定的工业发展阶段，人们宁可承受较大的环境污染代价来换取工业成就；而到了工业发展的较高阶段，环境的重要性变得越来越重要”。目前，中国社会对环境保护的重要性已经有充分的认识，2006 年《中共中央关于构建社会主义和谐社会若干重大问题的决定》中提出要“统筹人与自然和谐发展”，要“转变增长方式，提高发展质量，推进节约发展、清洁发展”，以“实现经济社会全面协调可持续发展”。到 2020 年，构建和谐社会的目标和主要任务之一是“资源利用效率显著提高，生态环境明显好转”。但目前中国环境保护工作的难点是在保持经济增长与中国产业国际竞争力的前提下，如何抑制环境恶化的趋势，甚至采取措施将中国环境的总体情况向好的方面转化。理论研究表明，环境管制可能会导致环境水平提高与企业竞争力提升同时达到的“双赢”结果；在环境管制强度提高时，企业可以通过内部挖潜与技术创新来应对由于环境管制标准提高而增加的成本。但不可否认，在一定时间内企业应对成本上涨的能力是有限的；因而一定时期内在保持经济稳定的前提下，一国产业所能承受的环境标准的提升也将是有限的。对于欧美发达国家，由于人均 GDP 及生活水平已经很高，因而欧美有实力可以将社会的更多资源配置于环境保护，甚至可以说发达国家的平均生活水平不提高甚至下降都是应该的，否则整个人类社会难以持续存在。但对于中国而言，在相当长的时间第一要务仍旧是科学发展观指导下的快速发展。因而在取得一定的环境保护收益条件下，必须将其对经济增长的影响降到最低。本章构造了成本收益模型，从而就环境管制提升对中国经济社会的影响进行全面的评估。

一　环境管制成本、效益与强度计算

环境管制成本是指环境未支付成本，具体的计算见本书第 2 章；环境效益是通过污染物的环境损失价值化来核算，具体计算见本书第 3 章。

1. 中国环境管制成本测算

（1）工业环境未支付成本。如前所述，工业环境管制成本可以用工业未支付成本来衡量，按前述虚拟治理成本法我们估算了废水与废气未支付成本，两者合计作为工业的未支付成本。我们所估算的中国工业环境成本主要包括废水与废气的工业环境成本。从表 12－1 中可以看出，中国工业未支付成本从 2000 年后处于下降的趋势，但 2004 年由于重化工业加速发展，又有所上升；但 2007 年开始又大幅下降。从未支付成本的构成上来看，二氧化硫环境未支付成本一直是未支付成本的主体，而且从 1991 年以来二氧化硫所占比例越来越高，到 2007 年二氧化硫所占比例已经达到 92.66%；从绝对值来看，二氧化硫的未支付成本总体上也呈现不断增长的趋势。烟尘粉尘未处理成本所占的比例也不断下降，已经从 1991 年的 9.86% 下降到 2007 年 4.95%；从绝对值来看，烟尘粉尘未支付成本变化不大。工业废水未支付成本占工业环境未支付成本的比例不断下降，由 1991 年的 30.41% 下降到 2007 年的 2.24%；从绝对值来看，废水的未支付成本也不断下降。

表 12－1　中国工业环境成本

单位：亿元

年份	中国工业环境管制成本			中国工业环境已支付成本			中国工业环境全部成本		
	二氧化硫	烟尘粉尘	废水	二氧化硫	烟尘粉尘	废水	二氧化硫	烟尘粉尘	废水
1995	304.55	43.25	112.97	76.76	392.66	166.08	381.31	435.91	279.05
1997	621.26	84.84	242.31	108.35	494.99	115.64	729.61	579.83	357.95
1998	797.07	107.49	216.28	99.88	483.99	116.55	896.95	591.48	332.83
1999	692.45	90.78	185.98	106.50	501.57	124.07	798.95	592.35	310.05
2000	760.55	82.47	156.45	120.94	549.44	158.97	881.49	631.91	315.42
2001	706.21	67.98	29.76	136.71	934.14	225.57	842.92	1002.12	255.33
2002	688.35	64.69	24.03	169.52	983.39	217.57	857.87	1048.08	241.60
2003	769.46	66.21	21.15	184.88	1112.51	221.36	954.34	1178.72	242.51
2004	682.01	50.86	10.81	200.64	838.97	247.44	882.65	889.83	258.25
2005	809.62	55.70	20.48	266.48	889.83	276.27	1076.10	945.53	296.75
2006	885.55	51.04	21.58	394.15	1051.59	289.12	1279.70	1102.63	310.70
2007	513.06	46.84	25.12	505.46	648.73	301.84	1018.52	695.57	326.96

资料来源：作者计算。

（2）工业环境已支付成本与总成本。从表 12－1 中可以看出，中国工业环境已支付成本总体处于不断上升的趋势。从已支付成本的构成上来看，二氧化硫环境已支付成本比例与绝对值不断增长，但二者都远低于烟尘粉尘。废水已支付成本总额也不断上升，1995 年为 166.08 亿元，2007 年已经上升为 301.84 亿元。我们根据各种污染物已支付成本与未支付成本计算工业企业环境总成本，如表3－2所示。

2. 中国环境管制收益测算

如前所述，环境管制收益实质上是通过测算各种工业废弃物所造成的环境损失来间接测算的。根据我们目前能得到的数据，我们以2004年为基年，以世界银行中国废气环境损失数据为基础计算了中国工业环境年度损失调整系数；再以国家统计局和国家环保总局2006年发布的绿色GDP核算中2004年的环境污染损失数据为基础，乘以环境损失增速调整系数，得出1990～2006年的各项环境损失估算值；最后，再根据我国工业增加值占GDP的比例对总体损失进行调整，得出我国工业企业环境损失的数据（见表12－2）。这里需要强调的是，按照产业比例来划分工业企业对我国环境造成的总损失是目前较为实用的方法之一，并且准确率比较高，主要是因为整体环境损失受到三个产业的影响既有直接因素，又有间接因素，综合作用的结果使得三个产业的环境损失大致与其占国民经济的比例基本一致，这是进行我国工业企业环境损失估算的基础。

表12－2　中国工业企业环境效益估算

单位：亿元

年份	大气污染	调整系数	水污染	年份	大气污染	调整系数	水污染
1990	155.3	0.17	202.3	2001	566.9	0.62	738.4
1995	423.5	0.47	551.6	2002	662.2	0.73	862.5
1996	464.5	0.51	605.1	2003	804	0.88	1047.2
1997	485.4	0.53	632.3	2004	908.7	1	1183.5
1998	482.1	0.53	627.9	2005	1035.6	1.14	1348.8
1999	479	0.53	623.9	2006	1167.4	1.28	1520.5
2000	510.2	0.56	664.5	2007	1753.8	1.65	2284.3

资料来源：作者计算。

三　中国环境管制的强度及提升路径

1. 强度的计算方法

对于环境管制强度的衡量，过去的研究主要针对某一具体的行业，通过具体的管制指标来衡量环境管制的强度。由于某一行业的环境标准会保持相对稳定，因而将难以动态反映环境管制强度的变化，更难反映一个国家工业环境管制强度整体的变化。另外，也有些研究通过计算环境保护成本占行业（或企业）销售收入的比例来估算行业管理强度的。但如前所述，提高环境管制的强度，既可以通过提高执法力度，从而提高企业违法成本来实现；也可以通过提高污染物的排放标准而实现。如果用环境成本占行业销售收入的变化，难以区分环境管制强度的提高是由于执法力度提高所导致的，还是由污染物的排放标准提高所导致。考虑到中国环境保护的实际问题主要是“有法不依”（即环境管制执法强度需要提高）的问题，而不是“无法可依”（即环境管制标准强度需要提高）的问题，本章将主要估算环境管制执法强度变化。环境管制执法强度衡量了环境管制的执法力度，可由式（1）计算。环境管制执法力度越高，废弃物达标排放的比例越高。环境管制执法强度理论值在［0，100］之间；该值越小表明一国（或地区）某一行业的环境管制执法强度越小，该值越大表明一国的环境管制执法强度越大。

$$\text{环境管制执法强度指数} = \frac{\text{工业环境已支付成本}}{\text{工业环境总成本}} \times 100 \qquad (1)$$

2. 中国环境管制强度总体情况

根据前面的分析，环境管制强度由环境管制执法强度与环境管制标准强度来决定。我们按式（1）计算了中国工业环境管制执法强度，如图 12－1 所示。从图中可以看出环境管制强度在 1997 年大幅下降，但这实际上是由于中国污染物排放的统计口径在1997年有所变化，扩大到乡以上有污染物的全部企业所导致。因而从数据统计口径一致性角度考虑，本章下面主要分析1997年以后的数据。从1997年以后的数据可以看出，中国环境管制执法强度不断提升。1997年中国环境管制执法强度指数为43，除1998年略有下降外，其他年份环境管制执法强度不断提升，到2007年已经提高到68。

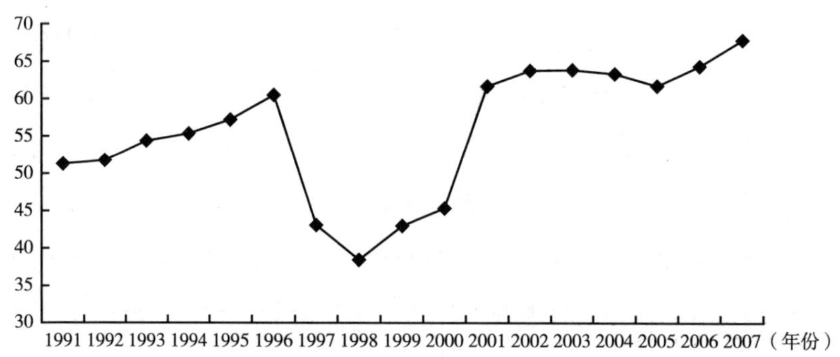

图12－1 中国工业环境管制执法强度

资料来源：作者计算。

3. 中国不同污染物环境管制强度情况

从不同污染物的类型来看，一方面中国不同污染物的管制强度从1997年以来不断提升。2000年二氧化硫环境管制执法强度指数为13.7，到2007年提高到49.6；2000年烟尘粉尘环境管制执法强度指数为86.9，到2007年提高到93.3；2000年废水环境管制执法强度指数为50.4，到2007年提高到92.3。另一方面，虽然不同污染环境管制执法强度都在提升，但不同染污度提高的程度有较大的差异，到2007年烟尘粉尘及废水的环境管制执法强度已经很高，但二氧化硫环境管制执法强度尚不到50（见图12－2）。

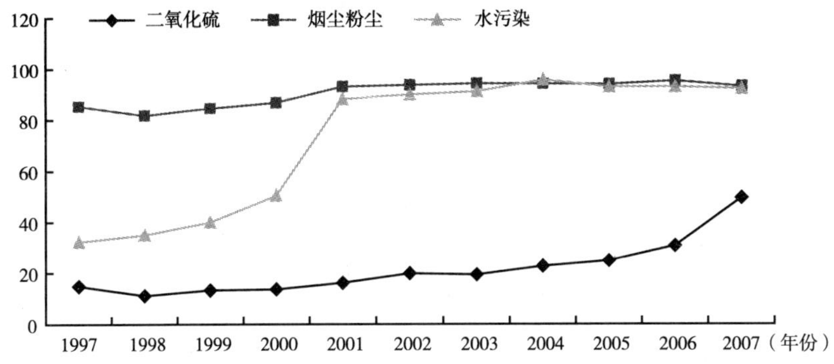

图 12－2　中国不同污染物环境管制执法强度指数变化

资料来源：作者计算。

4. 中国环境管制尚有提升的空间

诚然，如“双赢”论分析所说，环境管制可以同时达到环境水平提高与企业竞争力提升的“双赢”结果。在环境管制提高时，企业可以通过内部挖潜与技术创新来应对由于环境标准而增加的成本。但不可否认，在一定时间内企业应对成本上涨的能力是有限的；在一定时期内保持经济稳定的前提下，一国产业所能承受的环境标准的提升也是有限的。那么，目前提高工业环境管制的强度，中国工业是否有能力承受？这首先要分析，目前中国工业环境成本占工业总产值（或增加值）比例有多大。根据我们的计算，2007 年中国工业环境已支付成本仅占工业生产总值的 0.55%，与工业增加值的比例为 1.71%。从上面的数据可以判断中国工业应有能力承受工业环境管制强度的提升。我们测算了环境成本分别上涨 10%、20%、47.05%、100%情况下企业生产总成本的变化情况（见表 12－3）。可以看出，环境成本上涨 10%时，生产成本上涨仅占工业总产值的 0.06%，而企业利润减少了 0.73%，为了维持企业的利润不变，国家需减少流转税 1%。

表 12－3 环境成本上涨敏感性分析

单位：%

	上涨 10%	上涨 20%	上涨 47.05%	上涨 100%
环境成本(或环境成本上涨)占工业总产值的比例	0.06	0.11	0.30	0.55
利润总额变化的比例	-0.73	-1.46	-4.02	-7.28
维持原利润水平流转税变化的比例	-1.0	-2.0	-5.7	-10.2

资料来源：作者计算整理。

如果我们将环境支付率提高到 100%，也就说所有的工业废物按现行标准全部处理达标后排放，将提高环境成本 47.05%，即使如此，生产成本上涨也仅占工业总产值的 0.3%，而企业利润减少了 4.02%，为了维持企业的利润不变，国家需减少流转税 5.7%；即使环境成本上涨 100% 时（意味着大幅提高目前中国的环境标准），生产成本上涨也仅占工业总产值的 0.55%，而企业利润减少了 7.28%，为了维持企业的利润不变，国家需减少流转税 10.2%。上述数据表明，仅就环境成本而言，即使中国实施更严格的环境标准，对中国产业国际竞争力的影响也十分有限；也就是说，目前中国工业已经完全有能力承受较高的环境标准。

5. 环境管制提升的路径

从直觉上，我们可以判断对不同污染物提高管制强度其收益是不同的。这类似于不同项目的投资决策，在有财务资源约束条件下，企业应选择投资收益率较高的项目，从而使单位投资的效益最大化。同样，如果我们判断中国环境管制的标准提升不能一步到位，那么就应逐步提升环境管制的标准，从而更好地协调“经济增长”与“保护资源环境”的关系。我们应选择单位环境管制成本下取得最大的环境效益的“项目”来提升管制强度。如前所述我们计算了工业废弃物提升环境管制成本与收益，从而我们可以按式（2）来计算环境管制效益乘数。

$$环境管制效益乘数 = \frac{工业环境管制效益}{工业环境管制成本} \times 100 \qquad (2)$$

从图 12－3 中可以看出，中国环境管制效益乘数总体不断提高。1997 年中国环境管制效益乘数为 1.18，通俗地说在环境治理上投入 1 元钱，环境效益为 1.18 元；到 2007 年中国环境管制效益乘数为 6.90，通俗地说在环境治理上投入 1 元钱，环境效益为 6.90 元。2000 年以来，中国经济快速发展，人均 GDP 不断提高，单位污染物减排的收益会越来越高；这时提高环境管制既有社会合理性，也有经济上的合理性。从图 12－3 中还可以看出，不同污染物环境管制效益乘数有巨大的差距，水污染的环境管制效益乘数始终远大于废气。1997 年水污染的环境管制效益乘数为 2.61，废气为 0.69；2007 年水污染的环境管制效益乘数提高到 90.93，废气提高到 3.13。从上面的数据还可以看出，如果从经济学的角度分析，1997 年提高废气环境管制得不偿失（花 1 元钱进行环境管制仅能得到 0.68 元），到 2003 年废气环境管制效益乘数仍旧小于 1，直到 2004 年才大于 1，提高到了 1.23。有意思的是，从图 12－3 中可以看出，从 2004 年开始中国二氧化硫管制强度开始加速提高；废水环境管制效益乘数 2001 年比

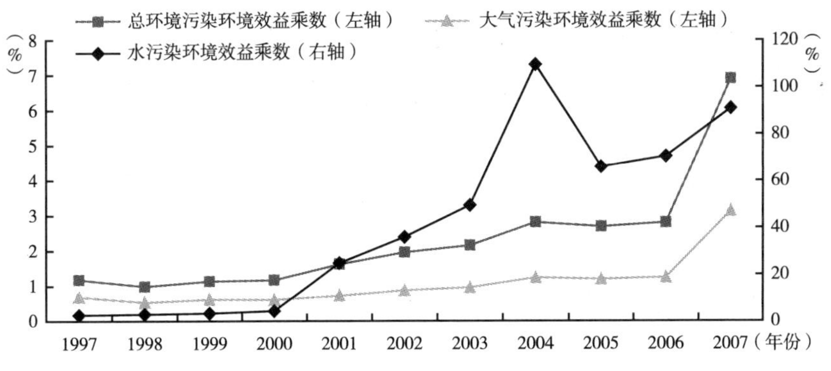

图 12－3　中国环境管制效益乘数

资料来源：作者计算。

起2000年有巨大的提升，从4.24提高到24.81，而2001年起废水的环境管制也大幅提高。需要说明的是，本章废水的环境管制效益乘数估算会偏大，主要是由于废水环境损失不仅是由于当年的流量造成的，而且也是由于往年排放的工业废水在自然环境中的存量造成的，但我们认为不会改变本章基本结论。

张其仔、郭朝先、白玫研究显示："有利于促进经济增长的行业，对资源与环境保护的不利影响比较大"，"在当前形势下，协调好促进经济增长与保护资源环境的关系至关重要"。那么在"经济增长"与"环境保护"的两难抉择下，是否能找到一条最优的路径来协调"经济增长"与"保护资源环境"的关系呢？也就是说，在取得一定的环境保护收益的条件下，是否能最少减少对经济增长的影响。提升环境管制最终目标是保护环境，从而使工业生产对人类负影响最小化。上面的研究表明，我们可以根据不同工业废弃物环境管制效益乘数来选择提高中国工业环境管制路径。从2006年的数据判断，由于废水环境管制效益乘数远大于废气环境管制效益乘数，因而目前中国最应提升的环境管制标准的是废水的环境管制标准；提高废水的环境管制标准，将在经济损失一定的情况下，取得更大的环境效益。

对于废气来说，环境管制提升也可以选择出更合理的路径。根据国外学者的研究，一个国家内部环境库兹涅茨曲线最先反转的是烟尘，然后是二氧化硫，最后才是二氧化碳（我们目前看到的文献中还没有看到某个有影响力的大国已经明显处于二氧化硫环境库兹涅茨曲线右侧）。因而我们可判断，在废气中中国最应提升环境管制标准的是烟尘粉尘，然后是二氧化硫，最后才是二氧化碳。

综上所述，中国首先应提高工业废水环境管制强度，其次是烟尘粉尘，再其次是二氧化硫，最后是二氧化碳。

五　环境管制提升的成本收益模型

1. 模型构建概述

中国提升环境管制的成本收益模型实际是一组模型（见图 12－4，以下简称 ICB 模型），该模型的顶层模型是成本收益模型；中间是 CGE 模型及环境管制乘数模型；底层是投入—产出模型及问卷调查。

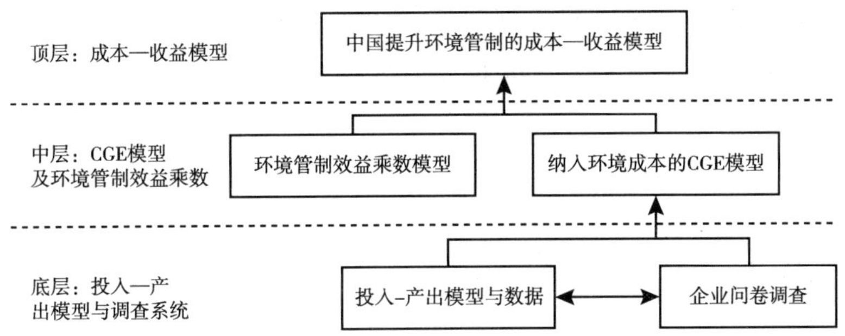

图 12－4　中国提升环境管制的成本收益模型

前面已经分别研究计算了中国制造业各行业的环境未支付成本；中国环境管制的加强就是提升中国各行业的环境成本已支付的比例，从而减少工业生产对环境的影响。我们将中国环境成本纳入 CGE 模型中，将环境成本的提升作为外生的冲击变量，研究计算整个经济体系从一个均衡状态到另一个均衡状态的变化情况。在 CGE 模型中，我们可以分别计算出环境管制成本提升后所导致的产业的变化、就业量的变化及价格的变化。上述变化是 CGE 模型的输出变量，这些变量将作为成本收益模型的输入变量。当然，我们建立的 CGE 模型也是基于投入—产出模型及企业问卷调查。本部分主要介绍成本收益模型的构建。

2. 模型直接成本与收益

（1）直接成本—总产出的减少

$$
\text{总产出减少的现值} = \sum \text{产出减少的行业的现值} = \sum NPV(ID_i) = \sum_{i=1}^{n}\sum_{t=1}^{20}\frac{ID_{it}}{(1+i)^t} \quad (1)
$$

其中，ID_{it}是由于环境成本上升后产出减少的行业，t指的不同的时间，以年为单位。本模型中，计算了环境管制上升后连续20年的产量的变化（见图12－5）。i是折现率，2006年国家发展与改革委员会、建设部发布的《建设项目经济评价方法与参数（第三版）》中将社会折现率规定为8%。在ICB模型中若未作特别说明取8%作为折现率。

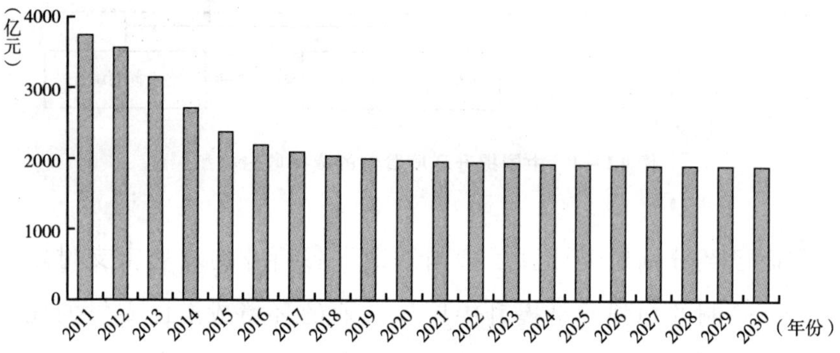

图12－5　今后20年环境管制导致经济减少量

（2）直接收益—总产出的增加

$$
\text{总产出增加的现值} = \sum \text{产出增加的行业的现值} = \sum NPV(II_i) = \sum_{i=1}^{n}\sum_{t=1}^{20}\frac{II_{it}}{(1+i)^t} \quad (2)
$$

其中，II_{it}是环境成本上升后产出增加的行业，t指的不同的时间，以年为单位。i 为折现率，也取 8%。每年总产与增加的变化量见图 12－6。

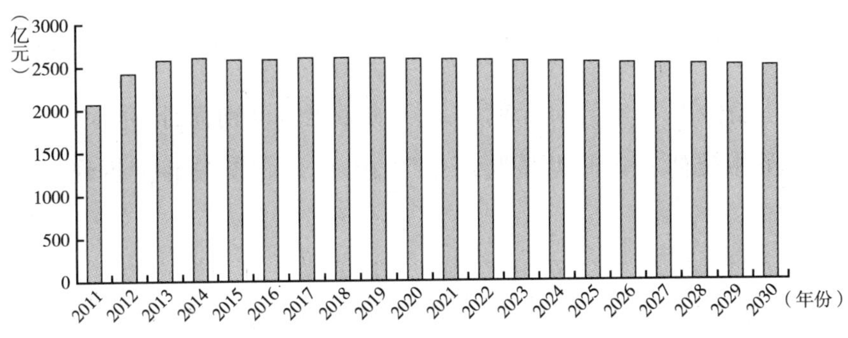

图 12－6　今后 20 年环境管制导致经济增加量

3. 模型间接成本与收益

成本收益模型不仅需要衡量政策产生的直接成本与收益，而且需要量化所产生的间接成本与收益。本模型所衡量的间接成本与收益包括经济政策所导致的就业量的变化（就业增长为间接收益，就业量减少为间接成本）；环境保护的成本（间接成本）与收益（间接收益）；通货膨胀引致的经济增长（间接收益）及福利损失（间接损失）；环境保护政策所引起的社会不平等所导致的社会成本与收益。

（1）就业量的变化

由于环境管制将会导致就业量的变化，具体地说由于环境管制标准的提高将会导致就业量的减少。2011～2030 年就业量的减少值将可由动态的 CGE 模型得到。

劳动力未能实现充分就业将会导致人力资源的浪费，使原本可以用于国民财富生产的资源变成了国民财富消费者（对于这一问题的研究可以参见本书第三篇）。根据前面的研究结果，在全国模型中我们根据柯布—道格拉斯生产函数法来估算失业成本；在分地区的模型中我们根据全员劳动生产率法估计不同地区失业的成本。根据前面的估算，就业人员每增加 1%，经济增长就要增加 0.541%；也就意味着失业人数每增加 1%，经济增长就要减少 0.541%。

每年失业的间接损失 = 当年 GDP × 0.541 × 就业量的变化百分比

其中就业量减少为负，就业量增加为正。与前面计算经济直接成本与收益相类似，我们也需要把今后 20 年失业损失的量折现，计算公式如下：

$$\text{失业损失的现值} = \sum NPV(VL) = \sum_{t=1}^{20} \frac{VL_t}{(1+i)^t} \tag{3}$$

其中，VL_t 是由于环境管制提升后从 2011 年到 2030 年每年失业的间接损失（见图 12－7）；i 是折现率，也取 8%。

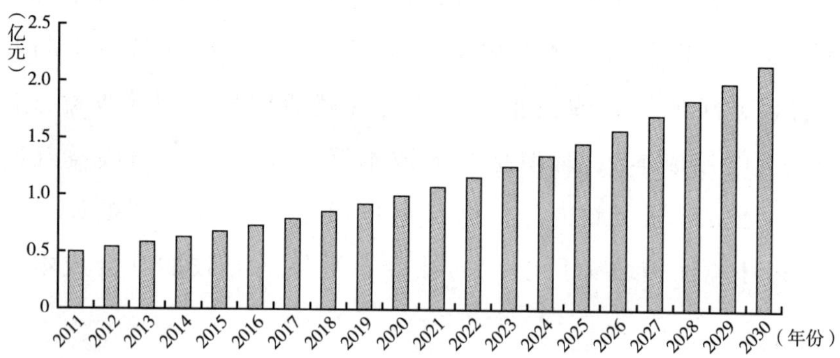

图 12－7　今后 20 年环境管制导致失业损失价值量

（2）通货膨胀的间接收益

根据前面的研究，我们利用 VAR 模型计算了通货膨胀与经济增长的关系（更加详细的分析见本书第 6 章）如下式所示：

$$\text{通货膨胀的间接收益} = -0.51628 \times CPI(-1) + 0.06137 \times CPI(-2) + 0.23445 \times PPI(-1) + 0.17850 \times PPI(-2)$$

当然上式计算值可能为正（即为间接收益），也可能为负（即为间接损失）。

$$\text{通货膨胀的间接收益} = \sum NPV(VPR) = \sum_{t=1}^{20} \frac{VPR_t}{(1+i)^t} \tag{4}$$

其中，VPR_t 是环境管制提升后从 2011 ~ 2030 年每年通货膨胀的间接收益（见图 12 - 8）；i 是折现率，也取 8%。

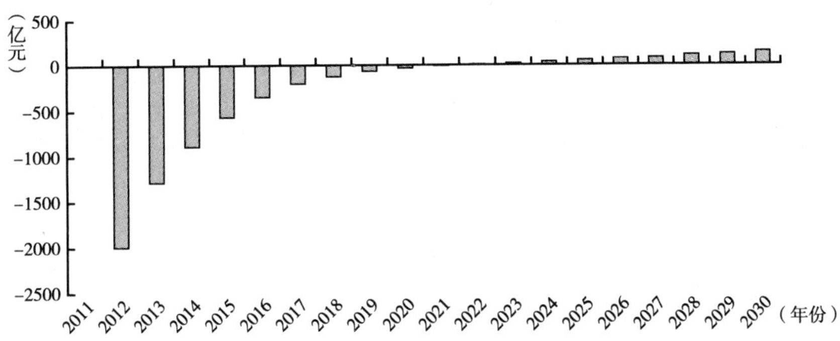

图 12 - 8　今后 20 年通货膨胀的间接收益

（3）通货膨胀的间接成本

由于通货膨胀会减少消费者剩余，因而本模型计算了基于消费者剩余的减少的通货膨胀间接成本（更加详细的分析见本书第 6 章）。如下式所示：

每年通货膨胀成本 = $-\text{GDP} \times c \times \text{CPI} \times 0.71 i^{0.8}$

其中，c 为 GDP 中消费的比例，i 为银行间拆借利率。在实际模型中，i 取制造业资本收益率的 0.7 倍，上式可以转换为：

每年通货膨胀成本 = $-0.5262 \times \text{GDP} \times c \times \text{CPI} \times \text{IR}^{0.8}$

其中制造业的平均资本回报率由 CGE 模型计算得出。

$$\text{通货膨胀的间接成本} = \sum NPV(VPC) = \sum_{t=1}^{20} \frac{VPC_t}{(1+i)^t} \tag{5}$$

其中，VPC_t 是由于环境管制提升后从 2011～2030 年每年通货膨胀的间接成本；i 是折现率，也取 8%。

（4）环境保护成本

提高环境管制强度后会加大企业的成本，本书采取虚拟治理成本法计算环境管制成本（见图 12－9）（更加详细的分析见本书第 2 章）。

$$\text{环境管制成本} = \sum NPV(ERC) = \sum_{t=1}^{20} \frac{ERC_t}{(1+i)^t} \tag{6}$$

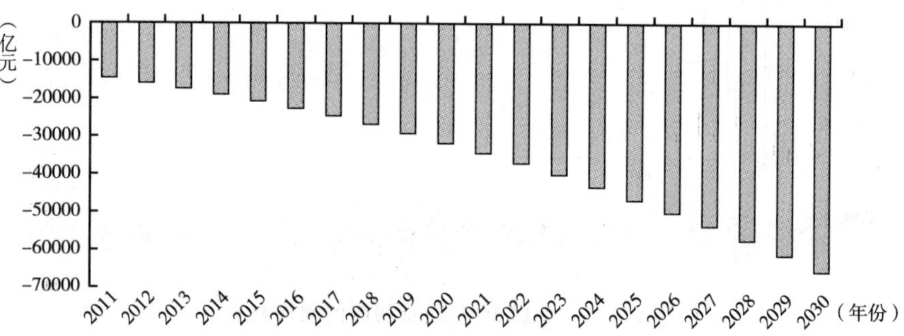

图 12－9　今后 20 年通货膨胀的间接损失

其中，ERC_t 是由于环境管制提高后从 2011 年到 2030 年每年环境管制成本（见图 12－10）；i 是折现率，也取 8%。

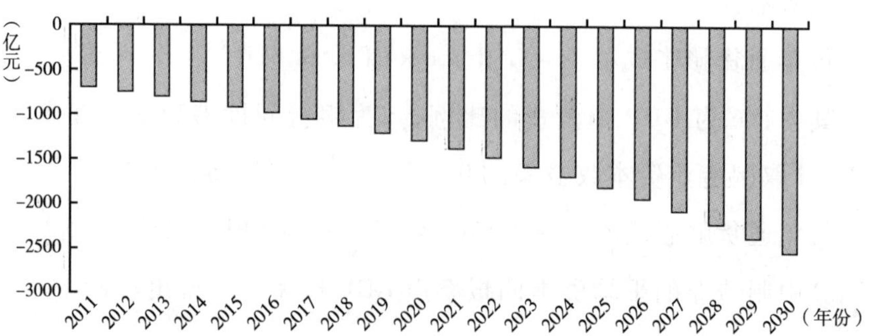

图 12－10　今后 20 年环境管制的成本

（5）环境保护收益

提高环境管制强度虽然会加大企业的成本，但整个社会会取得更大的收益。

每年环境管制收益 = 环境管制成本 × 环境管制的效益乘数

$$\text{环境管制收益} = \sum NPV(ERR) = \sum_{t=1}^{20} \frac{ERR_t}{(1+i)^t} \tag{7}$$

其中，ERR_t 是由于环境管制提高后从 2011 ~2030 年每年环境管制收益（见图 12 -11）；i 是折现率，也取 8%。

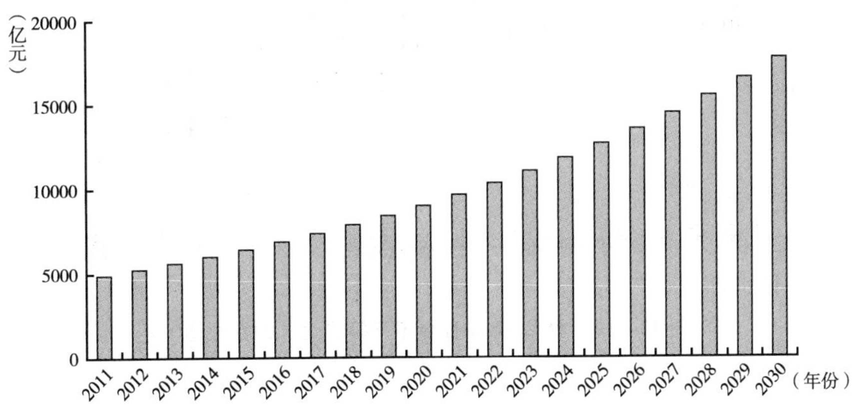

图 12 -11　环境管制收益

（6）社会不平等间接成本

社会不平等与对经济增长的关系较为复杂，争论较多，到目前为止没有定论。我们认为，在经济发展的不同阶段两者的关系是不同的，当经济发展主要约束是供给时，适度收入差距可以加速经济增长；而当经济发展的主要约束是需要时，收入差距的缩小会加速经济增长。在前面的研究中，我们定量分析了中国目前收入差距与经济增长的关系，见下式（更加详细的分析见本书第 10 章）。

每年社会不平等间接成本（UFC）=收入差距变化×0.038×GDP

计算出每年社会不平等的间接成本后，可按式（7）折现。

$$\text{社会不平等间接成本} = \sum NPV(UFC) = \sum_{t=1}^{20} \frac{UFC_t}{(1+i)^t} \tag{8}$$

其中，UFC_t 是由于环境管制提高后从 2011～2030 年每年不平等的成本（见图 12－12）；i 是折现率，也取 8%。

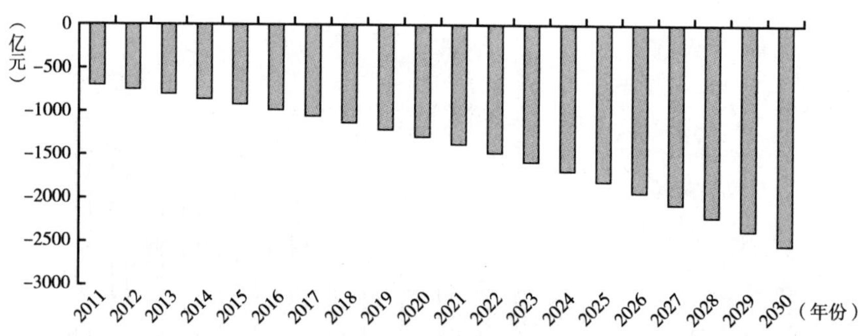

图 12－12　今后 20 年社会不平等变化的间接成本

4. 环境管制经济与社会总体衡量

前面分别衡量了环境管制政策所导致的直接成本与收益，将各种直接、间接成本收益汇总即可计算出环境管制提升政策的总体影响。具体计算总收益时有两种方法，一种是将各种直接与间接影响的净现值直接相加；另一种方法是将各种直接与间接影响每年的数据加总后计算净现值。两种方法计算出的结果应是相同的，但第二种方法可以看出政策冲击每年的影响；因而我们采取了第二种方法计算环境管制对经济与社会的总体影响。

图 12－13 是环境管制政策对中国历年经济社会影响数值，将历年数值折现后为环境管制对中国经济的总体影响，为 7.6 万亿元。可

以看出，目前环境管制总体影响为正，与前面利用环境乘数研究结果相同。

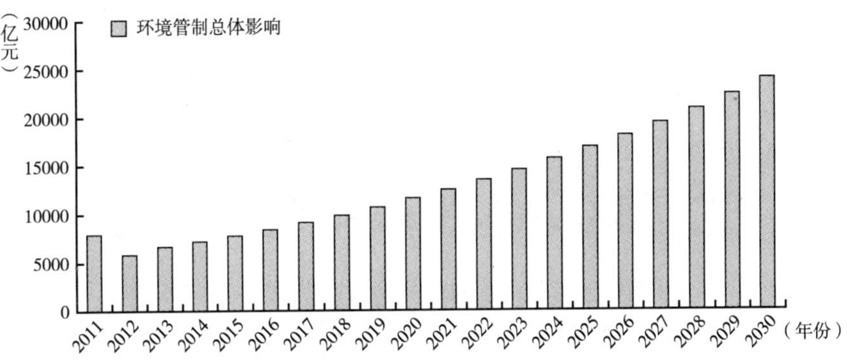

图 12－13　今后 20 年环境管制总体影响

第 13 章

跨地区成本收益模型的构建

——以环境管制为例

由于各地区的产业结构不同，一项政策对不同地区的影响将会有较大的差异。在利用全国模型估算出某项政策对各产业的影响后，假设同一行业在不同省份技术水平相同，从而可以通过全国模型对各行业的影响来计算某一政策对中国不同地区的影响。本章将以环境管制为例，构造跨区域模型，从而可以计算环境管制政策对不同省份经济总量的影响、就业的影响、环境的影响及不平等的影响。

一　环境管制对不同区域影响的绝对量

2011 ~2020 年，环境管制将会对全国 GDP、就业与不平等产生 5827.5 亿、2246.5 亿与 2539.9 亿元的负面冲击，对环境产生 27160.1 亿元的正面冲击。综合来看，环境管制将造成 16546.2 亿元的正面影响。从分区域看，环境管制对东北地区、东部沿海地区、中部地区与西部地区的影响分别为 1221.9、8076.1、4306.3 与 2942.0 亿元（见表 13 -1）。

表 13－1　按区域分远期影响：2011～2020 年

单位：亿元

	GDP 影响	就业影响	环境影响	不平等	合计
东北地区	－347.3	－174.3	2027.1	－283.7	1221.9
东部沿海地区	－3050.3	－1092.9	13266.3	－1047.1	8076.1
中部地区	－1431.9	－366.1	6684.7	－580.4	4306.3
西部地区	－998.0	－613.2	5182.0	－628.8	2942.0
全国总计	－5827.5	－2246.5	27160.1	－2540.0	16546.3

分省来看，影响最大的前三位是河南省、江苏省与山东省，综合影响分别为 1733.2 亿元、1632.4 亿元与 1576.0 亿元。分项来看，GDP 影响为［－851.16，234.08］，就业影响为［－499.15，71.49］，环境影响为［53.92，2584.61］，不平等影响为［－431.39，40.72］（见图 13－1～13－5）。与当期冲击不同，在几类影响中，环境影响占主导地位。

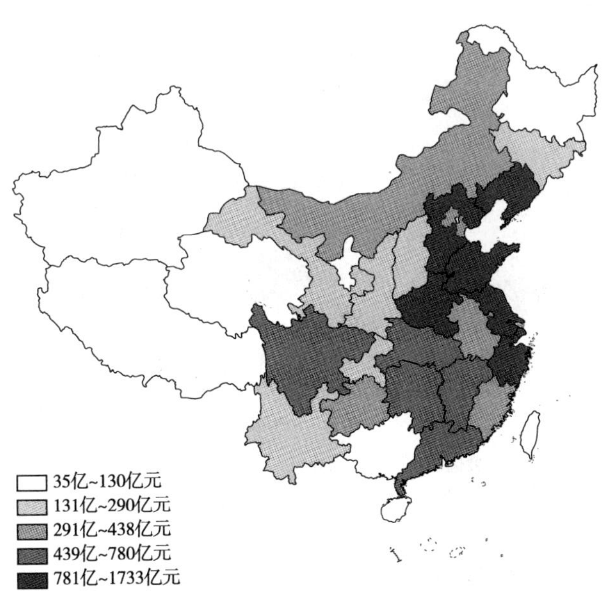

图 13－1　2011～2020 年的影响合计

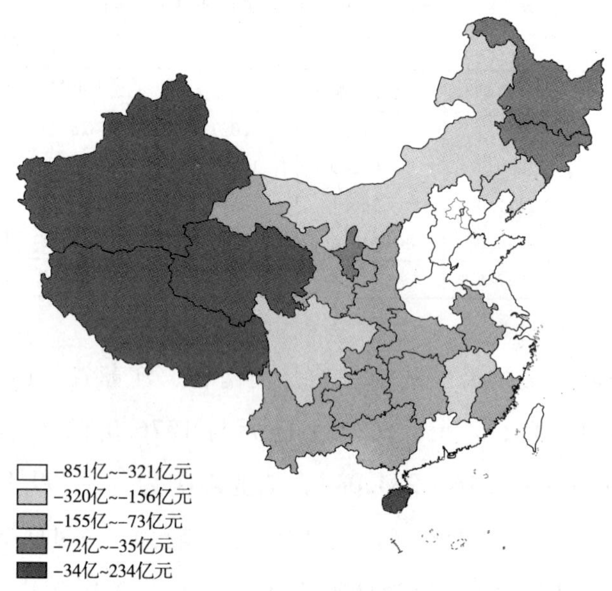

图 13－2　2011～2020 年的 GDP 影响

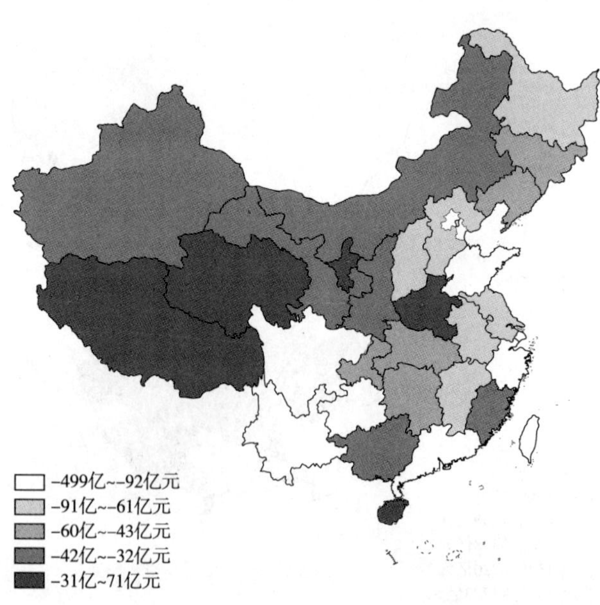

图 13－3　2011～2020 年的就业影响

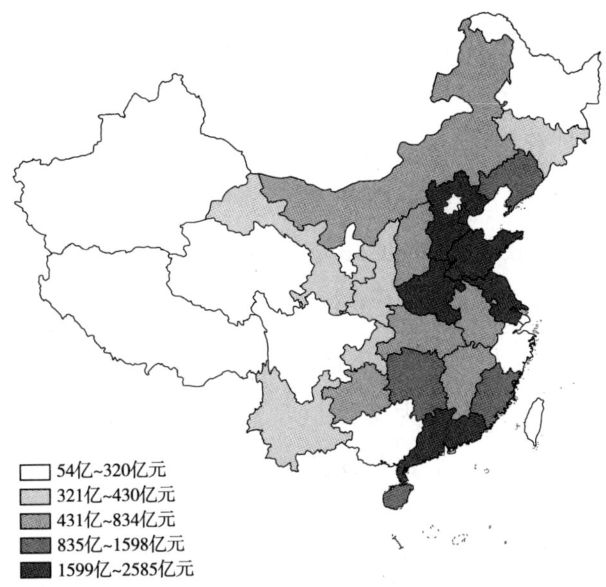

图 13-4　2011~2020 年的环境影响

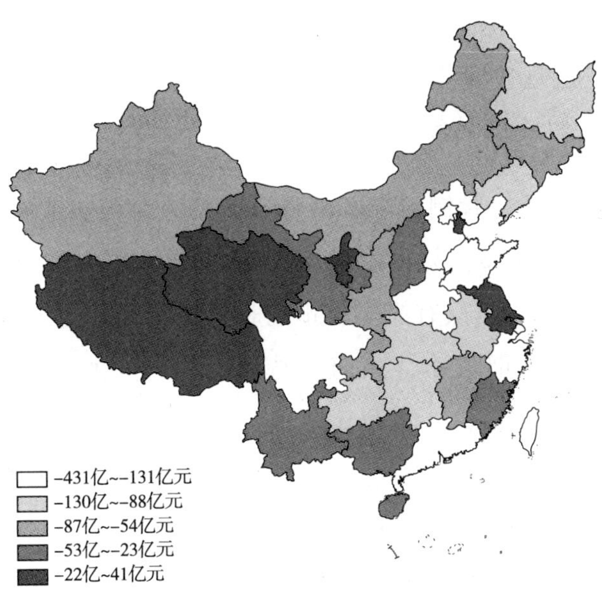

图 13-5　2011~2020 年的不平等影响

二 环境管制对各地区影响的相对量

从长期看，环境管制对四个区域的长期影响分别为1221.9亿、8076.1亿、4306.3亿与2942.0亿元，分别相当于各区域GDP的0.49%、0.49%、0.75%与0.56%（见表13－2）。远期绝对影响最大的五个省份为河南（1733.3亿元）、江苏（1632.5亿元）、山东（1576.5亿元）、河北（1416.7亿元）与浙江（1042.8亿元）；远期相对影响最大的五个省份为贵州（1.37%）、河南（1.05%）、青海（1.04%）、甘肃（1.01%）与河北（0.98%）。

表13－2 按区域分远期影响：绝对影响与相对影响

	远期绝对(亿元)	远期相对(%)
东北地区	1221.9	0.49
东部沿海地区	8076.1	0.49
中部地区	4306.3	0.75
西部地区	2942.0	0.56
全国总计	16546.3	0.55

长期来看，环境管制对东部沿海省市的绝对影响依旧很大，但相对影响变小（见图13－6），尽管8个东部沿海省市的绝对影响排名位于前15位之中，但只有3个省市的相对影响位于前15位中。西部省市的绝对影响依旧较小，除四川与内蒙古之外的其他省市均排在15名之外，而且，云南、贵州、陕西、重庆与新疆的相对影响也位于15名之外；广西、甘肃、宁夏、西藏与青海的相对影响则比较大。综合来看，相对影响与绝对影响都比较大的省市有河南、河北、辽宁、四川、江西、湖南、湖北、天津、山东与内蒙古10个省市，相对影响与绝对影响都比较小的省市有海南、新疆、黑龙江、陕西、重庆、贵州、福建、吉林、山西、云南与安徽11个省市。

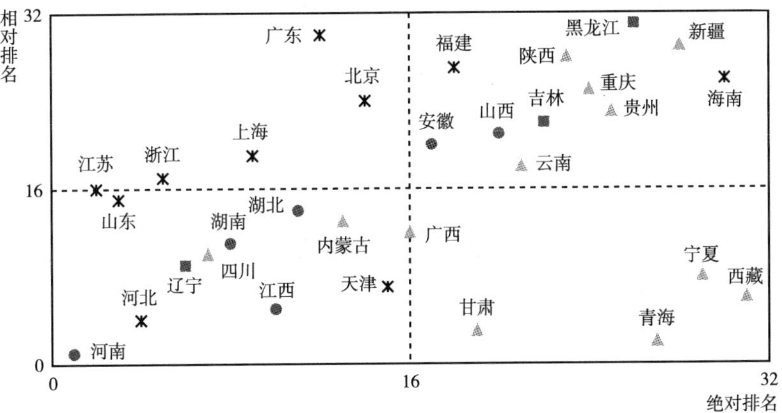

图 13－6　对各省远期影响的排名：绝对排名与相对排名

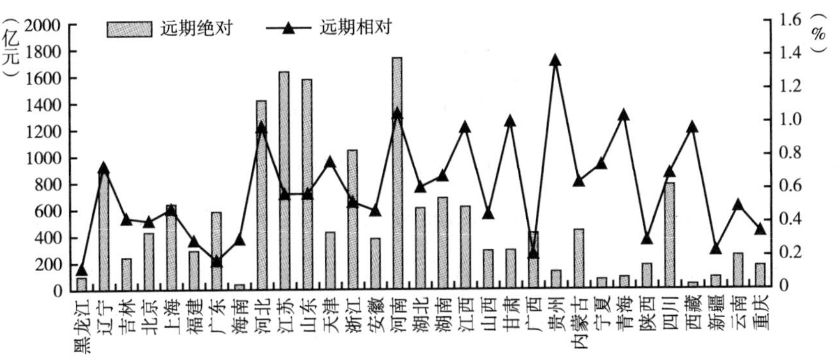

图 13－7　对各省的远期影响

参考文献

Essama-Nssah, B. , and James Gockowski, "Cameroon: Forest Sector Development in a Difficult Political Economy." *Evaluation Country Case Study Series*, (Washington, D. C. : World Bank, 2000).

Stefano Pagiolaa, Elías Ramírezb, José Gobbic, Cees de Haana, Muhammad Ibrahimc, Enrique Murgueitiod, Juan Pablo Ruíza, " Paying for the environmental services of silvopastoral practices in Nicaragua", *Ecologica Economics* 64 (2007): 374 -385.

World Bank, *World Development Report: Development and the Environment*, (Washington D. C. : World Bank, 1992).

World Bank, "Five Years after Rio: Innovations in Environmental Policy." *Environmentally Sustainable Development Studies and Monographs Series 18*, (Washington, D. C. 1997).

World Bank, *Greening Industry: New Roles for Communities, Markets, and Governments*, (New York: Oxford University Press, 2000).

World Bank, *Globalization, Growth, and Poverty: Building an Inclusive World Bank.* (Washington D. C: World Bank, 2001).

World Bank, *A Case for Aid: Building a Consensus for Development Assistance*, (Washington D. C.: World Bank, 2002).

World Bank, *World Development Report 2002: Building Institutions for Markets*, (New York: Oxford University Press, 2002).

World Bank, *Integrated Environmental and Economic Accounting*, (2003).

Department for International Development, United Kingdom (DFID), Directorate General for Development, European Commission (EC), United Nations Development Programme (UNDP), The World Bank, *Linking Poverty Reduction and Environmental Management*, (July 2002).

World Bank, *Sustainable Development in a Dynamic World Transforming Institutions, Growth, and Quality of Life*, (2003).

United Nations, European Commission, International Monetary Fund Organization for Economic Co-operation and Development, World Bank, *Integrated Environmental and Economic Accounting*, (2003).

过孝民、王金南、於方、蒋洪强:《生态环境损失量的问题与前景》,《环境经济杂志》2004 年第 8 期。

过孝民、张慧勤:《中国环境污染造成的经济损失估算》,《中国环境科学》1990 年第 1 期。

郭道扬:《绿色成本控制初探》,《财会月刊》1997 年第 5 期。

郭士勤:《我国生态农业的理论与实践》,《资源与环境》1992 年第 4 期。

国家环保总局和国家统计局:《中国绿色国民经济核算研究报告 2004》, 2006。

金碚:《资源环境管制与工业竞争力关系研究》,《中国工业经济》2009 年第 3 期。

金坚明：《环境领域若干前沿问题的探讨》，《自然杂志》2002年第5期。

金鉴明、汪俊三：《绿色危机——中国典型生态区生态破坏现状及其恢复利用研究论文集》，中国环境科学出版社，1994。

李海舰、原磊：《三大财富及其关系研究》，《中国工业经济》2008年第12期。

联合国、欧洲委员会、世界银行等：《综合环境经济核算(SEEA－2003)》。

李钢、姚磊磊、马岩：《中国工业发展环境成本估计》，《经济管理》2009年第1期。

李金昌：《环境与经济》，中国环境科学出版社，1994。

曲格平：《曲格平文集》，中国环境科学出版社，2007。

司金鉴：《生态价值的理论研究》，《经济管理》1996年第8期。

王金南、蒋洪强等：《关于绿色GDP核算问题的再认识》，《环境经济》2007年第9期。

夏光：《中国环境污染损失的经济计量与研究》，中国环境科学出版社，1998。

徐方、王华敏：《乡镇企业环境污染对人群健康影响的经济分析与对策研究》，《卫生研究》1992（ZK）。

徐嵩龄：《环境污染成本的经济分析》，《数量经济技术经济研究》1995年第7期。

徐嵩龄：《中国环境破坏的经济损失研究：它的意义、方法、成果及研究建议（上)》，《中国软科学》1997年第11期。

徐嵩龄：《中国环境破坏的经济损失研究：它的意义、方法、成果及研究建议（下)》，《中国软科学》1997年第12期。

徐嵩龄：《中国生态资源破坏的经济损失：1985年与1993年》，

《生态经济》1997 年第 4 期。

徐寿波：《关于环境技术经济学的几个问题》，《中国环境科学》1986 年第 1 期。

张其仔、郭朝先、白玫：《协调保增长与转变经济增长方式矛盾的政策研究》，《中国工业经济》2009 年第 3 期。

后　　记

我时常感到幸运，赶上了中华民族复兴的伟大时刻；我又时常感到自责，作为一名学者，感到自己更多是民族复兴的旁观者，对这个民族所作的贡献太少。

十分感谢张其仔研究员。三年前，他所承担的“十一五”国家科技支撑计划课题“跨区域经济发展动态仿真模拟技术开发”邀请我担任其子课题“经济增长方式转变的经济社会成本评估”负责人；也十分感谢我所带领的研究团队在三年研究过程中对我的支持及他们各自出色的研究成果。

本书由李钢确定总体研究思路。各章分工如下：

第 1 章　姚磊磊

第 2 章　李　钢　姚磊磊

第 3 章　马　岩

第 4 章　姚磊磊　李　钢　张　磊

第 5 章　李　钢　姚磊磊

第 6 章　王双正　盛　逖

第 7 章　王双正

第8、9、10章　崔　云

第11章　王秀丽

第12章　李　钢

第13章　董敏杰　李　钢　沈可挺

时间飞逝，三年的时间很快就过去了。我感到十分高兴，因为我们的一些研究成果公开发表并引起了社会的关注；我也感到十分紧张，因为成果也许并没有达到社会各方面的要求。对“非价值量的价值化”的研究并非随着研究深入已经完全解决；相反随着研究的深入，我们有更多的疑问与困惑。希望我们今后的研究能解决这些疑问与困惑，也希望能得到其他学者的批评与指教。

李　钢

2010年12月16日

图书在版编目（CIP）数据

非价值量的价值化：经济、社会、环境综合评估模型/李钢等著.
—北京：社会科学文献出版社，2012.11
（发展方式转变丛书）
ISBN 978-7-5097-2950-2

Ⅰ.①非… Ⅱ.①李… Ⅲ.①经济决策-研究-中国 Ⅳ.①F120

中国版本图书馆 CIP 数据核字（2011）第 253852 号

·发展方式转变丛书·
非价值量的价值化
——经济、社会、环境综合评估模型

著　　者／李　钢 等

出 版 人／谢寿光
出 版 者／社会科学文献出版社
地　　址／北京市西城区北三环中路甲 29 号院 3 号楼华龙大厦
邮政编码／100029

责任部门／皮书出版中心（010）59367127　　责任编辑／陈　颖
电子信箱／pishubu@ssap.cn　　责任校对／李　敏
项目统筹／邓泳红　陈　颖　　责任印制／岳　阳
经　　销／社会科学文献出版社市场营销中心（010）59367081　59367089
读者服务／读者服务中心（010）59367028

印　　装／北京鹏润伟业印刷有限公司
开　　本／787mm×1092mm　1/16　　印　　张／17.75
版　　次／2012 年 11 月第 1 版　　字　　数／286 千字
印　　次／2012 年 11 月第 1 次印刷
书　　号／ISBN 978-7-5097-2950-2
定　　价／59.00 元